パイを賢く分ける

Split the Pie
A Radical New Way to Negotiate

イェール大学式交渉術

Barry Nalebuff
バリー・ネイルバフ
千葉敏生 訳

早川書房

パイを賢く分ける

——イェール大学式交渉術

SPLIT THE PIE

A Radical New Way to Negotiate

by

Barry Nalebuff

Translated by
Toshio Chiba
First published 2023 in Japan by
Hayakawa Publishing, Inc.
This book is published in Japan by
arrangement with
Levine Greenberg Rostan Literary Agency
through The English Agency (Japan) Ltd.

装画：rexandpan-stock.adobe.com
装幀：小口翔平＋青山風音（tobufune）

多くのことを教えてくれた交渉の達人、
ハーブ・コーエンとデイヴィッド・スターン（１９４２～２０２０）に捧ぐ

目次

※訳注は〔　〕内に小さめの文字で示した。

はじめに

交渉はストレスが溜まる。私自身にとってもそうだ。お金（ときには人生が変わるくらいの）、機会、時間、人間関係、評判など、多くのものがかかっている。そのため、交渉は、相手をだまそうとする人々や、どこかで見聞きしたタフな交渉者をまねようとする人々の最悪の一面を露呈させることもある。

そこで、一定の原則にのっとった交渉の手法があったらいいとは思わないだろうか？　相手を公平に扱い、自分自身も相手から公平に扱われるような交渉の手法があったら、いっそうよくないだろうか？　その両方を実現するのが本書だ。本書では、私がこの15年間、イェール大学経営大学院のMBA課程の学生や企業幹部たち、そしてオンライン教育サイト「コーセラ」で学ぶ35万人以上の受講生たちに教えてきた革新的な交渉術をお届けしていく。私がコカ・コーラに自社を売却する際に利用したのがその手法だ。それはゲーム理論の考え方に基づくシンプルかつ実践的な手法なのだが、優れた革新的アイデアではお決まりのように、昔ながらの手法でもある。その基本的な発想は、なんと2000年前の『バビロニア・タルムード』までさかのぼるのだから驚きだ（『タルムード』との関連については、第9章で）。

まずは、交渉の真の争点を正確に見極めることから始めよう。それは私が「パイ」と呼んでいるものだ。パイとは、交渉の当事者どうしが手を組むことによって生み出される付加的な価値のこと。パイを理解できるようになれば、きっと交渉における公平性や力関係に対する見方が一変するだろう。交渉において、「パイを分け合う」というのはよくある考え方だが、ほとんどの人は、分け合うパイ自体を見誤っている。合意によって生み出される利得ではなくて、総額や総量のほうに着目してしまう。だから、的外れな数字や問題について言い争い、自分では合理的だと思っていても、実際には利己的な立場を貫いてしまうことになるのだ。交渉で難しいのは、パイを正確に計算する、という部分だ。パイを正しく理解できれば、合意形成は格段に容易になる。

一言でまとめれば、交渉とは、価値を生み出して獲得するプロセスなのだ。価値を生み出すという点でいうと、ロジャー・フィッシャーとウィリアム・ユーリーは、共著『ハーバード流交渉術』（三笠書房）で、立場《ポジション》ではなく利害《インタレスト》に着目することで交渉を成功に導く方法を世に知らしめた。しかし、未解決のまま残ったのは、合併により生じた相乗効果《シナジー》であれ、ウーバーの相乗りで浮いたお金であれ、生み出された利得を当事者どうしでどう分配するか、という厄介な問題だ。そうして生まれる対立にこそ、多くの人が交渉を嫌う原因がある。

こうした対立を和らげるため、公平性に訴える交渉者もいる。「こちらは公平なオファーを出したのですから、引き受けるのが筋ですよ」。しかし、一方にとって公平に見えるオファーが、もう一方にとっても同じくらい公平に見えるとはかぎらない。相手のほうがその取引に強くこだわっているなら、相手に半分未満の分け前しか差し出さずに、なおその取引を公平と呼ぶこともできるのだ。または、両者の開始点からして異なるのに、すべてを半分ずつに分けるのが公平だ、と主張する人もいる。しかし、こうした分配のしかたは、交渉における公平性の本質を取り違えている、と私は思う。

また、力関係に基づく議論に訴える交渉者もいる。自分のほうが大企業だから、貢献度が大きいから、気楽に交渉を拒絶できるから、選択肢が多いから、などの理由で、多めの取り分を受け取る〝資格〟があると主張するのだ。こうした力の行使は、うまくいくことが多い。その結果、たいていは販売数、収益、利益、投資額の規模や、なんらかの力の測定基準に応じて、分け前を比例分配する結果になる。しかし、こうした分配のしかたは欠陥があるし、交渉における力の本質を取り違えている、と私は思う。

そこで、本書で紹介するのが、交渉者たちの持つ真の力を明らかにし、お互いの貢献を公平に認め合う、新しい交渉の手法だ。革新的なのは、「パイは均等に分け合うべきである」という結論の部分だ。しかし、それは両者が最終的に同じ額や量ずつを受け取る、という意味ではない。均等に分け合うべきなのは、総額や総量ではなくて、合意によって生み出された付加的な価値、つまり「交渉のパイ」のほうだけだ。この均等な分配方法は、力に対する見方を根本的に変えるものなので、当然ながら反発もあるだろう。特に、既得権益を得てきた人々から。しかし、そうした抵抗は乗り越えられる。その方法については本篇で。

本書を読めば、理論に基づく実践的な交渉の手法が手に入る。実践的な手法というのは、現場で有効性が確かめられている、という意味だ。私が元教え子のセス・ゴールドマンと共同で創設した紅茶飲料メーカー〈オネストティー〉をコカ・コーラが買収した際、その一世一代の交渉をとらえ直すのに役立ったのが、これから紹介する手法だった。その２００８年のコカ・コーラとの交渉は、パイの理論が初めて教室から実世界へと飛び出した瞬間だった。それまで、この理論は、イェール大学の私の交渉講座で芽を出しつつあるアイデアにすぎなかった。本書で紹介するパイの手法は、自分たちの生み出した価値は自分たちだけで独占したい、というコカ・コーラの合理的な反論を乗り切るため、必要に迫られて発展していったものだ。その甲斐もあり、早い段階で、私たちは最終的なパイを折半することで合意した。おかげで、両者にそのパイを最大化するインセンティブが生まれた。そうして、私たちは実際にパイを最大化する行動を取った。

パイのフレームワークは、大金がかかる企業間の交渉のためだけのものではない。家主との賃貸契約を解除したり、ドメイン名の不正使用者からドメイン名を買い戻したりする際にも、交渉の指針になるし、利益が一律でない場合に、パートナーどうしで費用をより公平に分担する方法もわかる。ニューヨーク市のやり手の不動産弁護士たちは、パイの考え方を用いて、節税額の不都合な分配方法を見直し、クライアントに数千ドルの利益をもたらしている。その方法もわかるだろう。

パイのフレームワークを実践すれば、ビジネスや私生活における交渉との向き合い方が変わり、交渉をより明瞭かつ論理的にとらえられるようになるだろう。個々の状況に関係なく成り立つ一般的な原則に基づいて合意を形成できるし、相手の手法の矛盾を突き、説得力のある主張ができるようにもなるはずだ。

パイの等分がうまく機能するのは、相手と協力して生み出せる価値を最大化するチャンスがあるケースだ。また、このあとすぐにわかるとおり、公平性やパイの考え方に無関心な相手と対峙《たいじ》するときにも使える。パイの手法は、明確な原理に基づいており、公平な結果を導くので、駆け引きいらずの交渉につながる可能性を秘めている。公平な分配が実現するおかげで、お互いがパイの最大化にひたすら全身全霊を捧げられるのだ。パイのフレームワークは、価値の創出と価値の獲得とのあいだにある緊張関係を和らげるのに、大きく役立つだろう。

また、すぐに気づくとおり、本書には一般的な交渉術書と比べて数値がたくさん登場する。その目的は、さまざまな用途においてパイの論理を理解しやすくすることだ。具体的な数値を使うことで、例を詳しく理解できるようになるし、結論をうのみにせず、反論できるだけの情報も得られる。読者の方々に、ＭＢＡ課程のディスカッションに参加するような興奮を、少しでも味わってもらえたらうれしい。と同時に、数値はなるべく単純にするよう努力した。エクセルは不要だ。

交渉術の本なのに、ちょっと論理的で分析的すぎるのでは、と思う人もいるかもしれない。感情や共感の役割はどこへ？　もちろん、感情は重要だ。そして、共感はそれ以上に。実際、共感を持つことは、完全に理にかなっている。ただ、交渉において論理はきわめて重要だし、その割に理解ははるかに遅れている。論理的な主張をすること、よりどころとなる原理があることは、感情を抑えるのに役立つ。真に公平な解決策を導き出し、原理原則にのっとった意見を述べるためには、パイの論理が必要不可欠なのだ。

心配は無用。本書は冷徹なバルカン人〔ドラマ『スタートレック』シリーズに登場する異星人〕向けの交渉術書などではない。前半では論理にスポットライトを当てるが、後半では共感に着目する。これから紹介するツールや事例は、自己中心ではなく他者中心の視点を養うよう設計されている。共感は、同情や慈悲とは違い、相手の目的をより深く理解し、パイを広げるのに役立つ。論理は、公平な分け前を得るのに役立つ。つまり、論理と共感のふたつを組み合わせれば、ミスター・スポックとカーク船長のいいとこ取りができるのだ。

さあいよいよ、これまでの交渉術書が足を踏み入れたことのない未開の地へと、勇猛果敢に踏み出そう。

パートI　パイとは何か

第1章　ピザ

私はコネチカット州ニューヘイブン在住・在勤だ。ニューヘイブンといえば、イェール大学はもとより、ピザで有名な街でもある。サリーズ（Sally's）一筋《ひとすじ》の者もいれば、フランク・ペペ（Frank PEPE）をひいきにする者もいるが、両店の行列を見るかぎり、入るのはイェール大学よりよっぽど難しそうだ。人気の理由は、店の絶品クラムピザ〔アサリのピザ〕にある。一部の読者を敵に回す覚悟で、フランク・ペペのパイをめぐる交渉を例に取ってみよう。

アリスとボブは、ピザの分け方で合意すれば、フランク・ペペから12枚切りのピザをまるまるもらえる。合意に至らなかった場合でも、ピザはもらえるが、量は半分に減り、しかも取り分には偏りがあって、アリスが4枚、ボブが2枚になる。

よって、合意形成のインセンティブは十分にある。問題は、両者にとって有効な取引は何通りもあり、その一部はアリスあるいはボブにとって有利なものになる、という点だ。それでも、なんらかの分け方を選ぶしかない。ほとんどの人は、ふたりの交渉方法について、次の

2通りの視点のどちらかを採用する。

　ひとつ目は、力の視点だ。最初の時点で、アリスのほうが力は上だ。決裂時の取り分は、アリスが4枚で、ボブの2倍にもなる。よって、アリスはボブの2倍の枚数を受け取る権利があり、アリスが8枚、ボブが4枚になる、という考え方だ。

　ふたつ目は、公平性の視点だ。それぞれの最終的な取り分に着目したもので、この場合、ピザを半分ずつ山分けすることになる。つまり、アリスが6枚、ボブも6枚だ。

　しかし、これとは別の、もっと論理的なピザの分け方がある。なぜ論理的かというと、この交渉の真の争点に着目しているからだ。それは、ふたりが合意することで生み出される、6枚の余分なピザである。もし合意に至らなければ、ふたりは合計4＋2＝6枚の

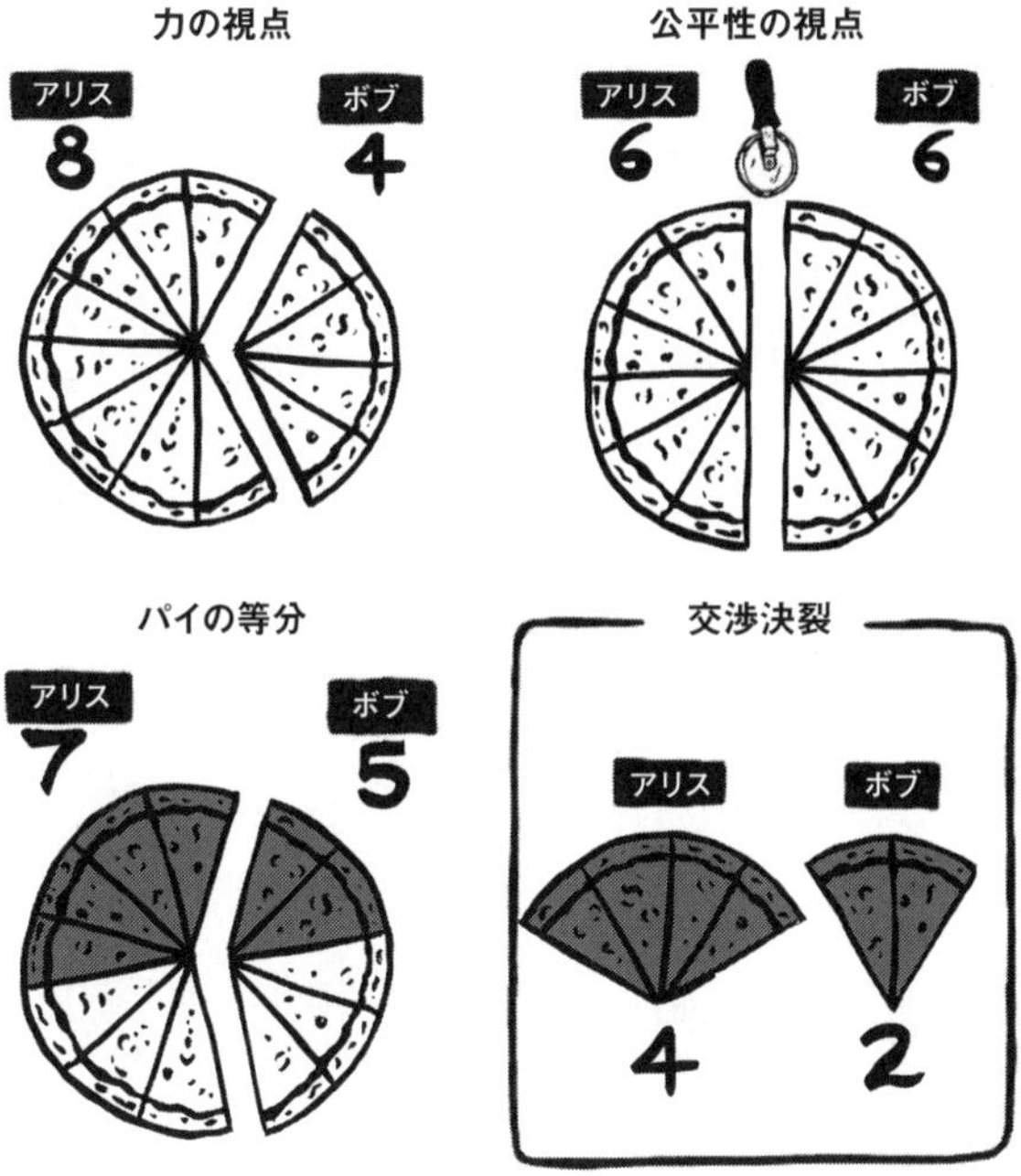

ピザしか受け取れない。一方、合意に至れば、合計12枚が受け取れる。この6枚から12枚への増加分が、合意を結ぶことの価値と見ていい。つまり、この6枚の増加分こそが交渉の争点、つまり私が「交渉のパイ」と呼んでいるものなのだ。この追加の6枚を受け取るためには、アリスとボブの力が等しく必要だ。ふたりの力は等しいわけだから、6枚は均等に分け合うのが正しい。これに加えて、それぞれがもともとの取り分を受け取ると、全体でアリスが4＋3＝7枚、ボブが2＋3＝5枚となる（前ページ図）。

　おかしなことを言うようだが、ほとんどの人は、交渉の真の争点を誤解し、6枚ではなく12枚をめぐる交渉を始めてしまう。交渉の対象となるパイではなく、ピザ全体に着目してしまうのだ。この交渉のパイという考え方は、一見すると自明の理に思える。パイの視点から交渉をとらえれば、全体のうち、交渉の対象となる部分を均等に分け合うべきである、という結論になるのが自然なのだ。私がみなさんにぜひ納得してほしいと思っているのは、この結論だ。そして、ほかの人々をこの結論に納得させるためのツールも、のちほど紹介しようと思う。

　まずは、これまでの考え方のどこがおかしいのかを説明したい。力の視点では、交渉の外部の力関係と、内部の力関係を混同してしまっている、というのが私の考えだ。なぜ総額や総量を、決裂時の取り分に比例する形で分配する必要があるのだろう？　交渉をしているのはアリスとボブなのだ。8対4という分け方は、決裂時のそれぞれの取り分に比例しているので、一見すると合理的なようだが、取り分をその比率と同じにしなければならない、という本質的な理由はないはずだ。

比例分配の議論の欠点は、別のシナリオを考えてみるとわかりやすい。たとえば、交渉決裂

時、ボブがピザ皮のくずしかもらえないとしたら、どうなるだろうか。この場合、決裂時の取り分の比率に応じて忠実に比例分配しようとすると、その比率はとてつもなく巨大になってしまう（無限大に近づく）。つまり、アリスが12枚のほぼすべてを受け取ることになるのだ。

交渉決裂時、アリスの4枚に対してボブは2枚しか受け取れないので、ボブのほうが交渉において弱い立場にある、という主張もあるだろう。しかしこの主張は、交渉の本質を見誤っている。交渉が決裂すれば、ボブが2枚より多く受け取れなくなるのと同じで、アリスもまた4枚より多く受け取れなくなる。しかし、決裂時の取り分を上回ってこそ、交渉は成功と呼べるはずだ。そのためには、アリスとボブの力が等しく必要なので、ふたりの立場は対等なのだ。

ふたつ目の手法、つまり全体を等分するというのは、公平性をあまりにも単純化してとらえている。12枚を分けるに当たって、アリスとボブの立場は対等ではない。アリスのほうが決裂時の取り分が多いからだ。6枚ずつという分け方が本当に公平だとしたら、決裂時の両者の取り分が何枚であれ成り立つはずだ。しかし、そうはならない。たとえば、ボブの決裂時の取り分が相変わらず2枚なのに、アリスが7枚だとしたら、いったいどうなるだろう。6枚ずつ分けるのが公平だと言われれば、アリスは拒否するだろう。6枚を受け取る代わりに、決裂時の取り分である7枚をキープするほうを選ぶはずだ。決裂時の取り分が4枚と2枚だったときは、この均等な分け方の欠陥は必ずしも見えないが、公平性を担保するためのルールとしては、全体を2等分するという戦略には、根本的な欠陥があるのがわかる。

全体を分け合うというのは、ありがちな失敗だ。たとえば、決裂時のアリスとボブの取り分をランダムに割り当てて、ふたりに交渉させたら、どうなると思うだろう？　実際にそんな実験を行なったのが、ネジャット・アンバルジとニック・フェルトヴィッチのふたりだ。[1]決裂時の取り分が全体の半分に満たない場合、両者が全体を等分するケースは42パーセントもあった。合意を拒否すればどちらも損をするので、一見すると公平な分け方に思える。ところが、決裂時の取り分が全体の半分を超えたとたん、全体の等分が選ばれるケースは８パーセントを切った。

いったい何が起きているのか？　双方とも、公平そうに見える解決策を模索していたのだ。問題は、交渉のパイが12－（４＋２）＝６枚だと気づかず、最終的に的外れなパイを分け合ってしまった、という点だ。６枚ではなく、12枚を分け合ったのだ。公平性を意識するのはよいことだが、公平に分け合うべきなのは全体ではなく、交渉の対象となるパイのほうだ。６枚の交渉のパイに関していえば、アリスとボブは完璧に対称的であり、立場は等しく、同じくらい必要不可欠なはず。よって、交渉のパイを均等に分け合うのが公平なのだ。

パイの視点のもとでは、６枚の交渉のパイは３枚ずつ分け合うことになる。お互いが決裂時の取り分とパイの半分を受け取るので、アリスが４＋３＝７枚、ボブが２＋３＝５枚になる理屈だ。

交渉のパイを分け合うのは、単なる公平性の問題ではない。アリスとボブの力は等しい。アリスが等分に同意しなければ、交渉のパイは消えてしまう。まったく同じことがボブにもいえる。つまり、６枚という交渉のパイを生み出すのに、ふたりのうちの一方がより大きく貢献している、などとはいえないわけだ。お互いのもともとの取り分を上回る価値を生み出すことを目的とした交渉の内部では、ふたりの立場は完全に対称的だ。決裂時の取り分が等しくないことからも明らかなように、この交渉の外部では、確かに両者の力関係には差がある。しかし、そのことは、交渉のパイの分配方法とはなんの関係もないのだ。

　これで、秘密の交渉のレシピが理解できたと思う。少なくともあとから見れば、ピザの例で紹介した手法は、ウソみたいに単純に見えるかもしれない。この手法を、より複雑な実世界の問題に応用する際には、このピザの例がすべての土台になる。

　以後、本書で「パイ」という用語を使うときには、常に「交渉の対象となるパイ」を指すことにする。重要なのはそのパイだからだ。先ほど述べたとおり、交渉で難しいのは、そのパイを正確に計算する、という部分だ。毎回、ピザの例ほど一筋縄でいくわけではない。ときには、相手と協力してパイを見つけ出す必要もあるだろう。パイの見極めは、パイの半分を獲得するうえでの鍵になる。そして、いったんパイの分配の問題が解決すれば、一緒にパイを広げることに専念できるのだ。

　さっそく、始めよう。

第2章　悪党との交渉

こう考える人もいるだろう。アリスとボブが合理的で理性的な人間ならなんの問題もない。でも、相手が公平性になどまるでおかまいなしで、パイについて学ぶ気がなかったらどうする？　実世界の交渉でパイを計算するには？

私にこんな友人がいる。彼は弁護士を雇わずに商標を出願すれば経費の節約になる、と考えた。そのことがとんでもないポカにつながった。商標出願が公開情報だと知らなかった彼は、いざ商標と関連するドメイン名の登録に出向いたとき、少し前に誰かがそのＵＲＬを購入したと知った。いざ、電子メールによる交渉の始まりだ。

そのエドワード（本名だ）という不正使用者は、ドメインを売り戻すことを持ちかけた。文面はこうだ。

申し訳ありません。当方の取得したドメインが、そちらの商標とかぶっているとは、夢にも思いませんで。ご気分を害されたなら謝ります。つきましては、２５００ドルでこのドメインをお譲りしたいと考えています。至急、ご確認を。

エドワードは、交渉の開始価格を、２５００ドルという目玉の飛び出るような値段に固定《アンカー》しようとしていた。これは典型的な交渉戦術だ〔第22章の「アンカリング」を参照〕。しかし、私の友人は謝罪を真《ま》に受けなかった。ドメイン名を購入したのは決して偶然ではなかった。商標出願が公開された当日に購入されていたからだ。

友人にとって、そのドメイン名の価値は非常に高いものだった。おそらく、5000ドルとか、もしかすると1万ドルはあったかもしれない（もちろん、エドワードに知るすべはなかったが）。一方、エドワードにとっての価値はゼロだ。そう考えると、大金がかかっているように思えるだろう。しかし、パイの本当の大きさを知るには、交渉決裂時の結果を理解する必要がある。そこで、友人はちょっとした下調べを行なった。

その結果、インターネット上のドメイン名を管理するICANNという非営利団体の存在を知る。ICANNの規則のもとでは、エドワードの行動は不正な登録とみなされる。ICANNは紛争解決プロセスを提供しており、1300ドルを支払えば、ドメインが商標の所有者に割り当てられることはほぼ約束されていた。友人は、エドワードとの合意に至らなければ、ICANNに1300ドルの手数料を支払い、ドメイン名を取り戻すことができた。つまり、友人にとって、そのドメイン名の価値が5000ドルだろうと1万ドルだろうと、実際のパイは1300ドルにすぎなかったのだ。エドワードと交渉する唯一の目的は、ICANNの1300ドルの手数料を少しでも浮かすことだけ。多少の時間の節約にもなるだろうが、それは些細な問題だ。さらに、事業開始からまだ数カ月しかたっていなかったので、焦っているわけでもなかった。

エドワードへの返信で、友人はICANNの紛争解決プロセスについて説明し、ICANNの1300ドルの手数料が、エドワードの2500ドルという希望価格よりだいぶ低いことを指摘した。

ご心配ありがとうございます。あなたがドメインを取得したことは遺憾ですが、2500ドルを支払うのはさらに遺憾です。それなら、1300ドルを支払ってＩＣＡＮＮの紛争解決プロセスを進めたいと思っています。希望価格は2500ドルとのことですが、ＩＣＡＮＮのプロセスを利用すれば、私にとっては費用の節約になり、そちらの手元には一銭も残りません。ですから、500ドルで手を打ちませんか。本当に申し訳ないとお思いなら、500ドルはこれまでの手間賃として十分だと思いますよ。そして、詫びる気持ちがないようでしたら、紛争解決プロセスを利用させていただくつもりです。

エドワードはこの手の強奪行為に慣れており、訴えられれば確実に負けることは知っていた（実際、世界知的所有権機関のウェブサイトを軽く調べただけで、エドワードの過去の戦績が0勝3敗だとわかった）。すると、彼はＩＣＡＮＮの手数料の1300ドルよりやや低い、1100ドルまで値を引き下げ、こんどは別の戦術を試した。期限の設定だ。

残念ですが、500ドルは安すぎかと思います。紛争解決の費用と時間を考えれば、1100ドルで手を打つのが得策ではないかと。9月1日より休暇に出ますので、至急、ご確認願えますか？

ここまでは、ごくふつうの価格交渉だった。ここからがいよいよ、パイのフレームワークの出番だ。友人はこうメールした。

私の見方はこうです。ICANNの紛争解決プロセスを回避すれば、私にとっては1300ドルの節約になる。この金額を山分けするのです。そちらの提案する1100ドルだと、私は200ドルの得にしかなりませんが、そちらは1100ドルの得になってしまう。不公平ですよね。私が200ドルしか支払わず、ICANNの紛争解決プロセスと比べて1100ドルの得をするのと同じくらい、不公平でしょう。節約額を650ドルずつ折半。それが限界です。つまり、650ドルならお支払いします。そうすれば、私が紛争解決プロセスを利用した場合よりも、お互いに650ドルずつ得をしますよね。

このメールでは、1300ドルのパイが提示された。まず、交渉の争点を説明し、次に両者の対称性を強調し、最後にパイの折半を主張する、という戦略だ。

エドワードの提案した200ドルと1100ドルという分配に対して、友人はそれとは正反対の対案を示唆した。200ドルと1100ドルという分配は、1100ドルと200ドルという分配と同じくらい、正当化しにくかった。また、この対案を、実際のオファーではなく架空のオファーとして提示したのも賢明だった。自分が出した不公平なオファーを強烈に皮肉るような提案をされていたら、エドワードは侮辱された気分になっただろう。どんなオファーも、そっくりそのままひっくり返すことができる。だとすれば、公平な結果はただひとつ――パイの山分けだ。

エドワードはすぐに反論した。

中間を取って900ドルにしましょう。これが私の最終価格です。この価格を受け入れていただけないなら、しょうがありません。当初の希望価格が2500ドルだったことを、どうかご理解くださいㄡ。これからすぐ出発の予定なので、これで手を打ちましょう。

エドワードが2500ドルから900ドルへと大幅に譲歩したことなど無意味だった。彼の開始価格ははったりにすぎない。値動きの大半、つまり2500ドルから1300ドルまでの値下がりは、無価値なのだ。友人には最初から、1300ドルでICANNに訴えるという選択肢があった。本当の交渉は、エドワードが1300ドルより値を下げてからようやく始まったと考えよう。

中間を取って900ドル、という件に関していえば、エドワードが提案していたのは、パイではなく、両者の差額を等分することだ。もともと1100ドルを提示していた彼は、友人の提示した650ドルとの（だいたい）中間の金額を提案したわけだ。中間を取るというと、手続きとして公平に思えるが、1100ドルというのが気まぐれな希望価格なのに対し、650ドルというのは公平なオファーだった。気まぐれな価格と公平な価格の中間を取っても、気まぐれな価格であることに変わりはなく、もはや公平な価格とはいえないのだ。

エドワードは、アンカリング、差額の中間を取る、最後通牒、期限の設定、といった数々の戦術を尽くした。こうした戦術は、相手がお人好しなら効果があるだろう。しかし、この例の場合、友人はこうした戦術を見抜き、そして何より、理路整然とした主張で相手を論破した。友人がメールを放置すると、3日後、エドワードは650ドルのオファーを受け入れた。

エドワードは、パイ、公平性、交渉理論に無関心だった。彼はただ、目の前の状況を精一杯悪用しようとしただけだ。それではなぜ、パイの議論は有効だったのだろう？　それは、パイの議論が、自分の主張を貫くよりどころになったからだ。両者とも、0ドルから1300ドルまでのどの価格で取引が成立してもおかしくない、と理解していた。パイの考え方がなければ、エドワードの提示した9

00ドルの〝最終〟価格は、友人の提示した650ドルと同じくらい信憑性があるように見えるかもしれない。しかし、ふたつには重要な違いがあった。エドワードには、自身の数字の根拠となる原則がなかった。対照的に、私の友人は、パイの等分という原則に基づき、公平な提案をしている、と主張することができた。

たとえエドワードが公平性に無頓着でも、重要なのは、こちら側が公平性を重視している、と相手に納得してもらうことだった。だからこそ、パイはこれほど強力な効果を発揮したのだ。友人は公平な取引にこだわった。エドワードが取引を望むなら、価格を650ドルまで引き下げるしかない。でなければ交渉決裂。こうして見ると、パイの考え方が、一貫性のある論拠を交渉につけ加えることがわかる。パイの等分という原則のおかげで、友人は公平なオファーを行ない、それを最後まで貫き通すことができたのだ。

650ドルでの取引は、友人の当初からの計画だった。最初から650ドルを提示しなかったのは、エドワードが1回目のオファーを飲むとは思わなかったからだ。彼はお互いの提示価格が近づくのを待ち、金額が0ドルから1300ドルの範囲に入ったところで、満を持してパイの議論を持ち出したわけだ。

人質交渉の際に、パイや公平性の話を持ち出すのは奇妙に思えるかもしれない。だが、この例は人質交渉そのものだ。エドワードはドメイン名を人質に取り、身代金の交渉をしていた。考えられる身代金の額は、0ドルから1300ドルまで。ふたりが価格で合意しないかぎり、友人はICANNの騎兵隊に連絡し、人質を救出するだろう。

しかし、救出には1300ドルの費用がかかる。痛い出費だ。友人はエドワードの合意を得ないかぎり、ICANNの手数料を浮かせられないし、エドワードは友人の合意を得ないかぎり、分け前を得られない。おそらく道義的には、友人はエドワードの行動に報いないためにも交渉を拒否するべきだったのかもしれない。それも、友人がエドワードにパイの半分以上を手渡したくないと思ったひとつの理由だ。６５０ドルを浮かすためなら、喜んでエドワードに６５０ドルを支払うつもりだったが、それ以上は鐚一文《びたいちもん》、払うつもりなどなかった。

もうお察しかもしれないが、この話に出てくる〝友人〟というのは、私のことだ。この話にはもうひとつ教訓がある。商標を出願する前に、12ドルを支払って、必ずドメインを購入しておくこと。

第3章　パ　イ

どんな交渉であれ、出発点は同じだ。何が交渉の争点なのか？　一見すると当然の疑問のようだが、答えるのは難しい。

交渉の範囲となるのは、両者が協力することにより、それぞれが単独で行動するのと比べて余分に生み出すことのできる価値だ。これを「パイ」と呼ぼう。パイを生み出すには、両者の力が必要だ。その定義からすれば、共同で生み出される価値は、どちらか一方が単独で生み出すことはできない。この観点で見れば、どちらのほうが強い立場にある、とはいえなくなる。これこそが、パイは常に50対50で山分けしなければならない、という主張に通じる単純ながらも奥深い発想なのだ。

ドメイン名の例では、パイの計算や説明は比較的簡単だった。しかし、交渉の対象となるパイを見極めるのが難しい状況もある。たとえうまく見極められたとしても、つい慣例に従い、比例分配を提案してしまうことも多い。この慣例的な手法には長い歴史がある。アリストテレスの『ニコマコス倫理学』〔第5巻第3章〕にはこう書かれている。

　したがって、公正とは、比例的であることの一種である。（中略）不公正とは、比例に背くものである。比例とは中庸であり、公正とは比例的ということだからだ。

アリストテレスに反論するのは気が引けるが、比例分配は公平性の中心的信条に背くものだ、と私は思う。公平とみなせるパイの分配法則があるとしたら、それは考えうるどんな開始点に対しても公平とみなせるものでなければならない。次の例や本書全体で見ていくように、ある文脈では公平に思える比例分配が、別の文脈になるとたちまち破綻をきたしてしまうことがある。これは比例分配だけの問題ではない。全体を等分するという方法もまた、すぐに破綻してしまう。パイの等分だけが、首尾一貫した唯一の公平な手法なのだ。

公平な利息

ディワリ〔ヒンドゥー教の正月〕当日。アンジュと兄のバラトは、両親と新年を祝うために里帰りしていた。夕食のあと、バラトがイェール大学のMBAを取得している妹のアンジュに、金銭的なアドバイスを求めた。預金をどう運用するのが得策なのか？　株式市場は不安定だし、債券の金利はちっぽけだ。バラトの投資の元本は2万ドル。1年ものの定期預金を組めば、2パーセントの利息が得られる。*

アンジュも同じジレンマを感じていたが、切実さはバラト以上だった。彼女は元本5000ドルで1年ものの定期預金を組むつもりだったが、元本がバラトより少ないため、銀行が提示する金利はたったの1パーセント。50ドルの利息は、何もないよりはましだったが、大喜びするほどの額ではない。

そこで、お互いの資金を一本化して投資するのが賢明だ、ということですぐに意見が一致した。少しオンライン検索をした結果、2万5000ドルの定期預金を組めば、金利が3パーセントに上昇することを知った（左ページ表）。

	投資額	金　利	利　息
アンジュ	5000ドル	1%	50ドル
バラト	2万ドル	2%	400ドル
アンジュとバラト	2万5000ドル	3%	750ドル

　ここまでは順調。問題は、利息の分配方法だ。バラトは、同じ状況にいる人ならほぼ全員が提案するような、一見すると公平な解決策を提示した。それぞれが元本の3パーセントの利息を受け取るというものだ。つまり、アンジュが150ドル（元本5000ドルの3パーセント）、バラトが600ドル（2万ドルの3パーセント）の利息。全員の金利が等しいという意味では、この分け方は公平だった。バラトは750ドル（ピザ全体）を、投資額に比例して分配しようとしたわけだ。

　しかし、私の講座を受講していたアンジュの見方は、少し違った。大金がかかっていたわけではないので、お金はたいした問題ではなかった。だが、彼女は自分を公平に扱ってほしかった。彼女の見方（そして、みなさんにも身につけてほしい見方）とはこうだ。ふたりが共同で投資したことで、300ドルの価値が生まれた。資金を一本化すると決める前は、50ドル＋400ドル＝450ドルの利息が受け取れたが、一本化したおかげで合計750ドルに増えたからだ。300ドルの増加分に対しては、アンジュもバラトと等しく貢献している。本書の用語を使うなら、この300ドルの増加分がパイといえる。

　そこで、アンジュは、自分だけでも受け取れた利息の50ドルと、パイの半分の150ドル、合計200ドルを要求した。バラトの提案した600ドルと150ドルという分配と比べると、わずかな得にすぎず、大ゲンカするほどのことではなかったが、プライドがかかっていた。

＊　計算を簡単にするため、金利は切り上げた。

彼女はバラトにパイの議論を持ち出した。山分けしようというのは750ドルじゃない（そんなことをすれば、バラトは単独で投資した場合よりも取り分が低くなる）。あくまで共同で投資することで生み出された300ドルの利得のほうだけだ。その利得を生み出すためには、自分の協力が欠かせなかった、という点を強調した。

一方のバラトは、自分の協力がなければ、アンジュの利息は50ドルのままだったのだから、150ドルで十分に満足するべきだ、と主張した。ちょっと欲張りすぎでは？

アンジュはこの反論を待っていた。彼女の協力がなければ、バラトの利息は400ドルのままだった。それなのに、増加分の300ドルのうちの200ドル、つまり利得の3分の2を懐に収めようとしている。欲張りすぎなのはバラトのほうだ。

この時点から、冷静な議論が始まった。それぞれが自分の正当性を証明したがっていた。常に紳士的なバラトは、自身の提案した150ドルと、アンジュの提案した200ドルの中間を取り、アンジュに175ドルの利息を譲ると申し出た。

不公平と公平の中間を取っても、不公平であることに変わりはない。アンジュには譲歩するつもりなどなかった。彼女は誇らしげな様子で、バラトをどう説得したのかを私に語った。「ねえバラト、仮に2万5000ドルの場合の金利が、2万ドルのときと同じ2パーセントだと仮定してみて。それでも共同で投資する意味はある。利息が50ドル増えるから（左ページ表）。

あなたの提案した方法だと、それぞれが投資元本の2パーセントを受け取ることになるけれど、それだとあなたの取り分は400ドル（2万ドルの2パーセント）のままで、私の取り分が100ドル（5000ドルの2パーセント）になってしまう。私が50ドルから100ドルに増えた分を、すべて受け取ることになる。これだと、あなたにとって不公平でしょう。この場合、余分な利息50ドルを均

	投資額	金　利	利　息
アンジュ	5000ドル	1%	50ドル
バラト	2万ドル	2%	400ドル
アンジュとバラト	2万5000ドル	2%	500ドル

等に分け合うべきじゃない?」

バラトは、2万5000ドルの定期預金の金利が2パーセントしかない場合、自分にも半分の25ドルを受け取る権利がある、と認めた。論破終了。彼は「パイの折半」という原則を受け入れたのだ。バラトは、自分の提案した比例分配が、自分自身にとって常に公平とはかぎらない、ということに気づいた。自分にとって不都合なときには拒みながら、そうでない場合にだけ比例配分をアンジュに強要するわけにはいかない。妹に論破されるのは悔しかったが、妹はもう子どもなんかじゃない。彼はようやくそのことに気づきはじめていた。

アンジュのやり方は実に見事だと思う。相手の解決策が正しくないことに納得してもらうには、そのルールのもとで相手のほうが不利になってしまうような例を挙げるのが最善策だ。私の立場になってみて、と伝えるのもひとつの手だが、相手が自分の立場に居心地の悪さを感じるような例を挙げるほうがいっそう効果的なのだ。

パイの手法を取り入れるよう相手を説得するには、パイの等分が公平だと(いう事実に)納得してもらうことだ。さらに、比例分配があなたにとって、そしてときには相手自身にとっても不公平な理由を理解してもらえれば、もうこっちのものだ。相手は比例分配があなたにとって不公平な理由を説明されると思っている。そんなとき、比例分配が相手にとって不利益になる例を挙げれば、議論のレベルが一段階上がるだろう。相手の提案する解決策が、どんな状況でも成り立つ真に公平な分配方法ではない、ということを証明できるのだ。

投資した1ドル1ドルのお金を平等に扱うのが、比例分配だ。一見すると公平なようだが、実は違う。1ドル1ドルにかかる費用も、1ドル1ドルが生み出す利得も異なるからだ。お互いの取り分を決める前に、まずはそれぞれが自力で稼げる金額を補償するのが先決だ。そうして残った超過利益を、均等に分け合えばいい。アンジュが手を引けば、バラトが追加の300ドルを自力で稼ぐ目はなくなる。この300ドルの利得は、ふたりの貢献に等しく頼っているのであって、それぞれの投資額に比例する形で頼っているわけではない。

ふたりが協力したおかげで、アンジュの投資した5000ドルは、彼女自身に100ドル、バラトに200ドルの余分な利息を生み出した。よって、それぞれが自分のお金で生み出された利息を手元に残し、ふたりで生み出した利息の半分を受け取るべきなのだ。なぜ自分のお金で生み出された利息だけを手元に残すのではダメなのか？　アンジュの架空の例を思い出してほしい。彼女が5000ドルを投資したことで50ドルの余分な利息が生み出されたが、バラトのお金では何も生み出されなかった。だからといって、バラトが一銭も受け取れないのは不公平だ。その50ドルを儲けるためには、バラトの協力が必要だからだ。バラトは、アンジュが生み出した50ドルの余分な利息の半分を受け取る資格がある。同じように、冒頭の交渉の例では、アンジュはバラトの生み出した200ドルの余分な利息の半分を受け取る資格があるのだ（彼女は余分な利息を生み出すのに不可欠な役割を果たしているのだから）。

公平性の概念の背景には、平等な扱いがある。問題は、何を平等に扱うべきか、という点だ。力を持つのはお金ではない。取引を実現させるには、両者の存在が必要なのだ。パイを正確に見極めれば、お互いが等しく不可欠で、ゆえに等しい力を持つことがわかる。だからこそ、お金ではなく、人間を平等に扱うべきだと私は思うのだ。

アンジュはバラトにとって唯一の投資パートナーであり、その逆もそうだった。かかっている金額

	投資額	金　利	利　息
バラトとチラグ	2万5000ドル	3%	750ドル
チラグへの支払い	5000ドル	3%	−150ドル
バラトの受け取る額			600ドル

が小さいことを考えれば、どちらも手を引いて別のパートナーを探すとは考えづらかった。ただし、2万ドルを投資してくれる人物よりも、5000ドルを投資してくれる人物のほうが代わりを見つけやすい、という状況もあるだろう。その場合、バラトにとっての決裂時の選択肢は、5000ドルを投資してくれる別の人物を見つけ、その投資家と取引する、というものになる。アンジュよりもバラトのほうが、代わりの投資家を見つけやすいとしたら、バラトはより好条件でアンジュと取引できるだろう。

たとえば、チラグという別の人物が、バラトと手を組んで5000ドルを投資し、取り分は元本の3パーセントというバラトの最初の提案を受け入れてくれたら、バラトは2万ドルの3パーセント、つまり600ドルの利息を受け取れる。バラトにとってはそれなりの改善だが、実は、それでもアンジュと取引するほうが得策だ。チラグが150ドルよりいっさい譲歩を見せない場合は特にそうだ（上の表）。

アンジュはチラグより安値を提示するしかないが、51ドル以上を要求して粘ることができる。ここでもやはり、パイの論理が成り立つ。交渉が決裂すれば、アンジュとバラトは合計で50ドル＋600ドル＝650ドルを稼げるが（600ドルはバラトがアンジュを蹴ってチラグと取引した場合）、この額はふたりが共同で投資した場合の利息750ドルより100ドル低い。よって、アンジュとバラトは縮小した100ドル分のパイを等分することになる。その結果、アンジュは50ドル＋50ドル＝100ドル、バラトは600ドル＋50ドル＝650ドルを受け取ることになる。

ふたりによる交渉を考えているとき、それ以外の人々の参加を念頭に置くこともある。そうすると、パイの大きさとそれぞれの取り分が変化する。協力してこの取引を実現できるのがアンジュとバラトのふたりだけなら、パイは300ドルとなり、決裂時の取り分が低いはずのアンジュにも、同じくその半分を受け取る資格が生じる。3人以上が介在する場合も、アンジュとバラトのふたりによる交渉が行なわれることに変わりはない。それは縮小したパイをめぐる別の交渉なのだが、その場合もやはり、縮小したパイをふたりで折半することに変わりはないのだ。この問題については、3者以上による交渉について論じた第14章で再び取り上げたいと思う。

交渉のフレームワーク

交渉には、公平性と力関係をひとつの原則にまとめるようなフレームワークが必要だ。ゲーム理論は、まさしくそうしたフレームワークを提供する。交渉に臨もうとしているふたりの当事者A、Bには、その交渉の外部に、代替の選択肢があることが多い（必ずしも魅力的な選択肢とはかぎらないが）。ゲーム理論のパイの概念は、この代替案を考慮に入れたもので、それによって交渉の争点が決まる。

パイの定義は、次の単純な式で表わせる。

パイ＝取引の合計価値－（AのBATNAの価値＋BのBATNAの価値）

この定義において、「取引の合計価値」とは、AとBのふたりの当事者が協力して上げられる成果のこと。BATNA《バトナ》（Best Alternative To a Negotiated Agreement：交渉決裂時の最善の代替案）とは、AとBが合意に至らなかった場合に、それぞれが独自に追求する成果のこと。要するに、各々が用意している決裂時の選択肢のことだ。パイとは、それぞれが交渉決裂時の最善の代替案を追求した場合に生み出される最大価値と比べ、ふたりが協力することでどれだけ余分な価値を生み出せるか、に相当する。

話を単純にするため、BATNAを価値（または費用）で測ることにしよう。ピザの例なら、アリスのBATNAが4枚、ボブのBATNAが2枚だ。ドメイン名の交渉なら、私のBATNAがICANNへの1300ドルの支払い、エドワードのBATNAがゼロだ。金利と利息の分配の交渉なら、アンジュのBATNAが自身の元本に対する利息50ドル、バラトのBATNAが利息400ドルだ。

交渉の目的は、それぞれのBATNAを上回ること。パイは、両当事者が協力することにより、ふたりのBATNAをどれだけ上回ることができたか、を表わしている。ピザの例なら、パイは12－（4＋2）＝6枚だ。ドメイン名の交渉なら、取引の合計価値は0ドルであり、私がICANNに1300ドルを支払ってエドワードが一銭も受け取れない、という結果を1300ドル上回る。* アンジュとバラトの例なら、ふたりが協力すれば利息は750ドルとなり、ふたりのBATNAである50ドルと400ドルの合計を300ドル上回る。

パイの定義は、あなたの資産、性別、役割、AかBかなどとは無関係だ。あなた個人のBATNAとも関係ない。BATNAが「アリス4枚、ボブ2枚」であれ、「アリス2枚、ボブ4枚」であれ、極端にいえば「アリス0枚、ボブ6枚」であれ、パイは変わらない。重要なのは、ふたりのBATN

＊　1300ドル支払うということは、私のBATNAがマイナスの値であることを意味する。したがって、パイは、0ドルー（ー1300ドル＋0ドル）＝1300ドルとなる。

Ａの合計よりどれだけ価値を上積みできるか、それだけだ。交渉はそのために行なわれる。

パイの視点は、両者がいつも完璧に対称的で、対等な力を持つ、という事実を明らかにする。私のいう力とは、パイを生み出すうえでの必要性のことだ。ＡとＢ、どちらが欠けても、パイは生まれない。したがって、ＡとＢは同じくらい不可欠であり、対等な力を持つ、といえるのだ。力が対等なら、分配も対等なのは当然だろう。また、対等な分配は公平でもある。パイの視点のもとでは、ふたりは対称的なので、立場は対等だ。この事実から、次の交渉原則が導かれる。パ
イを計算し、等分せよ。

対称的な立場にある人々は平等に扱うべきである、と結論づけるのが自然だ。ＡとＢがあらゆる面で同じなら、もちろん同額を受け取るべきだ。パイの手法の利点とは、対称性が一見すると明らかでない状況でも、隠れた対称性を浮き彫りにすることだ。ピザの例でいえば、アリスとボブは決裂時の選択肢という点で対称的ではなかった。よって、最終的な取り分を同じ枚数にする、という主張は成り立たないわけだ。ところが、６枚の余分なパイを生み出すという点では、ふたりの役割は完璧に対称的だ。パイというレンズを通して見ると、ふたりは完璧に対称的なので、パイを均等に分け合うというのが自然な結論になるわけだ。また、アンジュとバラトは、投資額という点では対称的でない。しかし、３００ドルの余分な利息を生み出すという点では、ふたりの役割は完璧に対称的といえる。これこそが、パイのフレームワークの要点だ。この本質的な対称性は、交渉の目的を理解してようやく浮かび上がってくる。あとは、パイを計算してそれを等分すればいい。

単純に見えるのはわかっている。もしかすると、やや過剰なくらいに。長年、パイの手法を教えてきて、「なるほど、でも……」という声を何度聞かされたことだろう。

・第三者が存在する場合は？

・パイが隠れている場合は？
・一方のほうが必死な場合は？
・両者がパイに合意しなかった場合は？
・従来のやり方で得をする側が、この手法を取り入れるメリットは？
・力関係に差があってはいけない理由は？

これらの疑問や、ほかの疑問に対しても、ちゃんと答えは用意してある。アンジュとバラトの例で見たとおり、第三者が加わるとパイは変化するが、「パイを等分する」という考え方は変わらない。初めから、交渉の複雑な要因をすべて考慮しようとしてしまう人が多いが、まずは基本を理解するため、比較的単純な交渉を例に取って話を続けさせてほしい。単純な交渉も、結局はものすごく複雑になるからだ。先ほどの疑問については、このあとすべて答えるつもりなので、安心してほしい。また、通常ならパイの半分以上を受け取れるような立場の人でも、やはりパイの手法を採用したほうがよい理由も、追って説明していこうと思う。

第4章　交渉にまつわるふたつの誤解

ピーター・ティールは、シリコンバレーの有名な起業家、投資家だ。ペイパルやパランティア〔アメリカのソフトウェア企業〕を共同創設し、フェイスブック初の外部投資家となった彼は、面接で型破りな質問をすることでも知られる。たとえば、こんな質問だ。

「ほとんどの人が同意しない重要な真実とは？」

厄介な質問だ。答えは真実でなければならない。重要でなければならない。そして厄介なのは、ほとんど誰も信じていない、という部分だ。「地球温暖化は世界最大の脅威である」というのは条件を満たさない。確かに、真実だし重要だが、同意する人はいくらでもいる。「キュウリやサヤインゲンは果物であり、野菜ではない」というのはどうだろう。真実であり、知る人は少ないが、重要とはいえない。

交渉の場合、ほとんどの人が認識していない重要な真実がふたつある。

1　BATNAが弱いからといって、交渉における立場が弱くなる、とはかぎらない。
2　お互いの規模や能力の差がどうであれ、パイに対する両者の貢献度は等しい。

この2点について、順番にあなたを説得してみよう。

弱いBATNA

交渉術の文献に見られる標準的な議論によると、BATNAが高ければ高いほど、立場は強くなる。ロジャー・フィッシャーとウィリアム・ユーリーの共著『ハーバード流交渉術』にこうある。

BATNAがよければよいほど、立場は強くなる。交渉当事者の相対的な力関係は、合意に達しなかった場合の代替策が、それぞれにとってどれだけ魅力的かで決まる。

教授のロビン・ピンクリー、マーガレット・ニール、レベッカ・ベネットの説明によれば、BATNAが低いと、弱い立場に追いやられるという。

交渉者に、代替策が少ない、あるいは非常に気の進まない代替策しかないとすると、その人物は交渉を拒絶しにくくなる。したがって、その交渉者は、理論上、より魅力的な代替策を持つ相手と比べて、弱い立場に追いやられるはずだ。[2]

私は不賛成だ。BATNAが優れているからといって、交渉で力が増すわけではない。よりお腹いっぱいの状態で交渉を開始するので、そのぶん交渉の争点となるパイが少なくなるだけの話だ。しかし、だからといって、パイの半分以上を受け取る権利がある、と考えるのは誤りだ。そして、BATNAが低い人のほうが、交渉を拒絶しにくいとかしやすい、と考えるのもまちがっている。

ピザの交渉では、アリスのBATNAは4枚で、ボブの2枚と比べて2倍だった。だからといって、追加の6枚の分配に関して、ボブのほうがアリスより弱い立場にある、とはいえなかった。アリスが合意を拒否すれば、ボブが拒否した場合と同様、自分のBATNAからさらに上積みする機会を失ってしまう。両者が交渉の争点、つまりパイを正しく理解していれば、この交渉におけるアリスとボブの立場は等しく、力は対等になるのだ。

実際、ドメイン名の交渉では、私のほうがBATNAは悪かったが、パイの半分を獲得するうえでの支障にはならなかった。私の提示価格は650ドル。エドワードの要求は900ドル。エドワードは私が決裂時より400ドルしか得をしない額を提示したが、私はエドワードが決裂時より650ドルも得する額を提示した。だからこそ、エドワードは私にメールを無視されても、交渉を拒否しなかったのだ。拒否する可能性が高いのは、パイの半分未満しか提示されなかった人物だ。

BATNAが不利でありながら、同じくらい交渉に成功した人々の例を挙げ連ねることもできるが、あまり意味はないだろう。単なる幸運だったのかもしれないし、私が都合のよい例を選んでいるだけかもしれない。本当の意味でこの疑問に答えるには、実験を行なう必要がある。片方の当事者にだけよいBATNAを与え、その結果を確かめるのだ。

まさにそのような実験を行なったのが、教授のフランチェスカ・ジーノとドン・ムーアだ。[3] 交渉は中古車の販売をめぐるものだった。その状況とはこうだ。あなたは海外で転職するため、愛車のトヨタ・プリウスを売ろうと思っている。中古車販売店のカーマックスを訪れると、価格交渉不可の買い取り価格を打診された。しかし、あなたには別の選択肢があり、価格で合意すればすぐにでも車を買い取る、と言ってくれている人物がいる。あなたは明日出発なので、今日がカーマックスの提示価格を上回る取引をする最後のチャンスだ。その人物はあなたのプリウスと似たような車をすでに見繕っており、あなたのほうが好条件なら、あなたの車を買い取るつもりだという。

ＢＡＴＮＡが高いのは、あなたがカーマックスから魅力的な条件を提示されており、購入希望者のほうはあまりよい条件とはいえないケースだ。ＢＡＴＮＡが低いのは、あなたがカーマックスからあまり魅力的な条件を提示されておらず、購入希望者のほうがよい条件であるケースだ。

売り手のＢＡＴＮＡが高いケース　カーマックスの提示価格は８０００ドル。購入希望者は１万ドルで購入できる、そっくりな車をすでに見つけている。

車はいくらで売れると思いますか？

売り手のＢＡＴＮＡが低いケース　カーマックスの提示価格は７０００ドル。購入希望者は９０００ドルで購入できる、そっくりな車をすでに見つけている。

車はいくらで売れると思いますか？

ＢＡＴＮＡが低いケースのほうが、あなたの立場は弱いといえるだろうか？　そう思えるかもしれない。しかし、実験データを見ると、平均取引価格は、ＢＡＴＮＡが高いケースが９０２７ドル、ＢＡＴＮＡが低いケースが８０６１ドルだった（次ページ表）。価格自体はＢＡＴＮＡが高いケースのほうが１０００ドルほど高いが、内容を詳しく見てみると、力関係はまったく対等だとわかる。どちらのケースでも、買い手は売り手のＢＡＴＮＡよりも２０００ドル多く支払う意思がある。つまり、

	BATNA が高い	BATNA が低い
買い手の BATNA	1万ドル	9000 ドル
売り手の BATNA	8000 ドル	7000 ドル
パ　イ	2000 ドル	2000 ドル
平均取引価格	9027 ドル	8061 ドル
買い手の利得	973 ドル	939 ドル
売り手の利得	1027 ドル	1061 ドル
パイの分配	49:51	47:53

どちらのケースもパイは２０００ドルであり、パイはほぼ折半されているのだ。

パイという観点から交渉をとらえれば、２種類のケースで、同じ２０００ドルの分け方を変えるべきだと考える理由はない。本書の等分の原則に従うなら、予想される価格はひとつ目のケースが９０００ドル、ふたつ目のケースが８０００ドルであり、買い手と売り手の両方が１０００ドルの得をする。そして、多少の誤差はあるにせよ、この実験ではそのとおりのことが証明された。売り手の力（と買い手の力）はどちらのケースでも等しいのだ。

交渉分析の用語を使うとするなら、ＺＯＰＡ《ゾーパ》（Zone of Possible Agreement：合意可能領域）の大きさは２０００ドル、という言い方ができる。「ＢＡＴＮＡが高い」ケースのＺＯＰＡは８０００ドルから１万ドルのあいだで、「ＢＡＴＮＡが低い」ケースのＺＯＰＡは７０００ドルから９０００ドルのあいだだ。当然ながら、ＺＯＰＡのどこにお互いの着地点を見出すか、が交渉のポイントになる。パイはＺＯＰＡの大きさに相当し、パイを等分するのは、ＺＯＰＡの中間を取るのと同じことだ。

もうお気づきだと思うが、ふたつ目のケースのほうが売り手の立場が弱い、などということはない。もちろん、売り手としての成果は、ふたつ目のケースのほうがひとつ目のケースよりも低くなるだろう。

実際、1000ドル低くなるはずだ。しかし、だからといって、立場が弱いというのとは違う。成果が低いのは、あなたが売ろうとしている商品の価値が低いからだ。たとえば、BATNAが高いケースでは、商品は2011年式のプリウスで、BATNAが低いケースでは、2010年式なのかもしれない。しかし、今回の交渉は、査定額をめぐるものではない。争点は、買い手と売り手の査定額の差をどう分配するか、なのだ。どちらのケースでも、差額は2000ドルだ。

もちろん、より有利なBATNAを用意して交渉に臨むことのメリットは、否定しようがない。BATNAが高ければ高いほど、受け取れる額も高くなる。あなたのBATNAが7000ドルではなく8000ドルなら、最終的により高値で車を売れるだろう。しかし、パイの取り分が増えるとは思えない。余分な収入は、交渉から生まれるわけではない。車の性能の高さなど、交渉の外部の要因から生じるものなのだ。

これは些細な点に思えるかもしれないが、とんでもない。なぜなら、多くの人は、BATNAが高いことの利得を二重に勘定してしまうからだ。一方のBATNAがゼロで、もう一方のBATNAがプラスであるような極端なケースでさえ、ふたりのBATNAを上回るためには、お互いの存在が等しく不可欠なのだ。代替策が少ない側や、非常に気の進まない代替策しか持たない側のほうが、交渉を拒絶しにくいとかしやすい、と考えるのはまちがっている。パイの観点から交渉をとらえるかぎり、両者が交渉から得られる潜在的な利得はまったく同じなので、交渉を続けるインセンティブは等しいのだ。BATNAが弱いからといって、パイの半分未満で手を打ってしまう人は、譲歩のしすぎといってもいいだろう。

ピザの例に戻ろう。仮にアリスがBATNAを4枚から5枚に増やすことができれば、12−（5＋2）＝5なので、パイは6枚から5枚に縮小する。ここで大事なのは、今や5枚に減ったパイもやはり、アリスとボブで均等に分け合うべきである、という点だ。この交渉の目的は、その余分の５枚を得ることのはずだ。アリスのＢＡＴＮＡが高くなったからといって、彼女がその５枚の半分以上を受け取るのは筋違いなのがわかる。

確かに、アリスのＢＡＴＮＡが高くなると、彼女が交渉に参加する動機は少なくなる。しかし、それはボブも同じだ。ふたりが協力することで生み出される共通の利得は、合計６枚から５枚に減ってしまうからだ。また、アリスの最終的な取り分が多くなるのも事実だ。アリスは最初から４枚ではなく５枚を確保しているからだ。つまり、ＢＡＴＮＡが高くなったことによる利得は、交渉の前に生じたものであり、最終的に、アリスは５＋２・５＝７・５枚、ボブは２＋２・５＝４・５枚を受け取ることになる。

誤解しないでほしい。あなたのＢＡＴＮＡの価値を上げることは、最終的な取り分を増やすいちばん確実な方法であることに変わりはない。実際、あなたは自身のＢＡＴＮＡの１００パーセントを受け取れるが、パイの50パーセントしか受け取れない。つまり、あなた自身のＢＡＴＮＡを向上させる策が見つかれば、あなたの取り分は確実に増える。実際、ＢＡＴＮＡが１ドル増えるたび、最終的な取り分は50セント〔１ドルの半分〕増える。開始点は１ドル高くなるが、パイが１ドル縮小するので、利益は差し引き50セントになるからだ。

同じように、相手のＢＡＴＮＡを引き下げる方法が見つかれば、１ドル引き下げるたびにあなた自身の取り分が50セント増えることになる。相手の開始点は１ドル低くなるが、パイが１ドル広がるので、相手は差し引き50セントの損となり、それがあなたの懐に収まるからだ。

Ａの最終的な取り分は、次の式で表わせる。

Aの取り分の総額＝AのBATNA＋パイの半分
＝AのBATNA＋½［合計価値－（AのBATNA＋BのBATNA）］
＝½（合計価値＋AのBATNA－BのBATNA）

同様に、

Bの取り分の総額＝½（合計価値＋BのBATNA－AのBATNA）

まとめると、取り分を増やすのに同じくらい効果的な方法が3つある。（1）合計価値を増やして、取引自体の価値を高める。（2）あなた自身のBATNAの価値を高める。（3）相手のBATNAを引き下げる。

本書をすでに読んだ人との交渉の場合、使える方法はこの3つのみだ。つまり、必ずふたりでパイを等分することになるだろう。パイの半分以上を得ることは不可能なので、あなたにできるのは、生み出される合計価値またはお互いのBATNAを変化させることしかない。*

BATNAがそれほど重要なら、BATNAが力を与えるわけではない、と私が言うのはなぜだろう？　理由は単純だ。BATNAが弱い人々は、交渉の開始点が低いばかりか、パイの半分未満を受

＊　交渉は、認識されるBATNAに基づいて行なわれる。したがって、認識を変えれば、交渉結果も変わる。人間は自分のBATNAを実際より過大評価しがちだ。よって、真のBATNAが自分で思っているほど魅力的ではない、と相手に理解させるのが効果的だろう。

け入れなければ、というプレッシャーを感じてしまうのだが、実際には、彼らのほうが交渉を拒絶しやすいとかしにくい、と考える道理はないからだ。私はこれまで、「あなたのほうが私よりもこの取引を必要としているでしょう」というセリフをさんざん耳にしてきた。まるで、ＢＡＴＮＡの弱い側はパイの半分未満で我慢しなさい、と言わんばかりに。それは違う！　その取引を必要としている度合いは、どちらも変わらない。両者とも、自分のＢＡＴＮＡに少しでも多くを上積みするために、同じくらいその取引を必要としているし、パイを生み出すのに同じくらい貢献している。だからこそ、お互いのＢＡＴＮＡがどうあれ、パイを均等に分け合うのが正しいのだ。

等しい貢献度

まったく異なる役割を果たす当事者どうしの貢献度が等しいというのは、なかなか理解しづらい。だからこそ、会社や投資額などの規模の大きい側が、ふつうは交渉において多くの取り分を得るのだ。ほとんどの人は、貢献度は規模と比例しているので対等ではない、と誤解している。

しかし、２者による交渉では、両者の規模にどれだけ差があるとしても、パイへの貢献度は常に等しい、と私は声を大にして言いたい。これはマクロのレベルではまぎれもなく正しい。取引が成立しなければ、パイは消失してしまうからだ。しかし、ミクロのレベルに目を向けると、貢献度が等しいという事実は理解しづらいケースもある。具体例で見てみよう。

２種類の新聞

新聞社の『ガゼット』と『プラネット』は、提携を検討している。ただし、条件面で合意できれば、の話だ。『ガゼット』の読者規模は『プラネット』の2倍で、『ガゼット』は『プラネット』に1万人、『プラネット』は『ガゼット』に5000人の新規購読者を呼び込むと想定されている。この新規購読者により、合計15万ドルの増収を見込んでいる。『ガゼット』は『プラネット』の2倍の購読者を呼び込み、2倍の貢献をしているので、2対1の割合で利益を受け取る資格がある、と主張している。

しかし、本当に貢献度は2倍だろうか？　違う。貢献度は等しい。誤解の元凶は、それぞれの呼び込む新規購読者を別個にとらえるのではなく、その数を比較してしまったことにある。『ガゼット』が『プラネット』にもたらす1万人の新規購読者について考えてみよう。対する『プラネット』の貢献内容とはなんだろう？　新聞のコンテンツだ。『プラネット』のコンテンツがなければ、『ガゼット』の購読者には読めるものがない。したがって、1万人の新規購読者という価値を生み出すのに、両社は等しく必要といえるのだ。

同じく、『プラネット』が『ガゼット』に5000人の新規購読者をもたらす際、『ガゼット』はコンテンツで貢献している。よって、両社の貢献内容は、1万人の新規購読者と5000人の新規購読者ではない。このふたつの貢献を生み出すには、両社の力が必要なのだ。よって、増収分は7万5000ドルずつ折半するのが正しい。

シーシュポス

パイを生み出すのに、一方のほうがずっと大きな労力を強いられるケースもある。その場合、パイの等分は公平に思えない。その元凶は、パイの不正確な計算にある。シーシュポスの神話のパロディ版を題材に説明しよう。

ゼウスはシーシュポスに、重い岩を山頂まで押し上げてくれたら、１００ドラクマの謝礼を支払うと持ちかけた。ところが、山頂の手前に厄介な難所があり、毎回、足がすべって岩がふもとまで転げ落ちてしまうのだ。幸い、アテナが助けを申し出てくれた。ちょうどいいタイミングで一緒に岩を押してくれれば、その難所を越え、山頂までたどり着ける。さて、アテナはその一瞬の手助けで50ドラクマを受け取る資格があるだろうか？

アテナに報酬の半分を手渡すのは不公平だ、と本能的に感じる人が多いだろう。アテナはシーシュポスほど苦労していない。半分を受け取る資格なんてない！　この感覚は一理ある。

確かに、アテナとシーシュポスは同じくらい不可欠なので、パイの半分ずつを受け取る資格がある。しかし、まちがっているのは、パイが１００ドラクマである、という計算の部分だ。パイとは、ふたりがそれぞれのＢＡＴＮＡを超過して生み出した価値だ、という点を思い出してほしい。その価値を計算する際には、その仕事の費用（この場合は難所に差し掛かるまでの重労働）を考慮しなければならない。

たとえば、その重労働には4時間かかるとし、シーシュポスは似たような仕事で時給15ドラクマを稼げるものと仮定しよう。すると、パイは１００ドラクマではない。難所に差し掛かるまでの60ドラクマの賃金を考慮すれば、パイは40ドラクマにすぎないのだ。もし仕事の報酬が50ドラクマだったら、シーシュポスは仕事を断っただろう（少なくとも、私の仮定のもとでは）。この場合、パイはなくなり、4時間の労働は報酬に見合わないものになる。つまり、ほかの場所で同量の仕事をして60ドラクマを稼げるなら、シーシュポスのＢＡＴＮＡは60ドラクマということになる。言い換えれば、この仕事は60ドラクマ相当の労働をともなっているので、実質的なパイは40ドラクマにすぎないのだ。

よって、アテナとシーシュポスが山分けすべきパイは、実際には40ドラクマのみになる。取り分はアテナが20ドラクマで、シーシュポスが80ドラクマ。うち60ドラクマが重い岩を難所まで押し上げたことによる報酬で、20ドラクマがパイの半分に当たる。

それでも、アテナは一瞬の手助けでかなり大儲けしたように思えるかもしれない。しかし、シーシュポスは、本来の時給15ドラクマを上回る稼ぎを得るために不可欠な要素を見落としている。力を借りられる女神がほかにいて、アテナがもはや不可欠でなくなれば、シーシュポスは40ドラクマの半分以上の分け前を得られるだろう。しかし、協力者がアテナ以外にいないとすれば、アテナは40ドラクマの半分をあくまで要求する（または、アトラスならもっと安い時給で岩を押し上げてくれるかどうかを確かめる）のが賢明な行動だろう。

コカ・コーラのコスト削減

ピザの例で見たとおり、お互いのＢＡＴＮＡの比率に従ってパイを比例分配するのは、一方のＢＡＴＮＡがゼロになると意味をなさなかった。比例分配は、ＢＡＴＮＡではなく、販売数や金額の規模と結びつけられることのほうが多い。それでも、不条理な結果に結びつくことがある。

比例分配の問題点は、比率が極端になると浮き彫りになる。比率が2対1のときには些細にしか見えない問題が、１０００対1になると論外になるのだ。私は一世一代の交渉で、規模の小さい側の人間としてこの問題に直面した。

「はじめに」で触れたとおり、私は大学教授を務めつつも、元教え子のセス・ゴールドマンとともにボトル入りのオーガニック・アイスティー会社を立ち上げた。その会社、オネストティーは、コカ・コーラと何度か交渉を重ねることとなり、私が交渉の窓口を務めた。

その交渉からふたつのエピソードを紹介しよう。ひとつ目は少し盛っているが、ふたつ目のほうは完全に真実だ。オネストティーの売却をめぐるコカ・コーラとの交渉のエピソードは、次章で紹介するが、本章では、売却に先立つ出来事のひとつを紹介してみたい。

両社が買収について話し合う前、コカ・コーラがオネストティーの資源調達に協力する案が浮上した。コカ・コーラは恐るべき資源調達力を持ち、原材料やパッケージングの費用を超低価格に抑えていた。コカ・コーラとオネストティーの潜在的な相乗効果について話し合うなかで、コカ・コーラがオネストティーのボトルのコストを1本当たり19セント〔＝0・19ドル〕から11セントへと劇的に抑えることに協力する、という案が持ち上がった。1本当たり8セントのコスト削減だ。当時のオネストティーは年間4000万本を売り上げており、年間100パーセント近い成長を続けていたので、3年間の合意を結べば、2億5000万本の販売が予測された。つまり、コスト削減効果は2000万ドルだ！　当時は想像もつかない額だった。この費用構造のもとなら、大幅な利益が期待できるだろう。問題は、この2000万ドルをコカ・コーラとオネストティーでどう山分けするか、という点だった。

ひとつの選択肢は、まちがいなくコカ・コーラに有利ではあるが、両社の出荷本数に応じて2000万ドルを比例分配する、という方法だろう。そうすれば、両社とも1本販売するたびに同じ額を節約できることになる。出荷本数と売上高は完璧に比例しないとはいえ、売上高はおおよその見積もりに使える。コカ・コーラの売上高は年間400億ドル、オネストティーが2000万ドルだった。比率にすると2000対1だ。つまり、収益に比例して2000万ドルを分配するなら、コカ・コーラの取り分は1999万ドル、オネストティーは1万ドルとなる。悲惨な状況だ。

ご想像のとおり、私にとって公平とは思えなかった。そして、コカ・コーラもそう思ったようだ。お互いの規模が極端に違う場合、比例分配は明らかに機能しない。ということは、それ以外の場合にも公平ではない、ということだ。比例分配は首尾一貫した方式とはいえないのだ。つまり、先ほどの比率が2000対1ではなく2対1であっても、比例分配を疑ってかかるべきだ。2対1の場合もやはり支離滅裂なのだが、不公平さが見えづらいだけの話なのだ。

コスト削減額を両社の売上規模に応じて分配するのは不公平だと気づき、コカ・コーラの担当チームはより妥当な提案を持ちかけた。コカ・コーラの取り分が1900万ドルで、オネストティーが100万ドル。うちには資源調達力がある。お宅はそれに見合う価値を提供していないでしょう？

しかし、本当にコカ・コーラの貢献度のほうが高いのだろうか？　確かに、コカ・コーラの資源調達力なしでは、コスト削減は実現しない。それは事実だ。では、オネストティーの貢献とはなんだろう？

私は内心こう考えていた。確かにコカ・コーラの資源調達力はすごいが、そっちはそっちで、うちの非効率性を当てにしている。よし、今はいい顔をしている場合じゃないのかもしれない。代わりに、私はこう考えた。ボトルを満たすにはうちの紅茶が必要だ。コカ・コーラの資源調達力には敬服するけれど、追加の2億5000万本分のコスト削減を実現するには、オネストティーの顧客の力が欠かせない。コカ・コーラの資源調達力と、この甘すぎないオーガニック紅茶を愛飲する顧客。そのふたつが組み合わさってこそ、2000万ドルのコスト削減が実現する。だから、浮いた2000万ドルは1000万ドルずつ折半するべきではないか。

コカ・コーラは、自社のボトルでのコスト削減額をすでに回収していた。さらに2000万ドルのコスト削減を生み出すには、ボトルに費用をかけすぎていて、なおかつ大量のボトルを消費する企業を見つける必要があった。それがオネストティーだった。

どちらのほうがパイに多く貢献しているかを判断しようとするのは、リーシーズのピーナッツバター・カップにとって、チョコレートとピーナッツバターのどちらが重要か、を問うようなものだ。それは愚問だ。どちらも必要、としかいえないのだ。

どちらも等しく必要だという点は認めるにしても、やはり高望みだ、と考える人もいるだろう。私の交渉相手は銀河帝国だ。少なくともそのように感じた。コカ・コーラは世界一有名なブランドのひとつを抱えるフォーチュン100企業だが、私はこの取引にずっとこだわっている小さな人間だ。コカ・コーラはきっとこう返答すると思うかもしれない。「われわれは天下のコカ・コーラだ。こちらにとっては、1900万ドルなど誤差の誤差ですらない。だがあなた方にとっては、100万ドルは大金だ。今まで稼いだこともないくらいの。だから、100万ドルで満足したほうがいい。1900万ドルはわれわれがいただく」

すべてそのとおりだった。100万ドルでも大金だっただろう。しかし、パイの分配に関する議論は、すべてそっくりそのままひっくり返せる、という点を思い出してほしい。この場合はこうだ。「いいでしょう、コカ・コーラさん、今、お金なんてどうでもいい、と言いましたよね。1900万ドルなど誤差の誤差にすぎない、と。そちらにとってははした金なのでしょうが、うちにとっては大金です。ですから、私たちが1900万ドル、そちらが100万ドルではいかがでしょう。大丈夫、誰も気づきはしませんよ」

大企業の取り分が多くなりがちなひとつの根拠は、大企業のほうがお金に困っておらず、相手と同じ利得を得るためには、より大きな金額が必要だから、というものだ。しかし、この議論は完全に支離滅裂だ。はした金には興味がないから、取り分を多くしろと主張するなら、その主張をひっくり返して、こう反論すればいい。「なるほど、はした金に興味がないと言うなら、多少の犠牲を払って、私たちの取り分を多くしても、痛くも痒《かゆ》くもありませんよね」。この話題については、第11章で再び取り上げる。

結局、共同事業の話は、すぐさまオネストティーの買収の話へと移った。ボトルの価格について合意を結ぶ必要はなくなったが、それよりもずっと重要な、企業の買収価格について合意を結ぶ必要が生じたのだ。さっそく本題に入る前に、一歩下がって、背景をもう少し詳しく説明しておこう。

第5章　正直《オネスト》なパイ

交渉の第一人者であるハーブ・コーエンは、ある非常に実践的なアドバイスを述べている。「交渉にはどこまでも必死に臨むべきだが、必死になりすぎてはいけない」。交渉が個人的なものであり、極端な大金がかかっていると、客観的になるのは難しい。だからこそ、多くの人は弁護士や銀行家に交渉の代理を依頼するのだ。

２００８年当時の私には、ハーブの名アドバイスに従う余裕などなかった。私はコカ・コーラを相手に、（少なくとも私たちにとっては）大金のかかる交渉を行なっていた。コカ・コーラは、私がセス・ゴールドマンとともに共同創設した企業、オネストティーの買収に関心を示したが、早い段階から、投資銀行家は抜きにしよう、と注文をつけてきた。競争入札のような状況は望んでいなかったのだ。このルールにはあまり納得がいかなかったが、コカ・コーラに交渉を拒絶されるリスクは冒したくなかった。[4]

それまでの10年間、セスと私は、オネストティーを築き上げるために心血を注いできた。正直なところ、それは無謀な挑戦のはずだった。ふたりとも過去に企業経営の経験はなかったし、世界一競争の熾烈な市場で、コカ・コーラ、ペプシコ、ネスレ、アリゾナビバレッジ、ＳｏＢｅといった、数々の飲料メーカーと真っ向からぶつかり合っていた。

それでも、私たちは生き残り、さらに繁栄を遂げた。オネストティーは他社と一線を画す方針で成功を築いた。シロップ、濃縮物、香料、異性化糖の類《たぐい》はいっさい不使用。製法も、高級なオーガニック茶葉とお湯に、少量の蜂蜜、メープルシロップ、アガベ、きび砂糖のいずれかを加えただけ。他社が水飴のような味のアイスティーを販売するなか、オネストティーは本物の紅茶らしい紅茶を販売していた。

創業から10年がたっても、オネストティーはいまだ新興企業のような雰囲気だった。当時の年間売上高は２０００万ドル程度だったが、紅茶ブランドとしては、全国のホールフーズ〔アメリカのスーパーマーケット・チェーン〕で売上ナンバーワンだったし、自然食品部門でももっとも急成長を遂げていた。しかし、強力な販売網がほとんどなかった。

未来はバラ色とは程遠かった。会社はボトルの変形、自動車事故、さらには全国規模の回収騒動まで、数々の難局をくぐり抜けていた。在庫の確保に必要な現金をまかなうため、５００万ドルの融資を得る必要に見舞われた際には、銀行が私たちに個人保証を求めてきた。状況が悪化すれば、私たちは何もかも失う恐れがあった。

コカ・コーラから買収の声がかかるのは、ほとんどの起業家にとっての夢だ。セスと私は、コカ・コーラとの交渉に興奮したが、まだ売却の覚悟ができていなかった。経営は楽しかったし、やっと軌道に乗ってきたと感じはじめたところだったのだ。

その反面、売却しないことも不安だった。私たちのＢＡＴＮＡは現状維持ではなく、それよりずっと悪いものになるのは目に見えていた。1991年に、コカ・コーラとネスレはネスティー〔アイスティーのブランド〕の販売で提携を開始したのだが、＊提携はもはや機能していなかった。その結果、両社は十数年ぶりに、ネスティーでの提携以外にも独自の紅茶事業を追求できるようになっていた。

夏にかけて、ネスレ米国がオネストティーの買収を検討していた。価格交渉は一定の進展を見せていたのだが、ネスレのスイス本社のCEOが買収価格に腰を抜かし、交渉を白紙に戻してしまった。ネスレ米国の代表はずっと低い買収価格を携えて戻ってきたが、私はきっぱりと断った。すると、その人物は、私がセスやその家族、子孫たち全員の希望や夢をつぶしたと言わんばかりの内容の手紙をセスに送った。個人攻撃に発展しかけていたのだ。

ネスレやコカ・コーラからの関心は、ひとつのことを意味していた。紅茶メーカーを買収するという並々ならぬ決意だ。オネストティーを買収できなければ、オネストティーのライバル企業のいずれかを買収するだろう。そうなれば、オネストティーは、単にロング・ライフ、インコ、スウィート・リーフ、トレードウィンズといったほかの新興企業とではなく、コカ・コーラやネスレの後ろ盾を得たこれらの企業と競争を強いられるだろう。そのあとでコカ・コーラやネスレに買収されたのでは、オネストティーは主役ではなく、脇役に追いやられる。

これはセスと私の単なる被害妄想ではない。コカ・コーラの面々は、これ以上なく丁寧な言い回しで、私たちにそう釘を刺したのだ。彼らは、「会社を売却しなければ、茶葉みたいにひねりつぶしてやるぞ」と言ったわけではない（紅茶会社のテトリーのCEOは、オネストティーが打診を断ると似たようなことを言ったが）。代わりに、彼らはこう言った。「取締役会から紅茶メーカーを傘下に収めるよう命じられたのです。150社を検討した結果、最上位に挙がったのがあなた方でした。あなた方のこれまでの実績や将来性には、目をみはるものがあります。ただ、私たちは命令を受けて行動していることを、どうかご理解ください」

大企業を味方につけた元ライバル企業と戦うのは、気が滅入った。しかし、セスと私は、デメリットばかりに着目していたわけではない。コカ・コーラの傘下に入るチャンスは、私たちの目標にとって大きな追い風でもあった。当時のコカ・コーラCEOのムーター・ケントは、私たちにこう言った。「コカ・コーラがあなた方を変えたいとは思わない。オネストティーにコカ・コーラを変えてほしいのです」。オネストティーはコカ・コーラ史上初のオーガニック紅茶になる。コカ・コーラの協力があれば、オネストティーはペットボトルのコストを削減できる。生産面で品質改良できる。オーガニック食品を民主化し、主流化できる。理想を犠牲にしなくても、成功する企業を築ける、ということを実証できる。

こうして、葛藤が生まれた。セスと私はコカ・コーラの助けを求めていたが、会社を売却したくはなかった。その一挙両得をはかるには？　私たちが早々と合意したのは、コカ・コーラが現時点でオネストティーの少数株式を取得したうえで、３年後に残りの株式を取得する権利を持つ、という内容だった。そして、あと何回かのやり取りを経て、私たちは売る権利（プット）を得た。つまり、オネストティーの株主が希望した場合、３年後に企業をコカ・コーラに売却する権利だ。

これでひとつ問題が解決したが、別の問題が生まれた。コカ・コーラは３年後にいくらで買収する

＊　オネストティーはネスティーと一悶着《ひともんちゃく》あった。オネストティーの創設当初の社名は、オネスティーだった。すると、ネスレの弁護士陣が、オネスティー（Honestea）という社名がネスティー（Nestea）の商標を侵害しているとして、商標出願を阻止してきたのだ。そこで私たちは、あいだにスペースとTを追加することで問題を解決した。おかげで、オネストティー（Honest Tea）というずっとよい社名ができあがった。

のか？　コカ・コーラは、今後3年間、資源調達、生産、流通を支援すると約束したものの、その支援のおかげで、買収価格が跳ね上がるのだけはごめんだった。

私が初めてパイの手法を応用したのは、そのときだ。それまで、パイの手法はイェール大学の私の交渉講座で芽を出しつつあるアイデアにすぎなかった。果たして、パイの手法でこの葛藤を解決できるのか？

この取引によって生み出されるパイとは？　コカ・コーラと手を組むことで、オネストティーは、独力ではとうてい達成できない水準まで売上を押し上げられるだろう。しかし、コカ・コーラは、そうして伸びた売上のせいで、買収価格が跳ね上がるのは避けたかった。

私の反論はこうだ。その余分な売上を実現するためには、両社の力が等しく必要だ。確かに、オネストティーは、コカ・コーラの配送トラックなしでは、同じ売上を得られないだろう。しかし、コカ・コーラもまた、トラックに積み込むオネストティーの紅茶なしでは、その余分な売上を上げられないのだ。両社が協力してこそ、パイが生み出される。

解決策はこうだ。コカ・コーラは、売上の定数倍に基づく価格をオネストティーに支払うこととする。その評価倍率は、売上Xドル（具体的な価格は秘密）までは満額だ。ここで、Xドルというのは、現在の傾向から予測される3年後の売上だ。Xドルを超過する売上に関しては、評価倍率を50パーセントに減免する。つまり、両者でパイを折半するわけだ。ここでのパイとは、今回の契約によって実現した余分な売上の額だ。

この評価倍率やXドルの適正な値をめぐって、頻繁にやり取りが交わされた。いわば、詳細を詰めるための議論と考えてほしい。これらはデータに基づいた課題だ。

早い段階で、全員がパイを等分するという考え方に合意した。パイのフレームワークのおかげで、厄介な部分が容易な部分に変わったのだ。この合意によって、全員が巨大なパイを生み出すべく協力することができた。契約締結から十数年がたった本書の執筆時点で、オネストティーの紅茶は世界じゅうで販売されており、事業規模は２００８年の10倍以上になっている。

オネストティーの契約には、両者にとってよい契約だったことに加えて、最後にもうひとつ注目してほしい点がある。両者とも、パイを山分けするためにパイの実際の大きさを知る必要はなかった、という点だ。コカ・コーラは、最終的なパイがどうであれ、事後的にパイを分配することに同意してくれた。事後的な分配は、不確実な環境で交渉をしているときにはたいへん役立つ。両者とも、将来的にパイが生み出されることはわかっているが、肝心のパイの大きさがわからない。または、パイの大きさについて見解に食い違いがある。しかし、見解が一致する必要などないのだ。パイが事後的に測定可能でありさえすれば、パイの折半で合意することはできる。この点は、以降の多くの例で用いる重要な考え方なので、ぜひ覚えておいてほしい。

第6章　法的なパイ

契約が破られる。相手がカンカンに怒る。補償をめぐる言い争いが始まる。お互いが訴訟し合う。パイの手法は、こうした紛争の解決に役立つ。損害賠償の額を決めるのに役立つし、最終的な損失を最小限に抑えるインセンティブも与えてくれる。

この問題については、次のように考えるのがひとつの手だろう。たとえば、片方の当事者が、一方的な行動に出たとする。契約の解消に向けた交渉を行なう代わりに、一方的に契約を解消したのだ。しかし、両者が条件について交渉し直していたら？　いったいどういう合意を導き出していただろう？　その合意こそが、私の提案する紛争解決方法の開始点になる。もちろん、パイを等分する、というのがその解決策だ。

賃貸契約の解約

シェインは、自宅から2時間半の勤務地に転職が決まったばかりだ。それはシェインにとっては朗報だが、家主にとっては残念なニュースだ。退去は1カ月後。問題は、賃貸契約期間がまだ5カ月残っていて、契約満了の4カ月前に退去することになる、という点だった。シェインに解約を伝えられると、家主は不満をあらわにした。手のかかる子どもがいるので、家賃収入がなくなるとすごく困る、というのだ。

家主は違約金として、残り4カ月のうち2カ月分の家賃2400ドルを要求した。それに加えて、敷金1200ドルの没収と、踏んだり蹴ったりなことに、ペット飼育の場合の敷金500ドルの没収まで告げた。合計4100ドル。痛すぎる。

シェインはしぶしぶ同意した。4カ月分の賃料を払うよりはわずかにましだ。新居に引っ越して4日後、シェインは庭に残してあった工具を引き取るため、元の家に戻った。驚いたことに、新しい賃借人がすでに入居していた。シェインが退去を通告してからの1カ月間で、新しい入居者を見つけていたのだ。

私がシェインの事例について知ったのは、車で帰宅中にジャーナリストのチャールズ・デュヒッグのポッドキャスト『ハウ・トゥ！』を聴いていたときだった。番組では毎回、デュヒッグが専門家を呼び、リスナーの悩みを解決していく。その日、彼はバージニア州在住のシェインに、交渉力アップの方法を指南していた。呼ばれた専門家は、ＦＢＩの元人質交渉人で『逆転交渉術』（早川書房）の著者のクリス・ヴォスだ。

クリス・ヴォスは、シェインにどうするべきだったのかを指導した。手始めに、彼はシェインが家主の立場を理解しているかどうかを確かめるため、家主との会話を「～と感じているようですね」で始めるよう求めた。シェインはこう答えた。

　今は閑散期で引っ越しが少ないので、退去されると困ると感じているようですね。それから、新しい入居者が見つかるまで1、2カ月間、部屋が空いてしまうのを心配されているようですね。

ヴォスは上出来だと思った。私も同感だ。第18章で論じるように、相手の主張を代弁することは大事だ。それこそが、相手の立場を理解しているという最高の証になるからだ。

次に、ヴォスは、「どうすれば」という疑問の掲げ方をシェインに練習させた。シェインはこんな疑問を掲げた。「どうすれば、お互いが満足できる解決策を導き出せるか?」。ヴォスは賛同しつつも、こんな言い換えを提案した。「どうすれば、この交渉の終わりにお互いを嫌いにならなくて済む解決策を導き出せるか?」。彼はこう説明する。

　お互いが満足できる、などと軽々しく口にする人は、自分の満足にしか興味がないパターンが多いんだ。相手の満足など二の次でね。

私は彼の他者中心の視点と巧みな話術が大好きだ。ただ、私から見ると、ひとつ大事な要素が欠けているように思う。パイのフレームワークだ。

私はシェインの賃料を払い、シェインに連絡を取り、一緒にパイを考えてみた。まずは、彼のBATNAだ。残りの4カ月分の賃料を払い、部屋を空けたままにしていれば、契約違反にはならなかった。その場合、彼は敷金を返金してもらう権利がある。部屋は4カ月間、空いたままになるだろう。損失は4800ドルだ。

しかし、それは彼にとって最善の代替案とはいえない。バージニア州の法律によると、借主が契約に反して退去した場合でも、家主はその部屋を再び貸し出すための合理的な努力を行なう義務がある。だが、すべての州でそうであるわけではない。たとえば、フロリダ州の場合、家主にその義務はない。幸い、シェインの住まいはバージニア州にあった。彼が負担すべきなのは、家主が新たな入居者を見つけるまでの逸失賃料だけだ。

バージニア州の住宅市場は活発なので、その部屋が４カ月、それどころか２カ月と空室のままであることなどありえないだろう。おそらく、６週間足らずで新たな入居者が見つかるはずだ。私なら、実際の交渉を始める前に、もう少し下調べをして、より詳しいデータを集めたくなるだろうが、とりあえずは、家主が法的に必要な最低限の努力をした場合、部屋が埋まるのに１カ月かかると仮定しておこう。それより長くなる場合もあれば短くなる場合もあるだろうが、平均１カ月だ。これが、部屋の解約によって生じる経済的な損害に当たる。

下調べをしよう

ＢＡＴＮＡ（そしてパイ）を算出するには、下調べが必要なことが多い。ドメイン名の例では、ＩＣＡＮＮの紛争解決プロセスについて理解する必要があった。今回の例では、家主の法的義務を知ることが必要だった。この話題については、第20章、交渉への備え方に関するセクションで。

家主にとってのＢＡＴＮＡは、最小限の合理的な努力をする、というものだ。この場合、家主は新しい入居者が見つかるまで、シェインから賃料を受け取ることになる。

パイが生まれるとすれば、それは代わりの入居者を一刻も早く見つけ、空室を埋めたときだ。家主が本気で努力すれば、１週間足らずで新たな入居者が見つかるかもしれない。

家主がシェインに要求した４１００ドルは、損失の期待値の３倍以上だった。これはいくらなんでも暴利だ。開始価格として、シェインは損失の期待値（つまり1カ月分の賃料）である1200ドルの支払いを提案することもできただろう。そうすれば、家主は1カ月前の事前通告に加え、新たな入居者を探す費用として、1カ月分の賃料を余分に受け取ることができる。

しかし、家主がそれ以上の補償を求めてきたとしても、意外ではないだろう。シェインが住みつづけてくれれば、賃料はシェインが負担し、家主にはなんのリスクもない。それが今では、家主は余分な手間と望んでもいないリスクを背負わされるはめになったのだ。そのリスクと余分な手間の穴埋めとして、1800ドルを要求してくるかもしれない。

1800ドルを支払うのは、4100ドルと比べればずっとましだが、さすがに家主の取り分が多すぎる。シェインが退去した直後に入居してくれる人が見つかれば（実際、見つかったように）、家主は1800ドルの儲けになる。新たな入居者からの賃料全額と、シェインからの1800ドルを受け取れるからだ。

シェインにとってよりよい選択肢は、パイの折半だ。まず、シェインは6週間分の賃料1800ドルの支払いに同意する。これは、家主が努力して入居者を探した場合に必要な平均時間を大きく上回る。そのうえで、家主が6週間以内に回収した賃料を、家主とシェインで半分ずつ山分けするのだ。法律上、シェインは家主が新たな入居者から回収した賃料を100パーセント受け取る権利があるが、それだと家主には、一刻も早く新たな入居者を探すインセンティブがまったくなくなってしまう。だが、シェインは本気で入居者を探してほしいと思っている。

家主ががんばり、代わりの入居者をすぐに見つければ、シェインは1800ドルを支払うが、900ドルのキックバックを受け取れるので、合計900ドルの損失で済む。一方、家主は900ドルの儲けとなる。2週間で誰かが入居すれば、シェインは4週間分の賃料の半分の600ドルを受け取れるので、合計１２００ドルの損失となる。家主は６００ドルの儲けだ。このほうが合理的な手法に思える。シェインは一定のリスクを負うべきだし、家主は部屋を別の人に早く貸し出すことによる恩恵を受けるべきだからだ。

パイを理解し、リスクやインセンティブへの対処法がわかったところで、いよいよ家主を説得する番だ。ここで、共感や例の出番となる。私が提案するのは、こんな言い方だ。まずは、「～と感じているようですね」で文章を始めよう。

私に退去されると困ると感じているようですね。家賃収入がなくなってしまう、と。

家主が手のかかる子どもの話を持ち出してきたら、こう続けよう。

朗報があります。私たちが協力すれば、大家さんが最終的に損するのではなく、逆に得する方法があるんです。退去の４週間前に解約を通知すれば、退去当日までには新しい入居者が見つかると思います。バージニア州の賃貸住宅市場は活発ですからね。ただ、念のため、６週間分の賃料は保証します。と同時に、代わりの入居者を探す労力への謝礼もお支払いしたいと思っています。６週間以内に入居者が見つかったら、残っている期間の賃料の半分をお譲りします。

私は例を挙げるのが大好きだ。私は契約のたびにそれを実践している。例を挙げることで、伝えたい内容が明確になるからだ。よって、私ならこう続けるだろう。

たとえば、すぐに入居者が見つかったら、1800ドルの保証金を山分けすることになるので、大家さんは900ドルの儲けになります。退去の2週間後にやっと入居者が見つかったとしても、
　大家さんは600ドルの儲けになります。

家主が入居者探しの余計な手間に不満を持っているとしたら、これは数時間の作業にしてはかなり割のよい補償に思えるだろう。すぐに新たな入居者を見つけられるとは思えない、と家主が反論してきたら、探すのに6週間もかかることはそれと同じくらい考えにくい、と答えればいいだろう。家主が賃料の山分けに躊躇したら、本来、家主には損失を最小限に抑え、新たな入居者から回収した賃料をあなたに全額返金する責任がある、と伝えよう。バージニア州の法律では、新旧の入居者から重複して受け取った賃料を懐に収めるのは違法だからだ。しかし、ふたりが合意すれば、あなたが退去することにより、かえって家主に5割増しの賃料を受け取る機会が生まれるのだ。

損害賠償

シェインの例のように、契約違反の損害賠償額を減らせる場合もある。しかし、契約違反をした人物が損害賠償を支払うことは確定していて、あとはその金額を算出するだけ、という状況もある。その場合、採用する取り決めに応じて、契約に違反することを選択するかどうかが決まるので、いっそうの注意が必要だ。契約にあえて違反するほうがずっとパイは大きくなるのに、現行の契約にこだわるべきではない（当然、そのパイには相手の損失も加味する必要がある）。逆に、契約に違反することでパイが消失してしまうなら、現行の契約を破るべきではない。

アリスの破談になった自動車売買契約を例に取って説明しよう。アリスは、大急ぎで自動車を売りたがっている大学卒業間近の先輩から、2013年式のプリウスを9000ドルで購入することに同意した。掘り出し物だと思った。走行距離は少なく、状態も文句なし。1万1500ドルくらいの価値はあると思った。そこで、アリスは売り手と契約を結び、500ドルの前金を手渡し、残りの分の小切手を発行してもらうために銀行へと向かった。

戻ってくると、車が消えている！　その売り手（仮名ボブ）は、アリスが銀行に行っているあいだに、別の人がやってきて1万3000ドルで買ってくれたのだ、と説明した。その人物はペイパルで支払いを済ませ、そのまま車に乗っていったそうだ。ボブは謝罪し、アリスに500ドルを返金した。

私は、契約法を教えるニューヨーク大学ロー・スクール教授で友人のリチャード・ブルックスに連絡し、アリスが取りうる行動についてたずねた。

法律の分野には、意図的に法律違反（法律用語で不履行という）を犯すほうが合理的なケースもある、という考え方がある。これは「効率的不履行」と呼ばれる。シェインの例はまさにそのケースだ。契約期間がまだ残っているからといって、新しい勤め先の近くに引っ越さず、元の部屋に住みつづけ、1日往復5時間かけて通勤する、というのは合理的でないからだ。

問題は、契約が破られた場合に、誰がどれだけの補償を受け取るべきか、だ。もちろん、契約を破ることを勧めるわけではない。それが効率的な行動とはいえない場合は特にそうだ。

リチャードの説明によると、法律的には、アリスの受け取る補償額には3通りの選択肢がありうるという。

1　原状回復（または信頼利益の損害賠償）

２　期待利益に基づく損害賠償

３　利得の吐き出し

これらの用語の意味と、どれも得策とはいえない理由を説明していこう。

「原状回復」の場合、アリスは返金以上のものは受けられないが、ボブはペイパル氏から受け取った1万３０００ドルをまるまる手元に残せる。これはどう見ても公平ではない。アリスは車を９０００ドル以上と見積もっていたので、購入価格を返金してもらうだけでは割に合わない。実際、原状回復だけで済むなら、ボブは別の誰かにプリウスを1万ドルで売り、アリスになんの補償もしなくてよくなる。つまり、９０００ドル以上で売れるなら、ボブには契約を破るインセンティブがあるのだ。これでは「非効率的不履行」がのさばってしまう。アリスからプリウスを奪い取った人物は、彼女よりも低くその車を評価しているかもしれない。つまり、アリスは、自分が1万１５００ドルと評価する車を、ボブにわずか９０００ドルで強制的に売り戻しさせられる理屈になるのだ。結局、彼女は契約で得た利得を全額失うことになる。

「期待利益に基づく損害賠償」の場合、アリスは自身のプリウスの評価額に基づき、全額補償を受けることになる。彼女は1万１５００ドル相当の車を購入したつもりでいたからだ。[5] したがって、ボブが前金と契約不履行の賠償金２５００ドルをアリスに支払った場合、アリスはあたかもプリウスを自身の評価額でボブに転売したのと同じことになる。そうすれば、アリスの評価額以上で買ってくれる人が見つからないかぎり、ボブは契約を破ろうとは思わないだろう。アリスにとって期待利益に基づく損害賠償のほうが、原状回復よりはまちがいなくましだ。おまけに、非効率的不履行に対する抑止力にもなる。

	原状回復	期待利益に基づく損害賠償	利得の吐き出し
アリスの受取額	0ドル	1万1500ドル－9000ドル ＝2500ドル	1万3000ドル－9000ドル ＝4000ドル
ボブの受取額	1万3000ドル－0ドル ＝1万3000ドル	1万3000ドル－2500ドル ＝1万500ドル	1万3000ドル－4000ドル ＝9000ドル

「利得の吐き出し」の場合、ボブは余分に儲けたお金もまるまるアリスに返金しなければならない。利得の吐き出しは、アリスにとって最高の結果に思える。契約が破られてむしろうれしいくらいだ。これで、アリスは最終的に4000ドルの儲けとなり、プリウスを手元に置くより1500ドルの得をする。プリウスを買い取ったあと、ボブがペイパル氏から受け取ったのと同じ価格で車を転売したのと同じことだ。利得の吐き出しの問題点は、売り手の側にいっさい報酬が残らない、という点だ。車をアリスに売ろうとペイパル氏に売ろうと、ボブの受け取る額は同じ9000ドル。これは問題だ。ボブが契約を破って1万3000ドルで車を売ることは絶対になくなるため、吐き出す利得自体が生じないからだ。

アリスとボブの受取額を上の表にまとめてある。合計は常にボブがペイパル氏から受け取る額である1万3000ドルになる点に注目してほしい。

アリスではなくペイパル氏が車を購入した場合の利得（つまりパイ）は、1万3000ドル－1万1500ドル＝1500ドルだ。パイが1500ドルなのは、これがアリスではなくペイパル氏に車を売ったことにより生み出される余分な価値だからだ（パイの計算では、ペイパル氏の利得は除外してある。ペイパル氏は、契約違反をめぐるボブとアリスの交渉に参加していないからだ）。

原状回復の場合、パイの100パーセント以上が、売り手、つまり契約に違反した人物に渡ることになる（ボブは契約に違反して4000ドルの得をする）。そのため、不合理なインセンティブが生じ、不公平を飛び越してもはや

	パイの折半	契約違反による利得
アリスの受取額	1万1500ドル−9000ドル＋50%×(1万3000ドル−1万1500ドル)＝2500ドル＋750ドル＝3250ドル	**750ドル**
ボブの受取額	1万3000ドル−3250ドル **＝9750ドル**	9750ドル−9000ドル **＝750ドル**

窃盗の域にまで達してしまう。

利得の吐き出しの場合、パイの100パーセントが、買い手、つまり契約に違反していない人物に渡ることになる。期待利益に基づく損害賠償の場合、パイの100パーセントが、売り手、つまり契約に違反した人物に渡ることになる。このふたつの選択肢は、原状回復よりは公平だが、十分とはいえない。なぜ一方がパイのすべてを受け取る必要があるだろう？

となると、パイを折半する、というのが当然の解決策だろう（裁判所にとってはそう見えないだろうが）。ボブはアリスの前金を返金し、契約が履行されていれば彼女が得るはずだった利得、2500ドルを追加で補償する。そのうえで、残りの1500ドルを山分けするのだ。結局、アリスは2500ドル＋750ドル＝3250ドルの現金と、返金された前金を受け取ることになる。これは、車を受け取るよりも750ドルの得になる。ボブは1万3000ドル−3250ドル＝9750ドルを受け取ることになるが、やはりアリスと9000ドルで取引するよりも、750ドルの得になる（上の表）。

つまり、アリスが直接ペイパル氏に車を売った場合に生じたはずの利益を、ボブに折半させるわけだ。次の交渉を考えてみよう。アリスはすでに車両登録を済ませてあるため、ボブはペイパル氏に車を売るわけにはいかないが、ペイパル氏の連絡先情報を握っている。だが、アリスは1万3000ドルを支払う気のある謎の買い手の正体を知らない。この場合、ふたりが協力してこそ、その1500ドルのパイを生み出せることになる。ふたりには、その1500ドルをめぐる交渉の機会がなかったが、裁判所がパイの折半を言い渡すことはできるのだ。

この解決策は、売り手側のインセンティブという点で完璧ではない。売り手は、1ドルのパイを生み出すたびに50セントの報酬しか受け取れないからだ。よって、売り手は、効率的不履行につながる高値をつけてくれる買い手をがんばって探そうとは思わないかもしれない。しかし、50セントは、利得を吐き出した場合の0ドルの報酬と比べればずっとましなのだ。

インセンティブ

インセンティブの問題はたびたび生じる。その根本的な理由は、パイを計算する際、労力にかかる費用を考慮しそこねてしまうからだ。シーシュポスに岩を山頂近くまで押し上げる労力に対する補償が必要だったのと同じで、家主には新たな入居者を探す労力、ボブにはより高値の買い手を見つける労力に対する補償が必要だ。

パイの概念を導入したとき、パイの大きさは一定だった。ピザの例なら6枚、アンジュとバラトの例なら300ドルの利息だ。パイを生み出すのに特別な労力は必要なかった。しかし、そもそもパイを生み出すために、またはパイを広げるために、一方または双方が労力を強いられる状況もある。そこで、ここではパイを広げる事例に着目してみよう。

パイを正確に計算したら、そのパイを広げるためにかかった費用をまず補償する。ある人物が18ドルの余分な価値を生み出すのに10ドルの費用をかけたなら、まずは10ドルをその人物に補償するわけだ。広がったパイは8ドルのみなので、それを均等に分け合うことになる。インセンティブの問題が生じるのは、パイを広げるのにかかった時間や労力を見分けたり測定したりしづらいがゆえに、補償が難しい場合だ。今の例なら、広がったパイを8ドルではなく18ドルと誤解し、誤ったパイを分け合ってしまう可能性もある。労力に対する補償なしで、見当違いな合計価値の増加分やパイを分け合ってしまうと、どうなるだろう？　誰も18ドルの半分の9ドルを取り戻すためだけに、10ドルの費用をかけようとは思わないだろう。

この問題は、より小規模ながら、シェインと家主の交渉に関して先ほど提案した解決策にも生じる。シェインは6週間分の賃料保証として1800ドルを支払い、家主が6週間以内に回収した賃料の50パーセントをシェインに払い戻す。しかし、新たな入居者を探す労力をかけるのは家主なのに、家主は回収した賃料の半分しか受け取れない。この回収した賃料は、家主のかけた労力の費用を無視しているので、真のパイとはいえないのだ。家主は一定の努力はするだろうが、費用はまるまる負担するのに、利得の半分しか受け取れないのだから、最大限の努力をしようとは思わないだろう（ただし、回収した賃料を折半するのは、バージニア州の法律よりははるかに優れたインセンティブになる。法律では、回収した賃料は全額シェインに返金する義務があるからだ）。

労力に対する補償がなくても、労力をかけた人物に余分な収益を全額渡せば、きちんとしたインセンティブを生み出せる。先ほどの例なら、10ドルを費やしても18ドルをまるまる受け取れるなら、労力をかける価値はある。

ここで、矛盾が生じる。どうすれば余分な収益の全額を一方に渡しつつ、パイを等分する、なんて芸当ができるのか？　期待される（または予測される）パイを等分する、というのがその答えだ。一方が余分な収益の全額を受け取ると同時に、予測されるパイの半分に相当する一定の金額を相手に支払えばよい。余分な収益を全額受け取れるなら、家主はいっそうやる気を出し、おそらくシェインの

期待される増収	6 週間分の賃料＝1800 ドル
期待されるパイ	1800 ドル－300 ドル＝1500 ドル
家主への支払い	1500 ドルの 50％＋300 ドル＝1050 ドル

退去までに代わりの入居者を探し出すだろう。そうすれば、（家主の控えめな見積もりによれば）６週間部屋が空室になることはなくなる。つまり、１８００ドルの儲けだ。ただし、まずは家主の入居者探しの労力に対する補償が必要なので、パイは6週間分の賃料ではない。仮に、入居者探しの費用が３００ドルだとしよう（上の表）。

この場合、シェインは何がどうあれ家主に１５００ドルのパイの半分と、３００ドルの費用、合計１０５０ドルを支払うことになる。見方を変えると、シェインが家主の減収分の6週間分の賃料１８００ドルを支払い、家主が期待されるパイの半分、７５０ドルをシェインに返金する、ともいえる（シェインの合計支払額は１０５０ドルで同じ）。家主は、回収した賃料を全額自分の懐に収める権利と引き換えに、７５０ドルをシェインに支払うわけだ。

家主は新たな入居者から回収した賃料をそっくりそのまま受け取れるので、予測されるパイを山分けしても、入居者探しの労力に対する補償を全額受けられる。ただし、この解決策は完璧ではない。インセンティブは適切だし、予測されるパイは最終的に等分されるが、こんどは家主にだけリスクがある。パイの計算にはその点も反映されるべきなので、シェインはもう少し多くを家主に支払うべきだ。振り返ると、家主に１２００ドルを定額で支払うという元の提案が、両者にとって公平で、なおかつインセンティブも適切に思える。

契約違反の例では、一方にだけパイを広げる能力があった。しかし、双方にパイを広げる機会があって、それぞれの労力に対して適切な補償を行なえない状況もある。一方が広がったパイのすべてまたは大半を受け取るとしたら、その当事者はもっとパイを広げたくなるだろうが、相手にはそうするインセンティブがほとんど（またはまったく）ない。一方だけが努力し、もう一方は努力しないだろう。両者がパイではなく増収分の山分けに合意すれば、それぞれが同じくらいパイを広げたいと思うようになる。パイを生み出す些細な機会は見送るかもしれないが、たとえ労力に対する補償がなくても、大きな機会はつかもうとするだろう。ふたりにインセンティブを半々ずつ与えるほうが、一方にだけインセンティブがあり、もう一方にまったくないよりは、ふつうは効果的なのだ。

ほとんどの人はパイの手法を知らない。これまでは、あなたのほうが弱い立場にあり、パイの手法を行使しないかぎりパイの半分未満しか受け取れない状況を中心に紹介してきた。逆に、あなたがパイの半分以上を受け取れる立場にいるときは？　パイを理解していない相手は、自分が半分未満しか受け取っていないことにも気づかない。あなたがパイを指摘して、山分けしようと言ったら、相手は大喜びするだろう。逆に、黙っていることもできる。あなたなら、どうするだろう？

CEMA

これは、このあとすぐに理由がわかるが、匿名希望の同僚の話だ。仮にアルトゥーロと呼ぼう。ニューヨークのブルックリンにある高級住宅の購入契約を結んだばかりの彼は、住宅ローンを組む手続きをしていた。驚いたことに、ニューヨーク市でローンを組む人は、50万ドル未満のローンに対しては１・８パーセント、50万ドル以上のローンに対しては１・９２５パーセントの抵当権登記税を支払う必要があると知った。かなりの金額だ。彼は１００万ドルの住宅ローンを組む予定だったので、登記税は１万９２５０ドルにおよぶ。

ショックから気を取り直し、少しグーグル検索したところ、税法によりＣＥＭＡ（Consolidation,

Extension, and Modification Agreement：統合、延長、変更の合意）という制度を利用すれば、税額を減らせることを知った。CEMAのもとでは、不動産の買い手が売り手の住宅ローンを引き受け、その額を不動産の販売価格から差し引くことになる。もちろん、これは売り手がもともと住宅ローンを組んでいる場合にのみ有効な方法だ。

幸い、アルトゥーロが購入しようとしていた不動産の売り手は、実際に住宅ローンを組んでいた。額は60万ドル。つまり、アルトゥーロは売り手の住宅ローンを引き継ぎ、自身のローンに統合できるのだ。登記税は、既存の60万ドルは対象外となり、新たに組んだ40万ドルのローン部分にしかかからない。すると、登記税は7200ドルまで下がる。1万2000ドルあまりの節税だ！

朗報はそれだけではなかった。アルトゥーロが売り手の住宅ローンを引き受けたため、販売価格がその額だけ相殺されることになる。つまり、売り手の支払う税金も安くなるのだ。ニューヨーク州では、売り手は不動産の販売価格の0・4パーセントを譲渡税として支払う必要がある。よって、売り手は60万ドルの0・4パーセントに当たる2400ドルを節税できるのだ（左ページ表）。

CEMAを利用すれば、合計1万4450ドルの節税になる。法的な手数料は少し増えるだろうから、アルトゥーロは節税額を合計1万4000ドル程度と見積もった。本書の用語でいえば、これがパイだ。

そこで、正念場がやってきた。CEMAを利用するには、住宅ローンの貸し手の同意と、売り手の許諾が必要だった。両者の署名が必要なのだ。さて、アルトゥーロは売り手になんと伝えればいいだろう？

選択肢はふたつあった。

	CEMA なし	CEMA あり
購入価格	130 万ドル	130 万ドル
買い手の住宅ローン額	100 万ドル	40 万ドル
売り手の住宅ローン額	60 万ドル	60 万ドルを引き渡し
取引価格	130 万ドル	70 万ドル
抵当権登記税	1 万 9250 ドル	7200 ドル
売り手の支払う税	5200 ドル	2800 ドル
節税額		2 万 4450 ドル－1 万ドル **＝1 万 4450 ドル**

１　売り手に、ＣＥＭＡをスムーズに利用できるよう協力を求める。そうすれば、売り手自身の得にもなる、とおおまかに説明する。

２　状況をより詳しく説明し、ふたりで節税額の１万４０００ドルを均等に分け合うことを提案する。

ここまで来れば、アルトゥーロの取った行動は察しがつくだろう。彼は余計なことを言わず、選択肢１に従ったのだ。売り手は喜んで協力を申し出た。ＣＥＭＡの仕組みをよく知らなかった彼は、必要な書類に黙って署名した。もともとの税金と比べて、売り手は２４００ドル、アルトゥーロはその５倍近い１万１６００ドルの節税になる。

あまりアルトゥーロを叩かないでほしい。ほとんどの人は、買い手と売り手のもともとの税額に応じた分配を喜んで受け入れるだろう。全員がパイの観点から世界を見ているわけではないし、立場が対等だと理解しているわけでもない。実際、ＣＥＭＡを利用する買い手の多くが、節税額の8割以上を手にするのだ。ニューヨーク市の有名な不動産弁護士のサンドール・クラウスはこう言う。「私が買い手の代理人を務める場合は、ＣＥＭＡによる節税額を全額要求し、たいてい要求どおりになる。売り手の側についたときは、必ず半分を受け取る」

契約締結の朝、アルトゥーロの不動産弁護士が電話をかけてきて、さらなる朗報を打ち明けた。その弁護士が２４００ドルの節税になると売り手に説明すると、売り手は大喜びし、２４００ドルをアルトゥーロと折半しようと提案してきたのだ！　弁護士が電話してきたのは、手柄を報告するためだった。これで、買い手は1万１６００ドルの全額と、２４００ドルの半分を受け取ることになる。

アルトゥーロにとってさえ、それはいくらなんでももらいすぎだった。彼はその弁護士に、浮いた譲渡税の２４００ドルをまるまる売り手に返すよう伝えた。ところが、弁護士が売り手に再び連絡を取る前に、売り手から電話がかかってきた。好奇心を掻き立てられた売り手は、ちょっとした下調べを行ない、アルトゥーロが1万１６００ドルを節税しようとしていることに気づいたのだ。彼は激怒し、半分の分け前を要求した。

筋の通った反論などできなかった。売り手が最初から状況を理解していたら、節税額の折半で両者が合意しないかぎり、喜んでＣＥＭＡに協力する気にはなれなかっただろう。おそらく、５０００ドルをめぐる取引を拒絶することはなかっただろうが、契約締結が遅れたり、別の形で難航したりしていてもおかしくはない。[6]

確かに、半分筋の通った反論もできた。売り手は、ＣＥＭＡに同意した時点では折半を持ち出さなかったのだから、暗黙のうちに5対1の分配に同意した、ともいえるのだ。しかし、5対1の分配を強引に押し通す価値はなかった。せっかく新居に入居したのに、近隣住民全員に自分の悪口を言いふらされたら、たまったものじゃない。彼が二言三言、言い訳を述べ、追加で数千ドルを支払うと、ふたりは握手をして契約を締結した。それでも、売り手には後味の悪さが残ったし、アルトゥーロにとってもよい気分ではなかった。

教訓はふたつある。

第一に、こっそりとパイの半分以上を受け取れる場合もあるが、それは危険な戦略だと覚えておこう。それに、鏡で自分自身の顔を見るのが恥ずかしくなるかもしれない。

第二の教訓は、この取引の売り手側の視点に立つとわかる。あなたにとってお得ですよ、と誰かに言われたときは、相手がどれくらい得をしているのかを確かめたほうがいい。他者中心の視点に立つのだ。あなた自身の利得だけを見てはいけない。パイを正確に見極め、その半分を受け取ろう。

このメッセージは、本書のより大きなテーマの一部でもある。慣例、法規、比率、的外れな平等性（6枚ではなく12枚を折半するなど）に基づいて決められた、定番のパイの分配方法は疑ってかかるべきだ。あなたには、定番の分配方法を拒絶し、パイの均等な分配を提案する権利があるのだ。実際、アルトゥーロへの売り手は、要求さえすれば、きっとパイの半分を受け取れていただろう。

第８章　相手の合意を引き出せるか？

　私の交渉への見方が斬新なのはわかっている。ほとんどの人がこれまで論じてきたような方法で交渉しないことも十分に承知している。それも当然だ。独自にパイのフレームワークを発見しないかぎり、均等な分配が持つ力は見えないだろうし、他者を説得する手段もないだろう。例外はあるが、状況や提案者に応じた単純な経験《ヒューリスティック》則が使われることがもっとも多い。[7] 比例分配が使われるケースもあるし、一方が全体像の一部しか見ずに収益や経費の均等な分配を提案するケースもある。または、利益の均等な分配を提案しながら、お互いのＢＡＴＮＡの差を無視しているケースもある。その結果、提案している側にとっては公平に見えても、相手にとっては公平に思えない提案が生まれてしまう。私の目的は、パイの概念を用いて、一貫したフレームワークを提供することにある。両者にとって公平で、お互いの力の対等性を盛り込んだフレームワークをお届けしたい。

　ただし、ひとつ問題がある。一見すると、パイのフレームワークは、規模の小さい側や立場が弱そうな側にとって、一方的に有利なフレームワークに思えるかもしれない。確かに、規模の小さい側に有利な結果をもたらす可能性を秘めてはいるが、そのためには、規模の大きい側の同調が必要だ。彼らは、さまざまな理由でパイのフレームワークを受け入れてくれるかもしれない。公平に見られたいから。契約にこぎ着けたいから。分配の問題を丸く収めれば、あとは価値を生み出すことに専念できるから。しかし、拒絶してくる場合もあるだろう。

本書の仕事は、まずあなた自身の交渉の見方を変え、次に相手の交渉の見方を変える道具をあなたに与えることだ。力という幻想を手放すのは、相手にとって難しいだろう。そのためには、相手の教育が必要かもしれない。

教育は、交渉の基本原則を定めることから始まる。パイの概念を紹介し、そのフレームワークのもとでは、お互いの力が対等である理由を説明する。たとえば、交渉の基本原則をこう総括したとしよう。「私たちの共通の目標は、お互いの力が対等であるという前提のもと、公平な結果を導き出すことです。交渉で最大限の価値を生み出し、そうして生み出された価値を均等に山分けしましょう」。相手がこの条件に同意すれば、いよいよパイの観点から交渉を形づくり、パイを広げる機会を探せるようになる。

先に基本原則を定めないのは危険だ。基本原則を定めずに、いきなりパイを均等に山分けするようなオファーから交渉を始めると、最終的にパイの半分未満しか受け取れずに終わる可能性が高いだろう。相手が昔ながらの交渉方法にこだわり、あなたの開始価格を一定の原則にのっとった解決策ではなく、あなたの希望価格だととらえれば、交渉が難航するリスクがあるからだ。そのため、まずは交渉方法で合意するのが先決である、と私は考えている。

契約の条件を提案するだけでは不十分だ。その条件について合意を取りつけ、相手やあなた自身が最後までその合意を守れるよう、細心の注意を払おう。基本原則について合意できれば、最大限のパイを生み出すという利害を共有したことになる。交渉が一種の同時最適化問題へと姿を変えるのだ。

先に基本原則を定めない場合は、いざパイのフレームワークを持ち出したときに、オファーをパイの半分まで引き上げる余地を残しておくといいだろう。だからこそ、私はドメイン名をめぐるエドワードとの交渉で、最初にパイの半分を下回る額をエドワードに提示したのだ。彼がある程度の駆け引きを行なってくると予想し、それにつき合ったわけだ。案の定、エドワードはパイの半分以上を要求してきた。開始直後に、私は自身のBATNA（ICANNの紛争解決費用1300ドルを支払うという案）を提示し、エドワードをパイのほうへと誘導した。おかげで、彼はすぐに希望価格を1300ドル未満まで引き下げた。その時点で、腹の探り合いは終わり、私はいよいよパイについて説明するときが来た、と悟った。

私はパイの考え方を持ち出して、エドワードの提案する分け方が不公平である理由を説明し、とう とう最後通牒を突きつけた。公平な取引を受け入れるか、交渉決裂か、二者択一を迫ったのだ（実際には、もう少し丁寧な言い方をしたが）。「1300ドルを650ドルずつ折半することには応じるつもりですが、それ以上は妥協できません」。彼もお返しとばかりに最後通牒を突きつけてきたが、それは気まぐれな額だったので、最後まで貫き通せなかった。私が彼の代案を無視すると、彼はしばらく考えた末、私の提案した公平な取引を受け入れた。

この例の場合、パイは早い段階で確定し、遅れによって生じるコストもなかった。相手と信頼を築いたり、パイを広げる方法を模索したりすることへの期待がいっさいなかったからだ。実際、パイの折半で合意したあとも、信頼なんてものは存在しなかった。その証拠に、私たちは「エスクロー・ドット・コム」という仲介サービス会社に、ドメイン名と現金の受け渡しを依頼したくらいだ。

もちろん、事前に提示されようと、あとで提示されようと、こうした基本原則に合意しない人もいるだろう。相手が意地悪な人間だったり、悪意ある要求、脅し、最後通牒を振りかざしてきたりする場合もある。相手がパイの手法を突っぱねてくれれば、少なくともどういう相手と交渉しているのかがわかる。別の交渉相手を探すタイミングかもしれない。または、そうする選択肢がない場合は、パイが交渉の争点である理由、力が対等である理由、そして公平な分配なしでは交渉決裂も辞さない理由を、再び説明するしかないだろう。

この３つ目の理由は、なぜお互いがこのような交渉方法に合意すべきなのか、を示すものだ。交渉をパイの観点からとらえれば、必然的に、お互いの力は対等で、均等な分配が公平であり、公平な分配なしでは交渉決裂もやむをえない、という結論になる。均等な分配に合意するのは、規模の大きい側にとって痛手にはならない。均等な分配は、まったく分配がないよりはましだからだ。

もちろん、あなたが規模の小さい側だったり、一般的に立場の弱い側だったりする場合は、パイの手法を提示したくなるだろう。それを説得力のある形で行なうには、まずはあなた自身を説得することだ。それだけで十分なのかもしれない。そうすれば、均等な分配を主張し、その分配が合理的な理由を説明できるようになる。相手側には、同じくらい説得力のある反論がない。不公平な分配は必ず気まぐれなものなので、相手の反論は一貫性をともなわない。あなたが一定の原則に基づいた主張をしていると気づけば、相手は考えを改めるだろう。取引を成立させたければ、公平な取引を受け入れる以外に選択肢はないからだ。

逆に、あなたが一般的に有利な立場であり、相手が同じ手法を提案してきたら、やはり反論の余地なしだ。一貫性のある反論は不可能だからだ。あなたが公平性やパイに無関心だとしても、相手はそうではないし、パイの半分を要求する権利があるのだ。合理的に考え、自分のほうが力関係は上であるという幻想を捨て去ろう。力関係は対等であるという首尾一貫した主張をかたくなに拒めば、あなたは頑固者とみなされ、取引の機会を失うかもしれない。仮に取引が成立したとしても、相手はあなたを信頼せず、パイを最大化する方法を積極的に模索しようとは思わなくなるかもしれない。あなたがパイの折半に合意しなければ、相手があなたを信頼し、パイを最大化する方法を一緒に探してくれるとは考えにくい。

では、あなたが有利な立場で、相手がパイの手法を知らない場合は、どうすればいいだろう？　この問題はもう少し厄介だ。あなたは本心から自分のほうが力関係は上だと主張したのかもしれない。決して相手をだますつもりではなく、本当に自分のほうが力関係は上で、パイの半分以上を要求するのは当然だ、と信じ込んでいたとする。だが、今はパイの手法を知っている。それでも、これまでの幻想を守り抜こうとするべきだろうか？

パイの手法を相手と共有する人もいるだろう。一般的に、自分が相手にだまされたくなくて交渉を嫌う人々は、たとえ相手をだます機会があったとしても、その機会を悪用しようとはしないだろう。倫理観に反するからだ。だから、黄金律〔自分がしてもらいたいことを相手にもせよ、という原則〕に従い、自分がこう扱われたいという方法で相手を扱おうとする。公平な解決策を求めるのだ。そして実際、公平な解決策があるので、相手と共有しようと思うだろう。

または、戦術的な理由からパイの手法を共有する人もいるだろう。パイの考え方を用いなければ、規模や市場シェアといった外的な指標に着目することになる。相手は自分の貢献が適切に評価されていないと感じ（パイという語彙は使わないにせよ）、不公平だと感じる取引をことごとく拒絶するかもしれない。それなら、一定の原則に基づいた交渉手法を共有し、合意を結ぶほうがよいだろう。

相手が対等なパートナーとして扱われていると感じれば、パイの最大化に協力してもらいやすくなるので、そのほうがむしろ効果的な合意といえるだろう。パイを折半する取引は、すばやく、効率的に行なわれる。長期的に見れば、一貫性のある交渉者は、公平な人物であるという評判を高め、相手にとって魅力的な交渉相手になる。つまり、たとえより均等にパイを分け合うことになるとしても、パイ自体が広がるわけだ。

クリス・ヴォス（『逆転交渉術』の著者）は、公平な取引を約束して交渉を開始することを勧めている。不公平だと感じたら知らせてください、と相手に伝えるのだ。これは単に、公平な扱いを望んでいる、立場の弱い側へのアドバイスではない。立場の強い側に向けたアドバイスでもある。彼の考えはこうだ。不公平に扱われていると感じた人々は、心を閉ざし、あなたと協力してパイを広げようとは思わなくなる。取引を行なおうとすら思わなくなるかもしれない。公平にふるまい、その意思を明確にすれば、より多くの取引を成立へと導けるだろう。

クリス・ヴォスのこの助言については完全に同意するが、私はもう一歩先に進めたい。両者が公平性の意味について同じ見方を共有していないかぎり、それぞれが自分にとって有利な公平性の見方を取り入れてしまうことはありうるし、実際にそういうケースは多い。公平な取引の約束は、公平性の意味について理解を共有すればいっそう効力を増す。パイの等分は、両者が待ち望む公平性に関する中立的な見方を与えてくれるものなのだ。

有利な側がパイを等分するのは、倫理的（黄金律）、実践的、戦術的な理由からだ。たいていはそれでうまくいくはずだ。とはいえ、あえて黙っていたほうがよいケースもある。フリーマーケットで、あとひとつでセットが揃うティーカップに自分から100ドルを提示する必要はない。または、相手があなたにとって有利な比例分配を提案してきたら、受け入れてかまわないだろう。あなたが先に口を開く必要はないのだ。ただ、相手が論理的な主張をしてきたら、それと戦ってはいけない。

客観的基準は役立つか？

フィッシャーとユーリーは、客観的基準を使ってパイを分け合うよう助言している。ふたりはその基準の例として、市場の相場、費用、先例、効率、慣行、裁判所の判断の予想、平等性などを挙げている。しかし、基準が複数あると、私は不安になる。それぞれが自分にとっていちばん好都合な基準を選べるからだ。平等性という基準には大賛成だが、何を平等に扱うか、に注意が必要だ。それはお金なのか、人間なのか？　投資した金額を平等に扱えば、比例分配につながるし、人間を平等に扱えば、合計とパイのどちらに着目するかに応じて、ピザを6枚と6枚または7枚と5枚に分けるという結果になる。

市場の相場や費用といった客観的基準は、パイの算定には役立つが、パイの分け方の指針にはならない。ドメイン名の価格をめぐるエドワードとの交渉を例に取ろう。この場合の重要な数値は、ドメイン名の市場価格ではなく（そんなものがあれば、の話だが）、ＩＣＡＮＮの紛争解決プロセスの費用だった。しかし、この客観的な数値でさえ、答えは提供してくれなかった。この数値が提供したのは、０ドルから１３００ドルという答えの範囲だ。裁判所の出す判決はわかっていた。私の勝利だ。私にとって、交渉の目的は、ＩＣＡＮＮに訴えるための費用１３００ドルを浮かすことだった。この１３００ドルのパイを分け合うのに役立つ客観的基準とはなんだろう？

ひとつだけ、普遍的に成り立つ客観的基準がある。パイの測定が正確であれば、両者が価値を生み出すのに等しく不可欠だといえるのだ。だからこそ、私はある種の平等な扱いを主張している。それがパイの折半だ。「客観的基準は双方の意思と無関係なものでなければならない」というフィッシャーとユーリーの記述には賛成だ。加えて、私は客観的基準が具体的な交渉とも無関係でなければならない、と考えている。また、基準どうしが矛盾し合わないよう、基準がただひとつなら理想的だ。つまり、双方の意思とは無関係で、なおかつすべての交渉に適用できるただひとつの客観的基準が必要なのだ。交渉をパイの観点からとらえ、お互いの貢献が等しいことを認め、パイを等分する――この方法は、その条件をぴったり満たすものだといえるだろう。

続くパートⅡでは、費用の分担という観点から、パイを分配する方法の例を紹介しよう。パートⅢでは、残りの「なるほど、でも……」という疑問に答えていく。そう聞くと、パイをどう広げるのか、という肝心の話題が後回しにされているように感じるかもしれない。

私がパイの分配方法という話題から始め、引き続き重視していくのには、単純な理由がある。常にだまされていないかと警戒しながらでは、最大限のパイを生み出すために協力し合うのは難しいからだ。次の2種類のシナリオで、安心感を比べてみてほしい。

1　協力の方法を探りましょう。きっと、一緒に生み出した価値を公平に分配する方法が見つかりますから。

2　一緒に生み出した価値を均等に分け合うことで合意しましょう。きっと、パイを大きくする方法が見つかりますから。

シナリオ1は事実上、「私を信頼して」と言っているのと同じことだ。私は、「本当のところ……」という言葉を聞くとついガードを上げてしまうが、それと同じで、相手に「信頼してくれ」と言われるとすごく不安になる。* シナリオ2の場合、もっとも紛糾しがちな部分が、一定の原則にのっとった公平な方法で、すでに解決されている。これが協力の骨組みになる。

古い言い回しに、「まだ所有していないシャツを共有するほうが簡単だ」というものがある。まだ生み出されていないものをふたりで分け合う方法についてすら合意できないなら、いざシャツが目の前に現われたとき、いったいどういう争いが始まるのか、と不安になってしまう。だからこそ、私はパイの分配方法にこれほどこだわってきたのだ。結局は、分配の問題を解決することこそが、パイを最大化する可能性を切り開く、と私は考えている。そのための手段を紹介するのが、パートⅣのテーマだ。パートⅤでは、交渉への備え方や、交渉相手に明かす情報について取り上げる。従来の交渉方法にはまり込んでしまった場合に、パイを生み出し（少なくともパイを破壊せず）、獲得するための手段もいくつか紹介しよう。

しかし、まずは、パイを生み出すうえでの重要なステップを見失わないことが肝心だ。それは合意の形成だ。「交渉決裂」という結果はパイを破壊する。価値を生み出したりコストを削減したりするために協力が不可欠だとしても、パイの分け方で合意できなければ、パイは消失してしまう。これまでの場当たり的な手法は、不公平なので、合意を形成するのが難しくなってしまうのだ。

＊　相手に「本当のところ……」とか「正直いうと……」と言われると、今まで言ったことは嘘だったのか、と疑心暗鬼になる。

パートⅡ　費用の分担

　これまでは、プラスのパイの分配に着目してきた。たとえば、力を合わせることで利息を増やしたアンジュとバラト。購読者リストを共有することで価値を創出した『プラネット』紙と『ガゼット』紙。まったく同じ手法が、マイナスのパイの分配でも成り立つ。マイナスのパイとは、支払わなければならない費用を意味する。この場合の交渉は、誰がいくらずつ負担するか、をめぐるものとなる。

　ここでの問題は、会社の部署間で経費をどう割り振るのか、タクシーの相乗り料金をどう分担し合うのか、といった些細な物事から、二酸化炭素排出量の削減コストを世界各国のあいだでどう分担するのか、といった根本的な難題まで、多岐にわたる。誰もが協力するメリットを認めてはいるが、公平な負担額以上は支払いたくない。

　負担額の交渉は、利得の分配作業と比べると、楽しくないし、感情的になりやすく、問題が生じやすい。プラスのパイの分配という、より楽しい問題を先に取り上げたのは、そういうわけだ。状況が厄介になればなるほど、論理的で公平な仕組みの価値は高まる。だからこそ、マイナスのパイを分配するための手法が必要になるのだ。

　当事者どうしが実際に交渉を行なう場合もあれば、全員にとって公平な費用分担のルールを模索している場合もある。実際に交渉を行なわなくても、公平な交渉プロセスによって導き出されるのが、公平な費用分担のルールだと考えていい。もうお察しのとおり、私の考える公平な費用分担のルールとは、パイの等分だ。

まずは、費用の分担方法に関する『タルムード』の教訓から話を始めよう。私の知るかぎり、『タルムード』はパイの手法を応用した最古の例だ。ちょっとした回り道になると思うので、第9章は飛ばしていきなり第10章に進み、現代の費用分担の例から読みはじめてもかまわない。歴史的な関連に興味がある人は、ぜひこのまま続きを読んでほしい。

第9章　『タルムード』が教える解決策

パイを分け合うという基本的な考えは、実は2000年前の『バビロニア・タルムード』にまでさかのぼる。ユダヤの民事的、刑事的、宗教的な法の基礎となる『タルムード』は、大半が事例研究で占められるため、そこから全般的な教訓を導き出すのは読み手の役目だ。特に興味深いのが、金銭的なトラブルの解決案に関する事例だ。『タルムード』にこんな記述がある。

ふたりの人物が1枚の布を持って法廷に現われた。ひとりはすべてが自分のもの、もうひとりは半分が自分のものだと主張している。この場合、ひとり目が4分の3、ふたり目が4分の1を受け取ることになる。

一見すると奇妙だ。ひとりは布の全体を、もうひとりは半分を主張しているので、比例分配に従えば2対1の分配となり、ひとり目が3分の2、ふたり目が3分の1を受け取ることになるだろう。しかし、『タルムード』は3対1、つまりすべてを要求した人物が4分の3、半分を要求した人物が4分の1を受け取るべきだと言っている。

この解決策の根底には、単純なロジックがある。これは「布の分配原理（Principle of the Divided

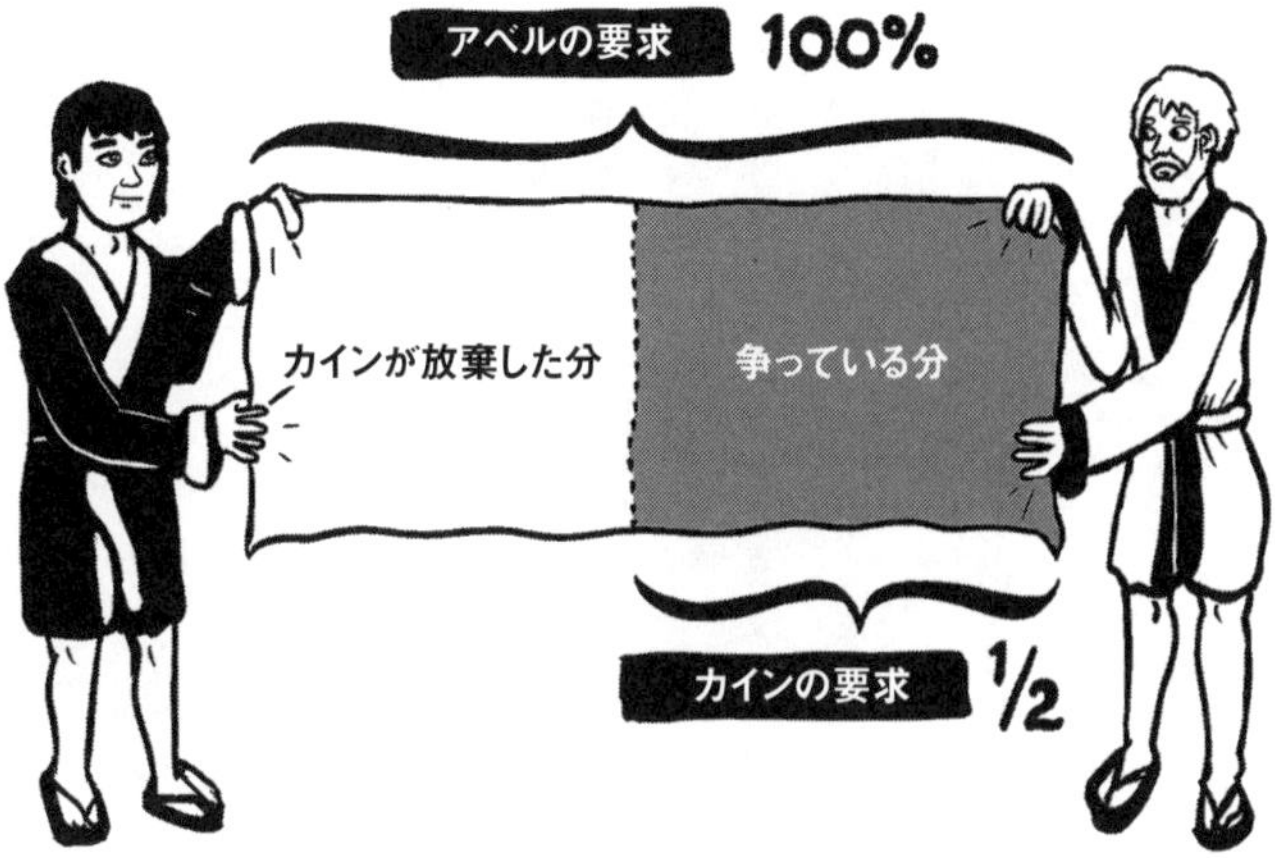

Cloth)」と呼ばれており、よくよく見ると、原理的にはパイの等分と同じであることがわかる。[8]

こんな光景を想像してほしい。布の取り分を争っているふたり（仮名カインとアベル）が、布の両端をつかんで引っ張っている。アベルは、左端からパイ（つまり布）全体を要求し、カインに対していっさい譲歩を認めていない。カインは、右端から布の半分を要求し、反対側の半分をアベルに譲っている（上の図）。

ふたりの要求を見ると、これは実際には布の半分のみをめぐる争いなのだとわかる。カインはアベルに布の半分を譲ったわけだから、この部分は争いの対象ではない。『タルムード』の提案した解決策は、それぞれが放棄した分を相手に与え、争っている分を等分する、というものだ。つまり、アベルはカインが放棄した布の半分と、争いの対象である残り半分のそのまた半分、合計4分の3を受け取ることになる。アベルはカインに対していっさい布を放棄していないので、カインは争いの対象である布の半分、つまり半分の半分で4分の1のみを受け取ることになる。

ここまでを読んで、こう思うかもしれない。なぜカインは布の半分しか要求していないのか？　カインがもっと多く要求していれば、もっと多くの取り分を得られるのに……。確かに、そのとおりだ。それは、比例分配と布の分配原理、どちらのもとでも正しい。ふつうは、それぞれが自分の正当化できる最大の取り分を要求しようとするだろう。アベルの要求のほうが多いのは、たとえば、アベルの債権額がカインの2倍である、といった外的要因で正当化できるかもしれない。

交渉は、ふたつの段階に分けて考えるとわかりやすい。ひとつは要求を出す段階、もうひとつは要求が出されたあと、実際に分配を行なう段階だ。『タルムード』が着目しているのは、分配の段階のほうだ。交渉によっては、要求が変えられない場合もある。たとえば、ふたりの債権者アベルとカインが、それぞれ１００ドルと50ドルを要求しているとする。残念ながら、分配される財産額が合計１００ドルしかない。この場合、債権の額が争われているわけではない。問題は、ふたりの債権の額の合計が財産額を上回る場合に、その１００ドルをふたりでどう分け合うかだ。

『タルムード』の手法を知らなければ、思い浮かぶ選択肢はおそらくただひとつだろう。比例分配だ。その場合、１００ドルの債権者は50ドルの債権者の2倍の額を受け取ることになり、66ドルと33ドルに分けることになる。しかし、布の分配原理は、もうひとつの公平な選択肢を与えてくれる。１００ドルの債権者（アベル）が、放棄された分の50ドルと、争っている分の50ドルの半分、合計75ドルを受け取り、カインが25ドルを受け取るのだ。比例分配は、要求されたお金の1ドル1ドルを平等に扱う。しかし、布の分配原理は、争いの対象である額に関して、債権者を平等に扱うわけだ。

布の分配原理は、パイの等分として解釈し直せる。ただし、単純明快には程遠いが。次の例で、ふたつのつながりを示してみたいと思う。

12枚のピザをめぐる最初の交渉の例に戻ろう。最初にこの話を紹介したとき、合意がなければ、アリスは4枚、ボブは2枚を受け取れることになっていた。よって、交渉の真の争点は、合意に達した

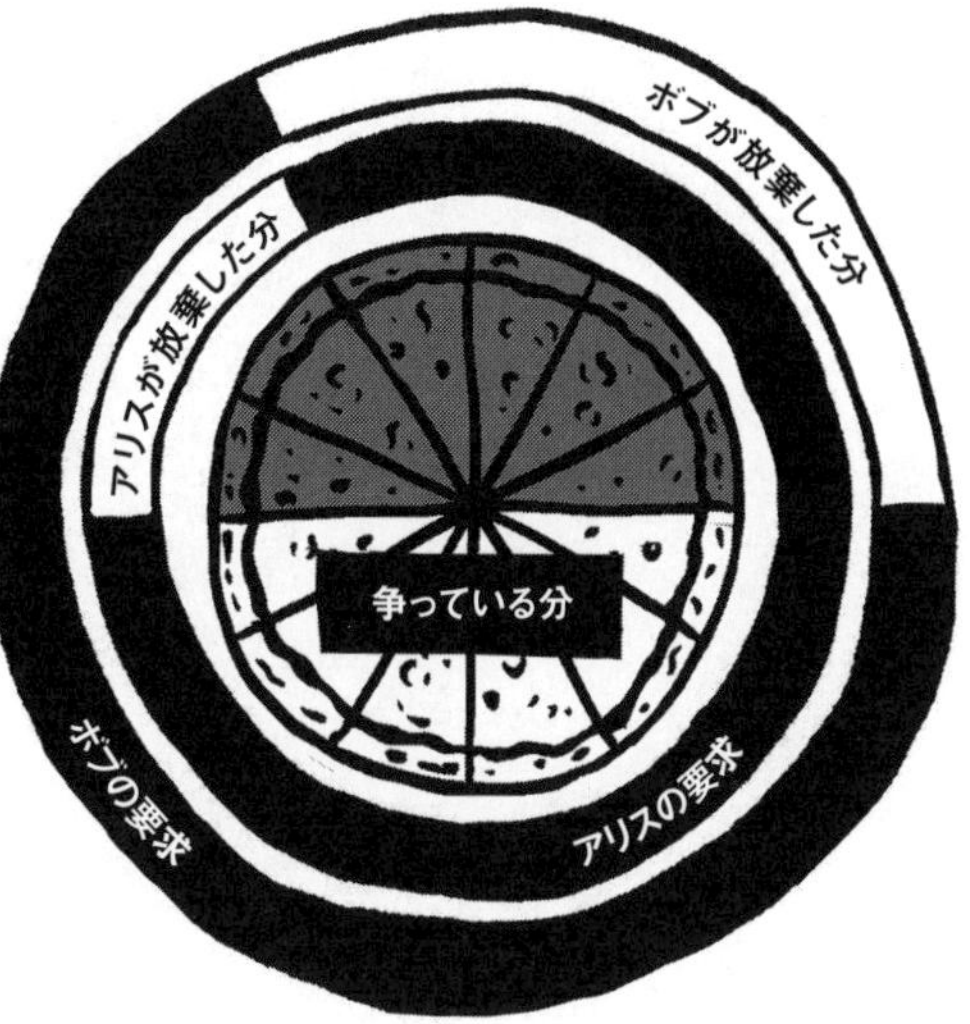

場合にフランク・ぺぺから受け取れる追加の6枚だった。『タルムード』の解釈に従うなら、アリスとボブは計12枚のピザについて、両立しえない要求をしている。アリスは10枚、ボブは8枚を受け取れる見込みがあるのだが、あいにくピザは12枚しかない。アリスが10枚しか要求していないという事実は、アリスが2枚を放棄してボブに譲り渡したのと等しい。最悪でも、ボブはアリスの要求する10枚をすべて彼女に譲り、2枚を受け取ることができる。同様に、ボブは8枚を要求し、4枚を放棄したことになる（上の図）。したがって、アリスとボブは、少なくともそれぞれ4枚と2枚を受け取れるとわかった状態で、交渉に臨むことになる。交渉の目的は、ふたりの合計を6枚から12枚に増やすことだ。よって、争いの対象となるのは、ふたりの要求が重なる6枚のピザだ。布の分配原理に従えば、争っている6枚は均等に分配されるので、アリスが合計7枚、ボブが5枚を受け取ることになる。

布の分配原理は、費用分担にも自然と応用がきく。カインとアベルの物語を、もう少し（実際にはかなり）現代化してみよう。羊飼いの兄弟のカインとアベルは、はさみを使った毛刈りにうんざりし、アマゾンで電動バリカンを購入しようとしている。毛刈りは1年にいちどでよいため、ふたりで1台の電動バリカンを共有するのはわけもない。[9]

しかし、購入ボタンを押す前に、まずは費用の分担方法について合意するのが先決だ。カインとアベルの飼っている羊の数が同じなら、話は早い。均等に費用を分担すればいい。だが、実際の状況は厄介だ。アベルはカインの2倍の数の羊を飼っているので、2倍の便益を得られる立場にいるのだ。

カインとアベルは利己的にふるまい、相手になるべく多くの費用を負担させたいと思っている。と同時に、不公平な人間には思われたくない。だが、ここでの公平とはどういうことだろう？　当然、カインは比例分配を要求する。アベルは2倍バリカンを使用し、2倍の便益を得るのだから、費用の3分の2を負担するべきだというのだ。一方、アベルは、羊を多く飼っている自分への嫉妬に違いない、と思った。そこで、彼は、公平とはお互いを平等に扱うことだと反論し、費用の折半を主張した。話し合いは平行線をたどり、いっこうに前進しなくなった。

『タルムード』によれば、費用の分担方法は、両者の潜在的な便益に対する総費用によって決まる。いくつかの数値を例に説明しよう。たとえば、電動バリカンの価値が、アベルにとって２００ドル、カインにとって１００ドルだとする。

布の分配原理は、電動バリカンの値段にかかわらず答えを提供してくれる。

・電動バリカンが50ドルなら、アベルの要求どおり、費用を折半する。
・電動バリカンが１５０ドルなら、カインの要求どおり、費用を比例分配する。
・電動バリカンが２５０ドルなら、アベルが１７５ドル、カインが75ドルを支払う。

電動バリカンの費用	アベル（200ドルの便益）の支払額	カイン（100ドルの便益）の支払額
50ドル	25ドル	25ドル
150ドル	100ドル	50ドル
250ドル	175ドル	75ドル

まとめると上の表のようになる。

一見すると、この『タルムード』の解決策は一貫性がなく、不可思議に思える。しかし、パイの観点からこの交渉をとらえると、原理が浮かび上がってくる。

まず、電動バリカンが50ドルの場合を見てみよう。

カインとアベルが合意を結べば、電動バリカンを共有することになる。ふたりの合計便益は300ドルだが、バリカンの費用は50ドルなので、利得は差し引き250ドルだ。しかし、パイとは、合意がなかった場合と比較した利得だ。よって、合意に至らなかった場合に、ふたりがどうするのかも理解しなければならない。アベルは自分専用のバリカンを購入するだろう。便益が200ドルで費用が50ドルなので、利得は差し引き150ドルだ。同様に、カインも自分専用のバリカンを購入するだろう。便益が100ドルで費用が50ドルなので、利得は差し引き50ドルだ。合意に至らなくても、ふたりは150ドル＋50ドル＝200ドルの便益を得られる（次ページ表）。

パイは、電動バリカンを共有した場合の利得250ドルから、個々で購入した場合の利得200ドルを引いたものだ。よって、パイは50ドル。これは直感的に納得がいく。カインとアベルはバリカンを2台買わなくて済み、50ドルが浮くことになる。この節約額に対して、ふたりは等しく貢献している。アベルが取引を拒否すれば、50ドルのパイが失われ、カインが取引を拒否すれば、や

電動バリカンの費用 50ドル	アベルの便益 200ドル	カインの便益 100ドル	合　計
合意ありの場合の合計利得			300ドル－50ドル ＝250ドル
合意なしの場合の利　得	150ドル	50ドル	200ドル
パ　イ			50ドル

はり50ドルのパイが失われる。この50ドルの節約額を生み出すのに、どちらのほうがより大きく貢献した、と考えるのは意味がない。したがって、『タルムード』は、この節約額を25ドルずつ折半するよう提案する。つまり、アベルが25ドル（50ドルではない）、カインが25ドル（50ドルではない）を支払えばよいわけだ。

この結果は、布の分配という観点からも説明できる。この場合、布は250ドルだ。この額を、電動バリカンの代金の支払い後にふたりで分配することになる。よって、アベルは彼の最大利得である200ドルを要求できる。アベルは50ドルを放棄し、カインに譲ったことになる。カインは最大利得100ドルしか要求できない。よって、カインは150ドルをアベルに対して放棄したことになる。両者が放棄した額の合計は200ドルなので、争っている額は残りの50ドルだ。この額を25ドルずつ折半すればよい。結局、カインは放棄された50ドルと折半した25ドル、合計75ドルを受け取る。アベルは放棄された150ドルと折半した25ドル、合計175ドルを受け取る。それぞれが25ドルずつ支払えば、差し引きの利得はカインが75ドル、アベルが175ドルとなる。この答えは、パイの観点から説明するほうがわかりやすいと

	電動バリカンの費用 150ドル	アベルの便益 200ドル	カインの便益 100ドル	合　計
合意ありの場合の 合計利得				300ドル－150ドル ＝150ドル
合意なしの場合の 利　得	50ドル	0ドル		50ドル
パ　イ				100ドル

個人的には思うが、答え自体はどちらの手法でもまったく同一だ。

費用が150ドルだったら？

ふたりがバリカンを共有すれば、合計便益が300ドル、費用が150ドルなので、差し引きの利得は合計150ドルだ。ここでもやはり、合意に至らなかった場合に、ふたりがどうするのかを考えなければならない。アベルは自分専用のバリカンを購入するだろう。便益が200ドルで費用が150ドルなので、こんどの利得は差し引き50ドルだ。カインに関しては、自分専用のバリカンを購入すれば、50ドルの損となる。現状を維持して収支ゼロを保つほうがましなのだ。よって、合意に至らなければ、ふたりは50ドル＋0ドル＝50ドルの得になる（上の表）。

よって、今回のパイは、150ドル－50ドル＝100ドルだ。これも直感的に納得がいく。合意に至らなければ、カインはなんの利益も得られない。しかし、アベルと電動バリカンを共有すれば、追加負担なしで、100ドルの価値をまるまる受け取れる。パイを均等に分けるなら、両者が50ドルの得になるようにすべきだ。これを、カインが50ドルをアベルに支払ってバリカンを借りる、ととらえることもできるだろう。カインは１００ドルの価値があると思うものに50ドルを支払っているので、50ドルの得になる。そして、アベルはカインから受け取る50ドルの得となる。

布の分配という観点からいうと、この場合の布は１５０ドルだ。アベルは２００ドルを要求しているので、カインに対していっさい放棄していない。しかし、カインは１００ドルしか要求できないので、50ドルをアベルに対して放棄したことになる。よって、１５０ドルのうち50ドルが放棄分となり、争っている額は残りの１００ドルだ。それぞれが50ドル（争っている１００ドルの半分）を受け取るので、アベルが50ドル＋50ドル＝１００ドル、カインが０ドル＋50ドル＝50ドルの利得を得ることになる。最後は、これらの利得から支払額を割り出すステップだ。アベルが１００ドルを支払えば、１００ドルの得になる。カインが50ドルを支払えば、50ドルの得になる。これこそ、布の分配原理が提案するお互いの利得だ。

布の分配原理の重要な特徴は、要求がパイ全体に達した場合、それ以上を要求しても取り分が増えるわけではない、という点だ。分配すべきパイが１５０ドルしかないのに、アベルが２００ドルを要求したとしても、１５０ドルしか要求しなかった場合よりも取り分が増えたりはしないのだ。正当に要求できる最大の額がすべてなのだ。

カインとアベルは、一方のケースでは費用を均等に分配していて、もう一方のケースでは比例分配している。しかし、どちらのケースでも、パイを等分していることに変わりはない。ここまで来れば、電動バリカンの価格が２５０ドルだった場合の答えは、おのずと予想がつくだろう。パイの等分だ。確かめてみよう。

ふたりが力を合わせれば、合計で３００ドル－２５０ドル＝50ドルの利得となる。合意に至らなければ、２５０ドルという電動バリカンの価格はあまりにも高すぎて、どちらもひとりで購入する価値はない、と考えるだろう。合意に至らなければ、どちらも利得は０ドルだ。したがって、パイは50ドルー（０ドル＋０ドル）＝50ドルとなる。このパイを等分すれば、それぞれが25ドルずつ得をする。アベルが２００ドルの価値を持つ商品に１７５ドルを支払えば、最終的に25ドルの得となる。そして、カインが１００ドルの価値を持つ商品に75ドルを支払えば、やはり25ドルの得となる。[10]

この電動バリカンの例は、やや現実離れしているようにも思えるが、実はビジネスにおける交渉の大部分が同様の例で占められる。電動バリカンの代わりに、従業員当たりの管理費を１ドル削減するソフトウェア・パッケージでもいい。アベルに２００人、カインに１００人の従業員がいるとすれば、アベルの潜在的な便益はカインの2倍となる。または、牛乳の共同販促キャンペーンでもいい。アベルの酪農会社の市場シェアはカインの2倍なので、牛乳需要の増加により、アベルはカインの2倍の恩恵を得られる。しかし、これまで見たとおり、一方が他方の2倍の得をするからといって、必ずしも費用の３分の2を負担する必要はない。双方の便益が等しくない場合には（ほとんどのケースはそうだ）、『タルムード』がその交渉の問題に公平な解決策を与えてくれるのだ。

パイの等分という考え方の源流が、実は『タルムード』にあるというのは、驚くべき事実だ。このたったひとつの考え方が、３種類の一見バラバラな解決策を統一し、立場が対等でない人々を平等に扱う、という問題を解決してくれる。しかも、その結果は、お互いが等しく得をする、という点で公平だ。そのためには、何が交渉の争点なのか、という観点から便益を測定することが必要なのだ。

布の分配原理は、交渉の争点となるのは争っている額（本書でいうパイ）なのだ、という奥深い考えを例証している。一見すると、カインとアベルは２００ドルと１００ドルの便益の分配方法をめぐって交渉しているように思えるかもしれない。あるいは、50ドル、１５０ドル、２５０ドルの費用の分担方法をめぐって交渉しているように思えるかもしれない。どちらの見方も正しくない。交渉の目的は、パイを生み出すことであり、そのパイこそが交渉の争点だ。交渉の真の目的を理解しないかぎり、一貫性のある解決策を導き出せる望みはないに等しいだろう。

第10章　誰がいくら支払うか？

誰にでも、公平な額より多く支払わされた（少なくともそう感じた）経験があるだろう。仕事であれ遊びであれ、他人と一緒に何かをするときには、誰がいくら支払うかを決める必要がある。費用を均等に分担するのでは不公平なことも多い。２組の夫婦で別荘をシェアする場合に、一方の夫婦が主寝室を取ったら？　あるいは、一方の夫婦にだけ子どもがいて、３つの寝室のうちのふたつを占領してしまったら？

企業どうしが協力する場合には、同じ問題がずっと大きなスケールで起こる。数社の自動車メーカーが、ヨーロッパに急速充電スタンドのネットワークを張り巡らそうとしている。そのための数十億ユーロの費用を、各社でどう分担するべきか？　もちろん、均等に、ではない。各社の市場シェアの大きな違いは、使用する寝室の数の違いにたとえることができるだろう。

費用分担の問題は、ビジネスにとどまらず、世界規模の課題でも生じる。先進工業国は、経済開発援助や人道支援の費用をどう分担するべきか？　すべての先進工業国の規模、人口、経済活動の水準（ＧＤＰ）が同一なら、等分するのが公平だろう。しかし、これらが国によってバラバラなら（実際にそうだ）、各国でどう分担するべきなのか？

一般的なのは、寝室の数、市場シェア、ＧＤＰに比例する方法で費用を分担する、という解決策だ。最初のふたつの例では、寝室の数や市場シェアが得られる便益に相当するわけだが、人道支援に関していえば、GDPに応じて平等に負担するという意味合いが強い。しかし、このあとわかるように、こうした比例的な解決策は論理性や公平性に欠ける。

基本的な問題とはこうだ。立場が対等でない当事者どうしを平等に扱うにはどうすればいいか？　状況によっては、これは公平な費用分担のルールを探す問題といえる。常に交渉が含まれるわけではない。友人や家族の場合、関係にひびが入るのを心配して交渉を避けるかもしれない。ただ、公平な分担のしかたを求めているだけだ。

社内なら、費用を複数のプロジェクトや部署どうしで分担する必要があるが、マネジャーたちは交渉に時間をかけたがらない。家族と同様、公平なルールを求めているだけだからだ。しかし、実際に交渉が行なわれる状況もある。費用の分担方法で合意できなければ、プロジェクトを前に進められないからだ。状況はどうあれ、必要なのは問題をパイの観点からとらえることだ。パイの等分とは、論理的で公平な方法で費用を分担することを意味するのだ。

まずは、パイが費用という文脈でどう機能するのかを、経費の分担やタクシーの相乗り（ここではウーバー）といった少額の例から見ていこう。少額とはいえ、それ自体が面白い例ばかりだ。これらの例は、たとえパイが目の前にあっても、パイを見極めるのがどれだけ難しいかを物語っている。また、何百万ドルという水道管の敷設費用や、何十億ドルという電気自動車向けの充電スタンド・ネットワークの設置費用を分担する際に、私たちが用いるべき論理を示す例でもある。

経費報告書のジレンマ

あるとき、私はヒューストンとサンフランシスコで講演する機会をいただいた。当事者どうしで調

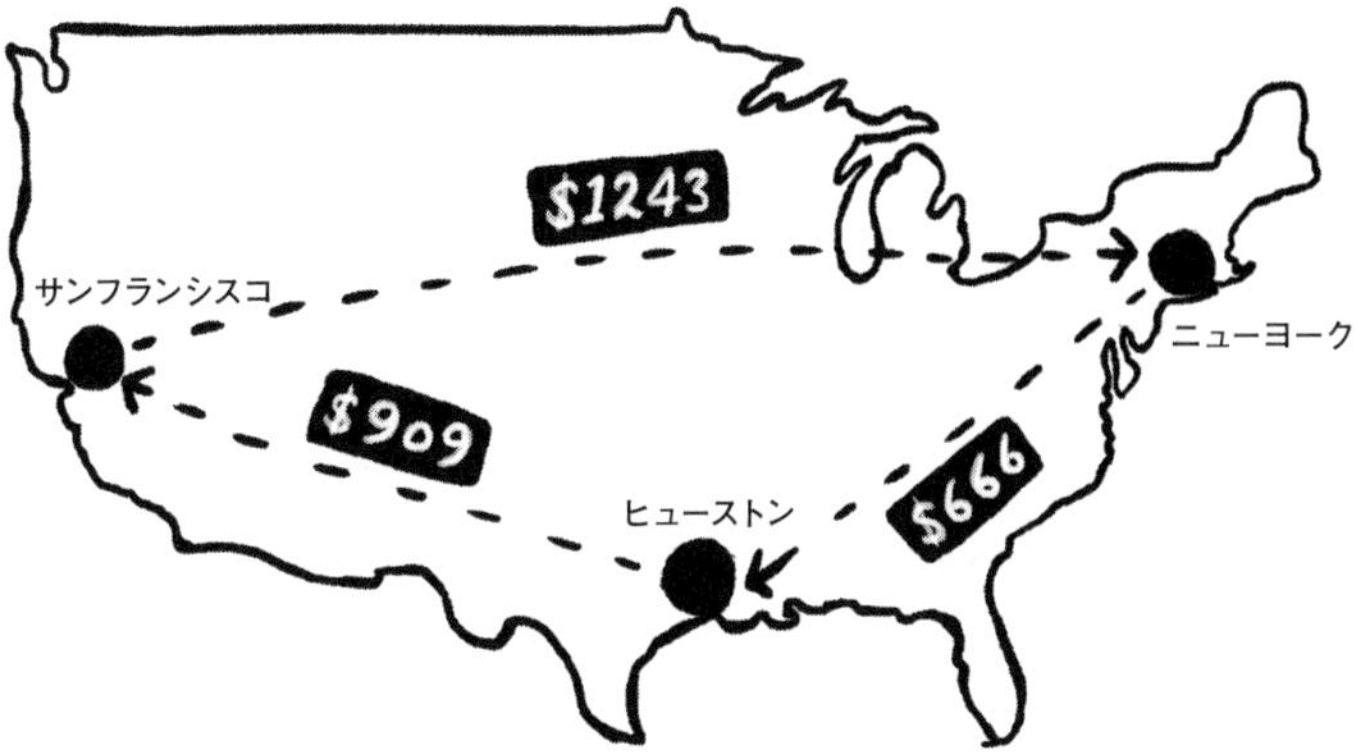

整を行なってくれなければ私は2回の往復出張をしなければならないところだった。幸い、主催団体は日付の面融通をきかせてくれた。ふたつので、三角形の移動ルートを取ることができたのだ（上の図）。航空運賃は合計で2818ドルになった。*

ここでの疑問はこうだ。2818ドルの経費を、ヒューストンの当事者とサンフランシスコの当事者にどう割り振るべきか？

当事者どうしが実際に交渉したわけではない。私が両者の代わりに、頭のなかで交渉を行なおうとしたのだ。公平な解決策を導き出すため、ぜひあなたも続きを読みながら、実際の交渉がどう展開するかを想像してほしい。私の考えでは、両者が実際に交渉を行なった場合に支払う額こそが、公平な費用分担のルールだと思うからだ。

この例では、両当事者を、従業員の出張費を分担しようとしている企業のふたつの部署、と考えればよい。それぞれが正当な額を分担するつもりだが、それと同時に、負担を最小限に抑えたいと思っている。

＊　かなり高額なのはわかっているが、このときはビジネスクラスを利用していた。

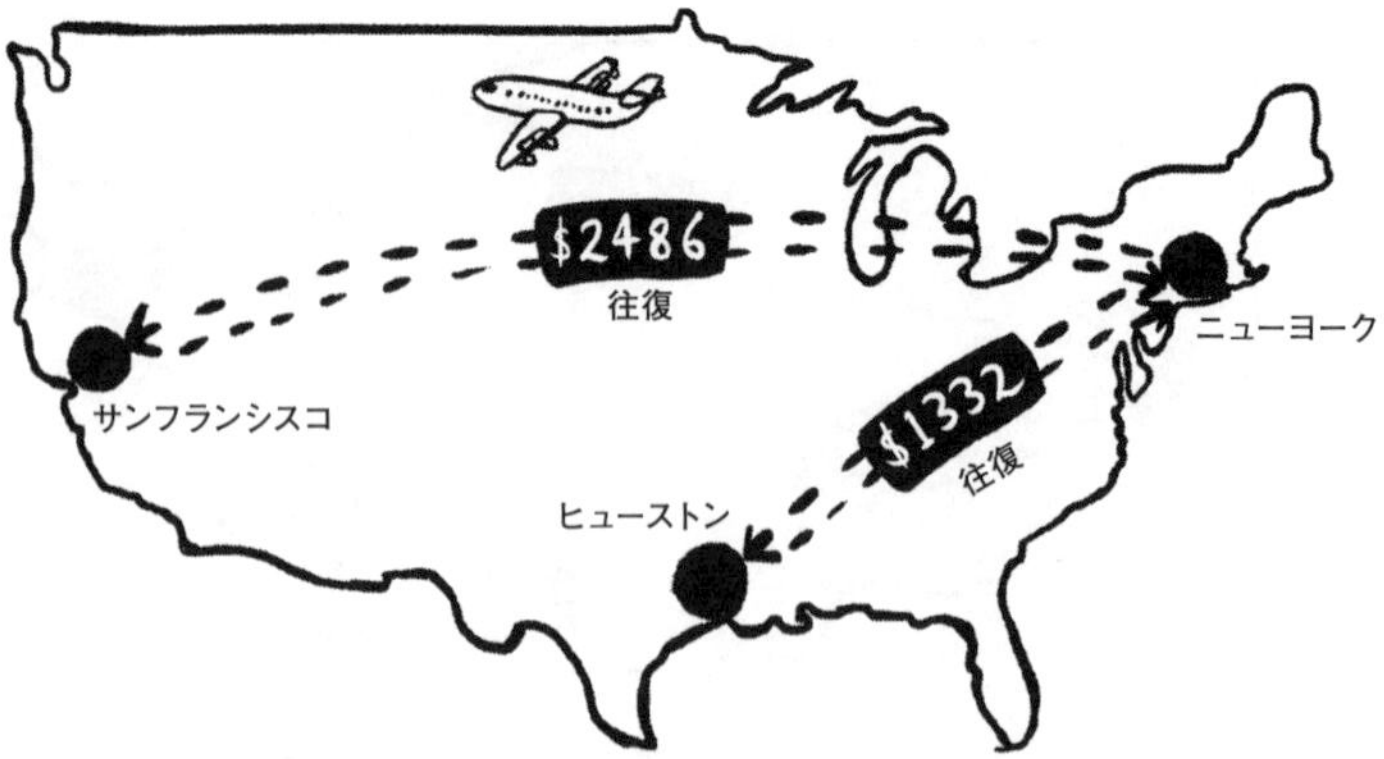

すでにＢＡＴＮＡの考え方は理解済みだろう。両者が合意しなければ、私は2回の往復出張をするはめになる。ヒューストンの団体は、ヒューストンまでの片道料金６６６ドルの2倍、合計１３３２ドルを支払うことになる。同様に、サンフランシスコの団体は、片道料金の2倍の２４８６ドルだ（上の図）。

合計航空運賃を半々で負担するわけにはいかないのは明白だ。そんなことをすれば、ヒューストンの団体は、２８１８ドルの半分の１４０９ドルを支払うはめになるが、これはニューヨークとヒューストンのあいだの往復運賃を上回ってしまう。映画『アポロ13』の有名なセリフを借りるなら、「ヒューストン、トラブル発生」というやつだ。

ヒューストンとサンフランシスコの団体は、すぐに部分的な合意を結ぶ。私はいずれにせよヒューストンに飛ばなければならないので、ニューヨークからヒューストンまでの片道運賃６６６ドルは、当然ヒューストン持ちだ。同じように、サンフランシスコからニューヨークまでの片道運賃１２４３ドルは、サンフランシスコ持ちだ。残る疑問は、ヒューストンからサンフランシスコまでの運賃９０９ドルをどう分担するかだ。

サンフランシスコの団体は、この区間の経費を折半し、４５４・５ドルずつ負担することを提案する。

一方、ヒューストンの団体は、それぞれの片道運賃の比率で経費を分担することを提案する。計算すると、ヒューストンの団体が317ドル、サンフランシスコの団体が592ドル。この提案は、合計運賃2818ドルを、往復運賃の比率2486ドル対1332ドルで分担するのと同じことだ。

どちらのほうが合理的だと思うだろう？

あなたがどちらにも賛成しないことを願うばかりだ。パイの観点から状況をとらえる、というのが、この問題との正しい向き合い方だ。両者が日付を調整しようとしているのはなぜ？　経費の節約のためだ。節約額は、次のようになる。

合計往復運賃－三角形ルートの運賃
＝（2486ドル＋1332ドル）－2818ドル＝1000ドル

なんとびっくり、キリのいい数字が隠れていたではないか。ずっと費用分担という観点から状況をとらえてきたが、実際のパイは経費の節約額であり、プラスの数字なのだ。

両者が協力すれば、1000ドルを節約できる。協力しなければ、その1000ドルはふいになる。この1000ドルの節約には、お互いが等しく貢献しているのだから、半分ずつ受け取る権利がある。つまり、それぞれが、往復運賃の全額から500ドルの節約額を差し引いた額を支払えばよい。

ヒューストンの団体の支払額は、1332ドル－500ドル＝832ドル
サンフランシスコの団体の支払額は、2486ドル－500ドル＝1986ドル

私がこの例を選んだのは、パイが目の前に堂々と隠れている場合もある、ということがよくわかるからだ。交渉者はたいてい、自分の提案の公平性を正当化しようとする。合計運賃を折半する、ある区間の運賃を折半または比例分配する、といった方法はすべて、航空運賃や区間を平等に（または比例的に）扱っている。しかし、平等に扱うべきなのは、航空運賃や区間ではなく、人間のほうなのだ。交渉しているのは人間であって、航空便の区間どうしではない。

著者も一定の分け前を受け取るべきではないか、と考えている読者もいるだろう。そうかもしれない。ただし、今回は、私が企業の従業員であり、ふたつの部署が経費の分担をめぐって交渉している、という想定で話を進めた。また、時間や労力の節約、温室効果ガス排出量の削減についても、計算から除外した。

滑走路の共有

次に紹介する例は、パイという語彙を使わずに、パイの解決策について説明できるという理由から選んだものだ。この例は、比例的な費用分担の問題点を浮き彫りにしてくれる。

ふたつの航空会社が滑走路を共有しようとしているとする。滑走路はまだ建設されていない。航空会社Aが運航するのは小型のターボプロップ機で、滑走路は1キロメートルあれば十分だ。対して、航空会社Bが運航するのはボーイング737型機で、全長2キロメートルの滑走路が必要になる（左ページ図）。

滑走路の建設費用は高額だ。1キロメートルの滑走路で500万ドル、2キロメートルで1000万ドルほど。合意が成立しなければ、ふたつの航空会社は別々に滑走路を建設することになるだろう

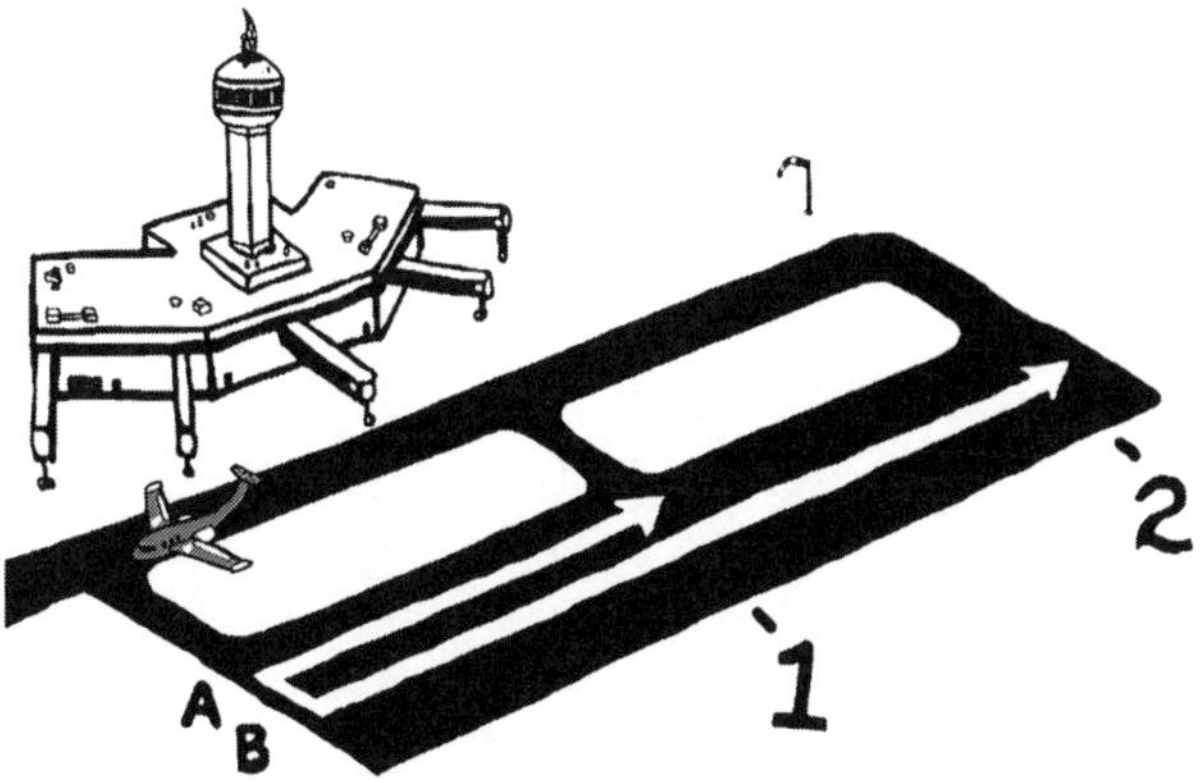

（もちろん、合意するインセンティブがあまりに大きいので、そんなことはまずありえないが）。

各航空会社が負担すべき金額は？　よくある答えは次のふたつだ。

1　航空会社Aが333万ドル、Bが667万ドルを支払う。

2　航空会社Aが250万ドル、Bが750万ドルを支払う。

選択肢1の論拠は、航空会社Bは2倍の長さの滑走路を使用しようとしているのだから、2倍の負担を負うべきだ、というものだ。これは、使用する滑走路の長さに応じて費用を分担する、比例分配の解決策だ。

選択肢2の論拠は、航空会社Aは滑走路の後半をいっさい使用しないので、後半部分の費用はまるまるBが負担するべきである、というものだ。ふたつの航空会社が共有しているのは、滑走路の前半だけなので、その部分の費用を均等に負担するべきだ。よって、航空会社Aが500万ドルの半分、航空会社Bが500万ドルの半分と、滑走路の後半部分の費用500万ドル全額を支払うことになる。

私から見て合理的なのは、ふたつ目の主張だ。仮に、航空会社BがA380型機を運航していて、3キロメートルの滑走路が必要だとしよう。すると、合計費用は1500万ドルに増える。使用する滑走路の長さに比例して費用を分担するとしたら、航空会社Aは合計額の4分の1、つまり375万ドルを負担することになる（そして、航空会社Bが残りの4分の3を負担）。これは合理的とは思えない。航空会社Aの支払額が、Aと無関係な航空会社Bのニーズによってころころ変わるのはおかしいからだ。

この例では、パイという概念を持ち出さなくても交渉を解決できる。しかし、パイの解決策が選択肢2と一致するのは、なんら不思議ではない。両社が合意しなければ、合計費用は500万ドル＋1000万ドル＝1500万ドルになってしまう。合意すれば、合計費用は1000万ドルで済む。両社が協力することで500万ドルのコスト削減になるのだ。

このコスト削減により大きく貢献しているのはどちらだろう？　双方が等しく貢献している。合意がなければ、どちらの航空会社も500万ドルを削減できない。よって、500万ドルのコスト削減額は均等に分け合うべきなのだ。つまり、航空会社Aは500万ドル－250万ドル＝250万ドル、航空会社Bは1000万ドル－250万ドル＝750万ドルを支払うことになる。

パイの解決策が私たちの直感と一致するのは心強い。ときには、直感でパイの解決策までたどり着けることもあるのだ。とはいえ、まずはパイの答えから考えるようお勧めする。相手への説明でパイという言葉を使わないにしても、あなたの直感が正しいかどうかを確認するよい方法になるからだ。

この滑走路の解決策を、先ほどの三角形のルートの例と比べてみよう。パイを用いない考え方が、ときにどれだけ的外れなのかをよく示していると思うからだ。

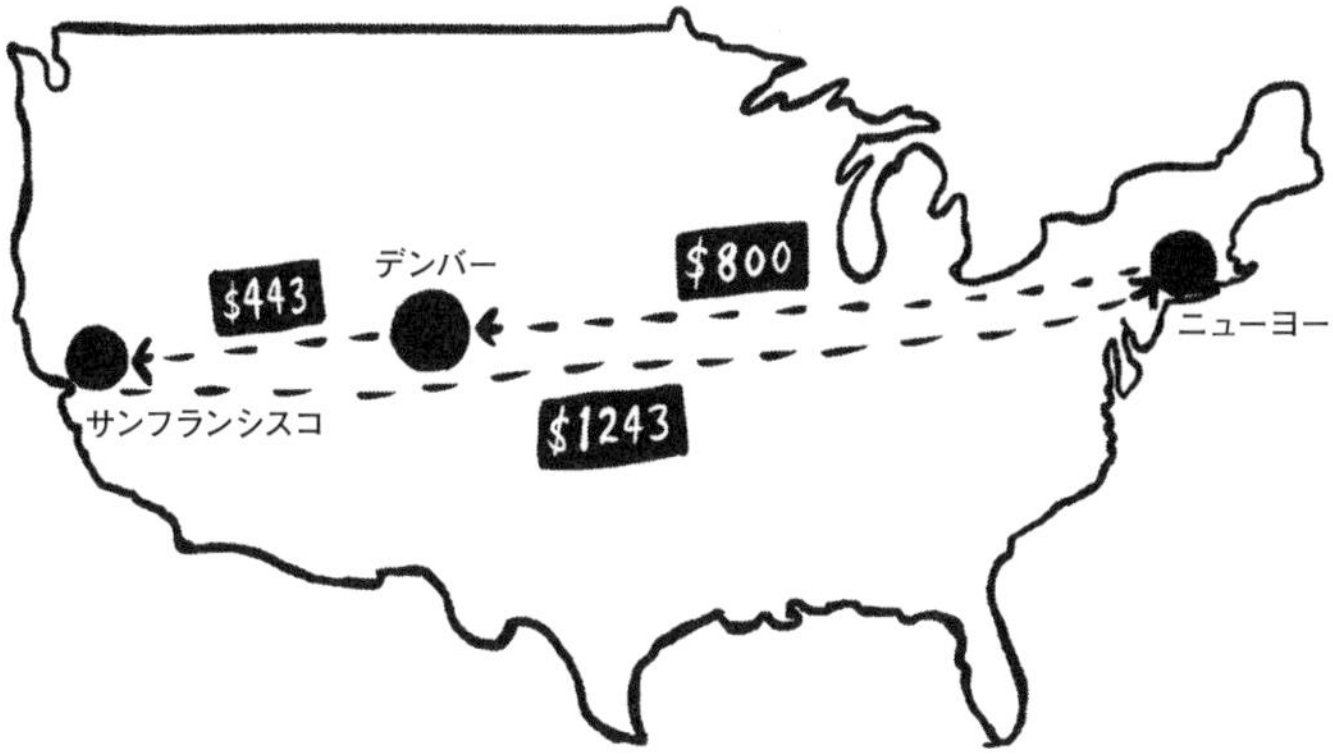

たとえば、最初の講演地が、ちょうどサンフランシスコに向かう途中にあるデンバーだったとしよう（上の図）。滑走路の例やパイの手法によれば、ニューヨークとデンバーのあいだの往復運賃は、両都市で均等に分担することになる。飛行機をウーバーの長距離版としてとらえるなら、ニューヨークとデンバーのあいだは相乗りしたとみなせるからだ。

対照的に、冒頭の経費報告書の例で紹介したロジックを用いるなら、私はいずれにせよデンバーには行かなければならないので、ニューヨークからデンバーまでの運賃はデンバーの団体が負担すべきだ。一方、私はいずれにせよサンフランシスコから帰ってこなければならないので、サンフランシスコからニューヨークまでの運賃はサンフランシスコの団体が負担すべきだ。あとは、デンバーからサンフランシスコまでの運賃をどう分担するか、という問題を残すのみになる。

しかし、このロジックはまちがっている。デンバーまでたどり着いた時点で、サンフランシスコが近づいているからだ。だからこそ、サンフランシスコの団体も、ニューヨークとデンバーのあいだの往復運賃を均等に分担すべきなのだ。ニューヨークからデンバーまでの行程は、両航空会社が建設費用を分担する滑走路の前半部分と考えればわかりやすい。一方、後半のデンバーからサンフランシスコまでの行程部分はすべてサンフランシスコ持ちだ。しかし、こうして答えを導き出すのは難しい。パイを計算するほうが簡単なのがわかると思う。

この新たな例の数値を使うと、合計の節約額は１６００ドルだ。よって、これを折半し、８００ドルを支払えばよい。そして、サンフランシスコの団体は、２４８６ドル－８００ドル＝１６８６ドルとなる。デンバーの団体はニューヨークとデンバーのあいだの往復運賃である１６００ドルではなく、８００ドルを支払えばよい。

滑走路や飛行経路が重なる場合、私たちの直感はうまく機能する。直感がくるいはじめるのは、経路に回り道が含まれる場合だ。この回り道の問題については、次のセクションの相乗りタクシーの例で取り上げよう。

この滑走路の例は、いかにもつくったような例に見えるかもしれない。実際、そのとおりなのだが、実はとてもよくある問題だ。第14章では、隣接する開発地に水道管を敷設する費用を、数社の不動産開発業者で分担する例を取り上げる。開発地は滑走路と同じく、西から東に一直線に配置されている。いちばん東側の開発地には、最長の水道管が必要だが、いちばん西側の開発地は最短で済む（この水道管の例をここで取り上げなかった理由は、５つの業者が関与しているからだ。この例については、3者以上による交渉について論じた第14章を読んでほしい）。

都会の住人にとって思い当たる例といえば、高層マンションのオーナーどうしでエレベーターの費用をどう分担するか、という問題だろう。エレベーターの価値は全員にとってまったく等しくないにもかかわらず、アメリカの場合、全員で均等に費用を分担するのが慣例になっている。そういうものだからしかたない、と思うかもしれない。

しかし、フランスでは、オーナーが得られる「利益に比例して」費用を分担することが法律で定められている。[11] 1階の住人はエレベーターをまったく利用しない。2階の住人はエレベーターを少ししか利用しない。３階の人々はエレベーターをその２倍利用する。最上階の住人はエレベーターを下から上までまるまる利用する。よって、パイの分配という観点から、上階の住人ほど、高さに比例して多くの費用を負担することになる。エレベーターの新造や大幅な改修が必要な場合には、パイのフレームワークのほうがずっと合理的な結果につながる。この法律が大きな差となって表われたのは、フランスの多くの集合住宅が民営化され、高層階の住人たちが老朽化したエレベーターの高額な改修を提案したときだ。低層階の住人は、費用のごく一部しか負担せずに済んだので、改修に異を唱えなかった。パイのフレームワークを使えば、職場でも家でも「和」を保てるのだ。

相乗りタクシー

ウーバー（Uber）もリフト（Lyft）も、十分に規模の大きいサービスなので、車を呼べば、ものの数分でドライバーが来てくれる。どちらのサービスを使っても、同じドライバーに当たることも多い。リフトが競争で苦戦しているのが、ウーバーでは「ウーバープール」、リフトでは「リフト・シェアード」と呼ばれている相乗りサービスの分野だ。相乗りの分野では、ウーバーの規模の大きさが競争を優位に導いている。

過去数年間、このふたつのライバル会社の相対的な市場シェアは、おおよそウーバー７、リフト３の割合で推移してきた。70人がウーバーのサービスを利用している場合、相乗りの組み合わせは２４００通り以上にもなる。リフトを利用している30人にとっては、相乗りの選択肢は４００通りあまりしかない。つまり、市場シェアでいうとウーバーはリフトの２倍と少しなのに、相乗りの組み合わせの数は５倍以上にもなるのだ。

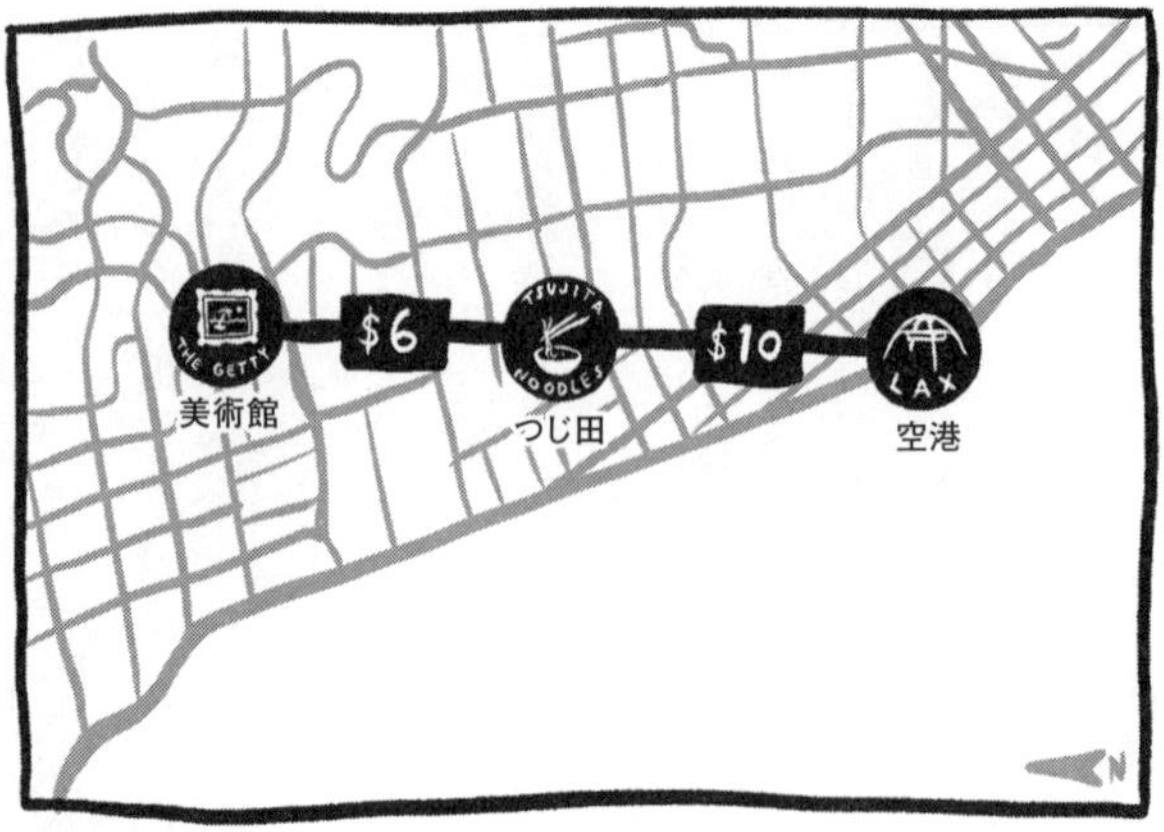

次の思考実験がわかりやすい。航空会社1はニューヨークとロサンゼルスのあいだを1日往復1便しか運航していないが、航空会社2は双方向に1日10便ずつある。スケジュールという点で、航空会社1には往復の選択肢が1通りしかないが、航空会社2には行きが10通り、帰りが10通りで、合計100通りの選択肢がある。便数が10倍になると、往復の航空便の選択肢の数が100倍になるわけだ。

同じ関係がウーバーとリフトにもいえる。両社の市場規模の比率は7÷3＝2・33なので、相乗りの組み合わせの数の比率はその2乗のオーダーとなり、5倍以上の開きが出ることになる。

相乗りは、お金を節約し、渋滞を和らげ、温室効果ガスの排出量を削減するためだけの方法ではない。ウーバーがリフトに対する優位性を活かす方法でもあるのだ。しかし、相乗りを機能させるには、各乗客の負担する料金を正しく計算しなければならない。朗報は、見知らぬ他人どうしで交渉が不要なことだ。運賃を公平に分担する方法とは？

アリスとボブがどちらもロサンゼルス国際空港に向かっているとしよう。アリスがJ・ポール・ゲティ美術館で乗り、ボブがつけ麵店「つじ田」で乗り込む。地図を見れば

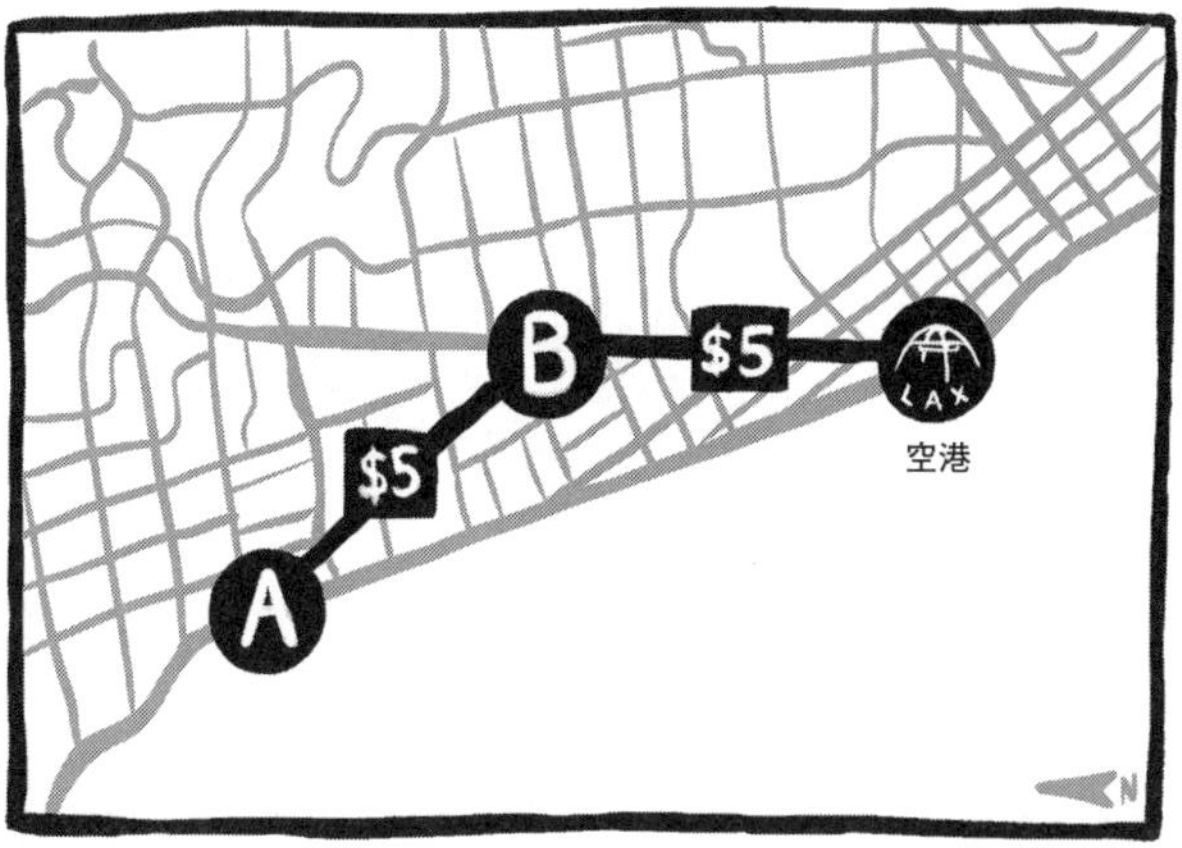

わかるとおり、ボブが乗ったのはちょうど空港への道中だ（右ページ図）。

ひとりで乗った場合の運賃は、アリスが16ドル、ボブが10ドルだ。ボブはちょうど空港への道中で乗ったので、合計運賃は16ドルだ。これは滑走路の例とまったく同じだ。アリスは美術館からつじ田までの運賃をまるまる払い、残りの運賃をふたりで折半すればいい。支払額は、アリスが6ドル＋50パーセント×10ドル＝11ドル、ボブが50パーセント×10ドル＝5ドルとなる。

これはパイを使わなくても説明しやすい。なぜボブの支払額がアリスの出発地点に影響を受けるというのか？　アリスがゲティ美術館ではなくアーマンド・ハマー美術館〔ゲティ美術館より少し空港寄りにある〕から乗ったからといって、ボブの支払額が変わるのはおかしい。重要なのは、ふたりが相乗りした区間だけだ。

これは、パイを等分して得られる結果とまったく同じだ。相乗りによる節約額は10ドル。ふたりが別々に行けば、合計運賃は16ドル＋10ドル＝26ドルになるが、相乗りすれば16ドルになる。この差額のパイを折半すれば、ひとり当たり5ドルの節約になる。よって、支払額は、アリスが16ド

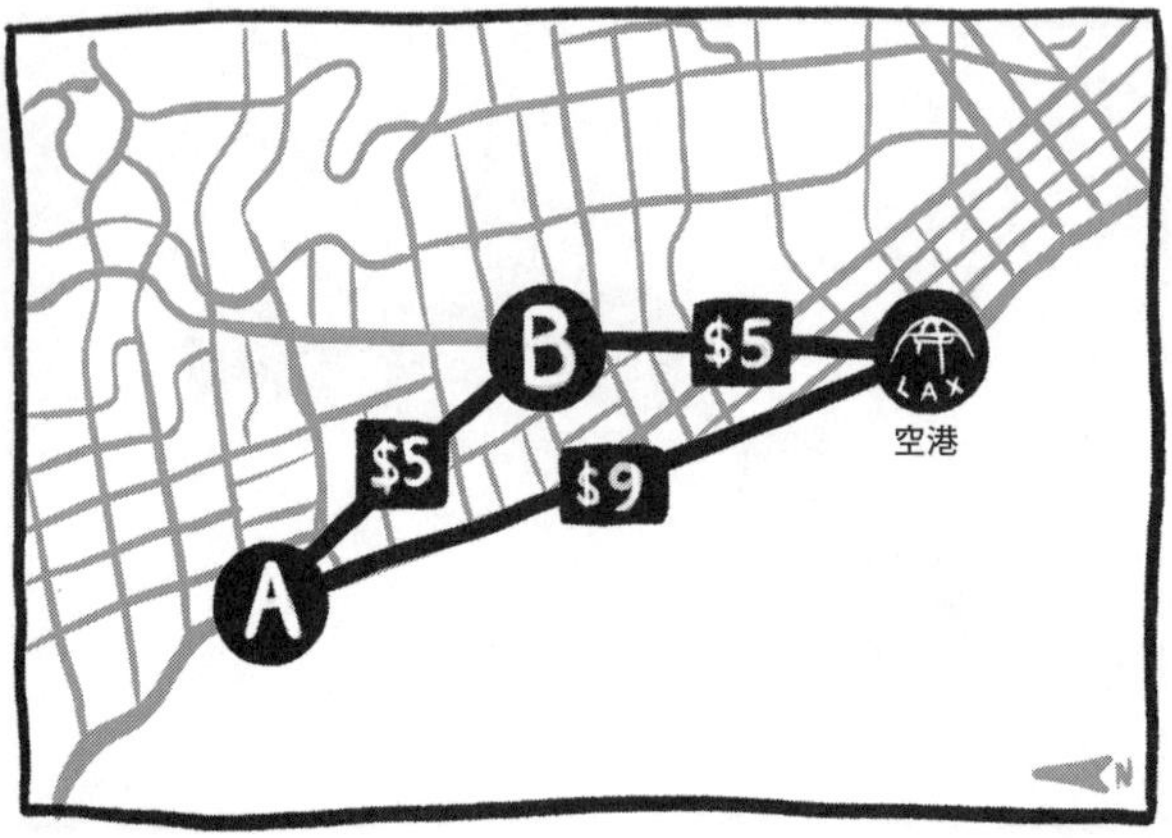

ル－5ドル＝11ドル、ボブが10ドル－5ドル＝5ドルになるわけだ。

次に、この相乗りの例をもう少し複雑にしてみよう。前ページの図を見ればわかるように、ふたりはロサンゼルス国際空港まで相乗りしている。先ほどと同様、アリスが最初に乗り、ボブが途中で乗り込む。合計運賃は10ドル。さて、ふたりはいくらずつ支払うべきか？

アリスがひとりで乗った区間の運賃5ドルをまるまる支払い、次の区間の運賃をふたりで折半するので、アリスが7・5ドル、ボブが2・5ドル。そう答えたくなるが、この場合は不正解だ。

この答えが滑走路の問題とは異なり、不正解である最大の理由は、ボブの乗車地点が少しルートをはずれているからだ。アリスがまっすぐに空港へと向かっていたら、運賃は10ドルではなく9ドルで済むだろう（上の図）。先の図でこの事実が抜け落ちていたことは認めるが、実世界では、相手が素直にパイを手渡してくれることなどない。パイの計算に必要な情報を得るためには、ある程度の下調べが必要なのだ。

この場合、下調べはしやすい。ウーバーとリフトの運賃

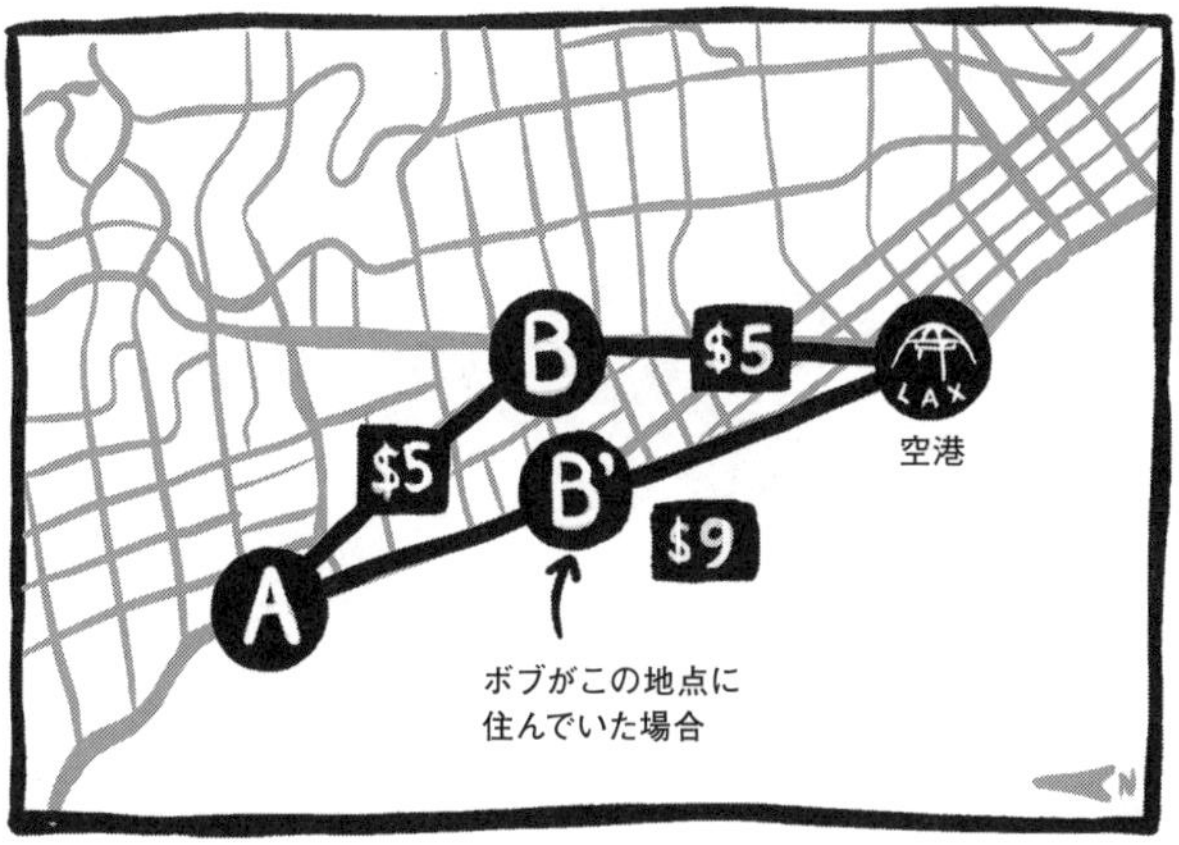

は固定されており、空港にまっすぐ向かった場合の運賃は事前にわかるようになっている。9ドルという数字の根拠はそれだ。

先ほどのパイの計算が的外れなもうひとつの理由は、アリスが遠回りによって少し時間を損しているからだ。乗車時間は長くなり、もしかすると相乗りのせいで快適さも少し落ちるかもしれない。反面、渋滞と二酸化炭素の排出が緩和されるのはうれしい。このマイナスの影響とプラスの影響がぴったり相殺されるとしよう。そして、ボブは空港へとまっすぐに向かっているので、時間のロスはまったくない。多少の相乗りも気にはならないだろう。

したがって、合意がなければ、ふたりは合計15ドルではなく、9ドル＋5ドル＝14ドルを支払うことになる。相乗りによる節約額は、5ドルではなく4ドルしかないのだ。

パイは4ドルなので、ふたりは相乗りで2ドルずつ節約できる。つまり、アリスの支払額はひとりで乗った場合より2ドル減り、9ドル－2ドル＝7ドルとなる。ボブは5ドル－2ドル＝3ドルだ。

しかし、この分担にいまひとつ納得がいかないアリスは、ボブの乗車位置がルートからはずれていることを指摘する。

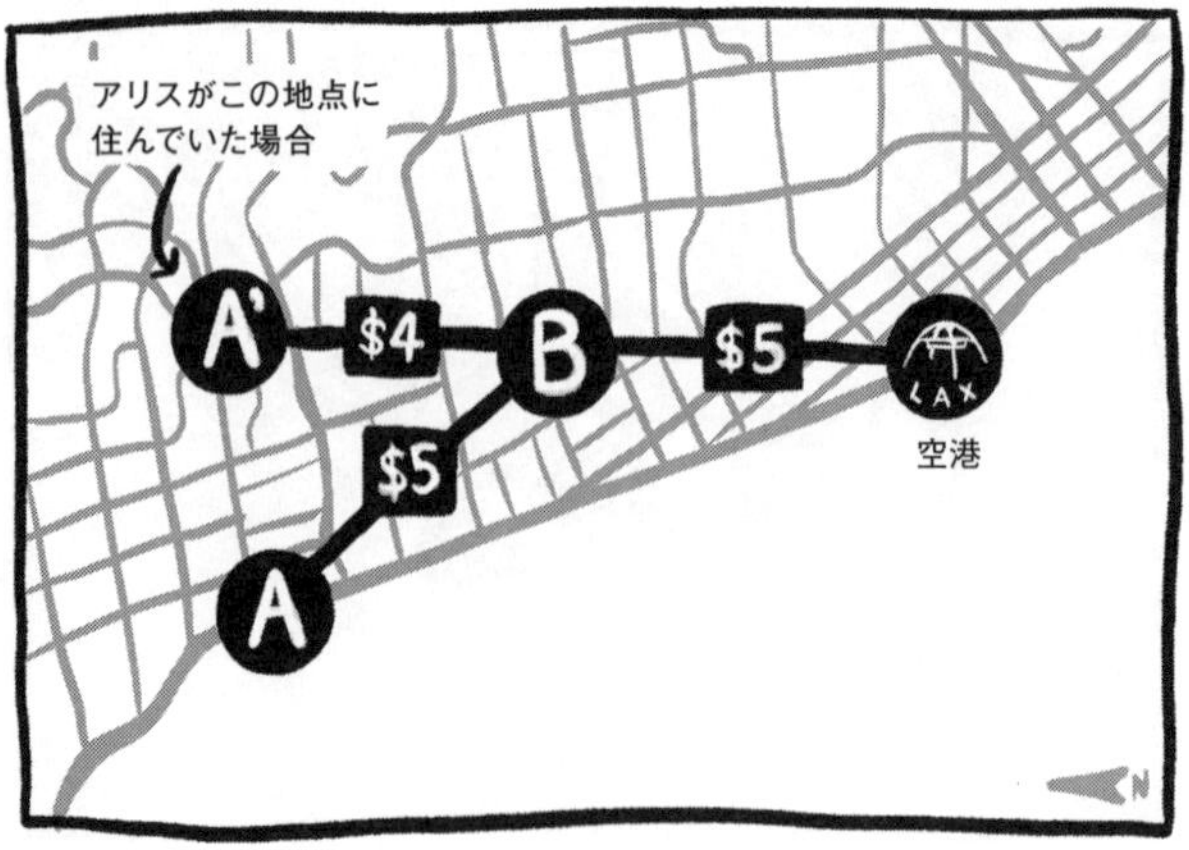

ボブがB′の地点に住んでいたら、遠回りは不要なはず（前ページ図）。その遠回りのせいで運賃が1ドル高くなる。だから、ボブが遠回りの費用を負担し、1ドル余分に支払うべきだというのだ。

あなたがボブなら、どう答えるだろう？　2通りの答えが考えられる。ひとつ目はざっくりとした答えだ。ふたりが協力しなければ、4ドルは節約できない。4ドルを節約したいなら、遠回りも取引の一部だと認めるべきだ。

しかし、別の答えがある。あなたがパイの世界の住人なら、相手の主張をそっくりそのままお返しすることもできるはずだ。ボブの乗車地点がルートをはずれているとアリスが言うなら、同じように、アリスの乗車地点がルートをはずれているとボブが言い返すこともできるのだ。アリスが左側のA′の地点に住んでいたら、回り道などせずにまっすぐ空港へと向かえるのに、と（上の図）。

ボブとアリスのどちらのほうがルートをはずれている、と言い合うのはまるで意味がない。ふたりで相乗りしようとするなら、どちらも同じくらい最短ルートをはずれているのだ。実際、最初の答えでは、アリスが前半区間の運賃5ドルを全額支払い、後半区間の運賃を折半したが、これ

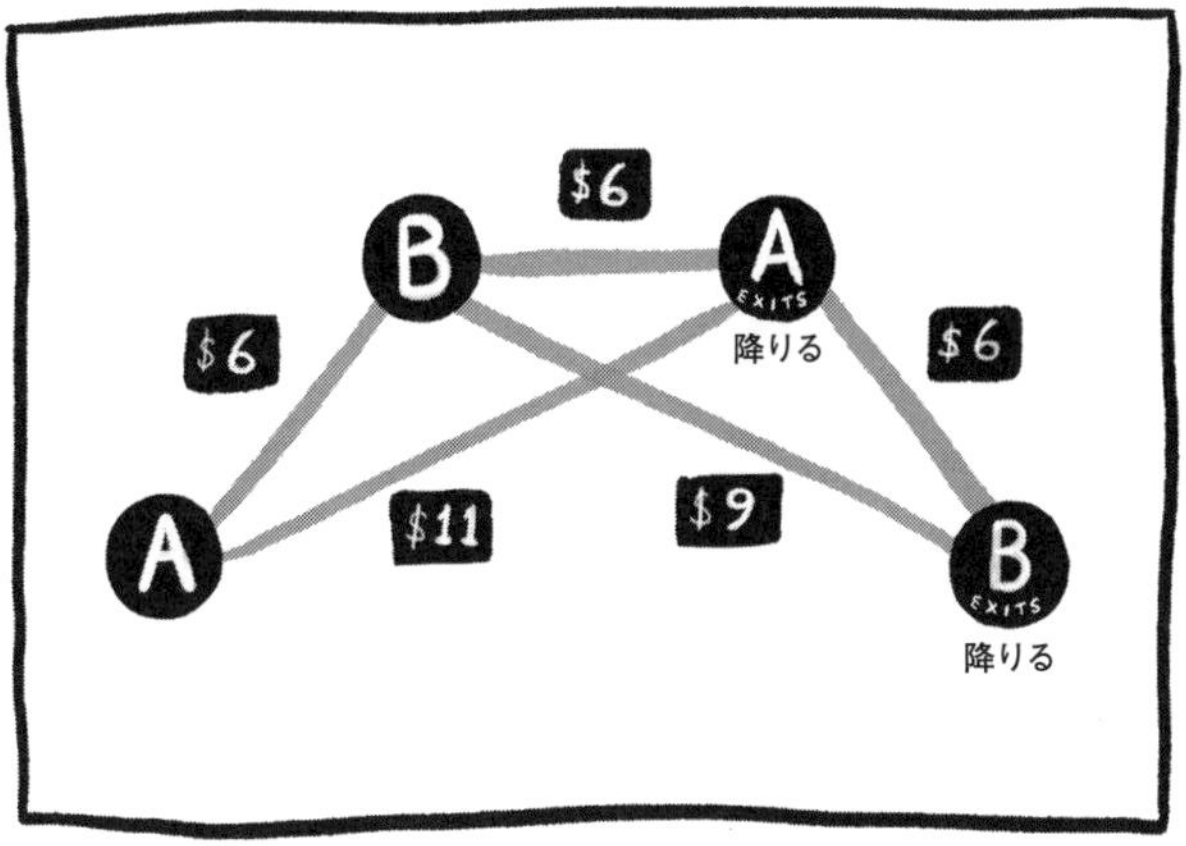

だとアリスが回り道の運賃をまるまる支払った理屈になる。回り道の運賃を折半するなら、アリスは7・5ドルから0・5ドル〔回り道によって余分にかかった運賃1ドルの半分〕を差し引いた7ドルを支払うことになるので、ふたりでパイを折半したときと同じ答えになる。

最後にもうひとつ、別の相乗りの例を紹介しよう（上の図）。この例を選んだのは、あまりにも手強そうに見えるからだ。しかし、パイの考え方を使えば朝飯前だ。

この例では、アリスが地点Aで乗り、ボブがBで乗る。次に、アリスが車を降り、最後にボブが降りる。3つの区間の運賃はいずれも6ドル。先ほどの例と同様、ボブを乗せるためには少し回り道が必要だ。目的地にまっすぐ向かった場合の運賃は、アリスが11ドル、ボブが9ドルだ。

ふたりで相乗りすると、合計運賃は6ドル＋6ドル＋6ドル＝18ドルで済む。別々に行けば合計20ドルなので、節約額（パイ）は2ドルだ。よって、別々に行くのと比べると1ドルずつの節約になる。つまり、支払額はアリスが11ドル－1ドル＝10ドル、ボブが9ドル－1ドル＝8ドル。

意外と簡単、と思ってもらえたらうれしい。

1回当たり1ドルや2ドルを浮かせるために、ここまで労力をかけるべきだ、と言うつもりはない。ただ、ウーバーにとっては、ふたり（以上）で相乗りした場合の費用の分担方法を考えることは不可欠だ。ひとつの目的は、乗客を公平に扱うためだ。もうひとつの目的は、潜在的な乗客全員に、相乗りのインセンティブを等しく与えるためだ。そうでなければ、インセンティブが少なすぎる人々はあまり相乗りを利用しなくなり、相乗りの機会自体が減ってしまうだろう。その点、パイの等分は公平であり、両者に等しいインセンティブを与える方法だ。ウーバーが乗客に相乗りのインセンティブを与えれば与えるほど、リフトに対するリードは広がっていくのだ。

アイオニティ

電気自動車の普及には、今よりずっと広大な急速充電スタンドのネットワークが欠かせない。アメリカでは、こうした充電スタンドの数十億ドル規模におよぶ建設費用は、フォルクスワーゲンのディーゼル排出ガス規制不正問題の和解金〔同社が排出ガス規制を不正にくぐり抜けていたことが発覚し、アメリカで科された賠償金〕による補助を受けている（まだ十分とはいえないが）。一方、ヨーロッパでは、自動車メーカー各社が自助努力を行なっている。

その結果、BMW、ダイムラー、フォード、ヒョンデ（ヒュンダイ）、キア、フォルクスワーゲンが協力し、ヨーロッパ全土に超高速充電スタンド・ネットワークを築くための合弁事業「アイオニティ」を立ち上げた。協力のメリットは計り知れない。もし一部の自動車メーカーが単独でネットワークを築こうとしていたら、どうなっていただろう？　充電スタンドの位置の調整がまったく行なわれなくなるので、大きな労力の重複が生じ、充電スタンド・ネットワークの効率性は大きく低下してしまうだろう。

ここで、交渉の問題が生じる。加盟メーカーどうしで費用をどう分担するべきか？　等分ではうまくいかない。市場シェアは各社で完全にバラバラなので、そうなればシェアの低いメーカーが撤退してしまうだろう。

この問題を耳にすると、ほとんどの人は、市場シェアに比例した費用分担を提案する。ただし、それでは問題の解決にならない。市場シェアを測る方法はいくつもある。価格帯や利益率は自動車メーカーごとにバラバラで、販売台数、売上高、利益、あるいは走行距離のどれに応じて費用を分担すればいいのか、釈然としない。メーカーごとに希望する解決策がある。そして、たとえ販売台数に比例した費用分担に合意したとしても、内燃機関を持つ自動車の現在の販売台数と未来の電気自動車の販売台数、どちらを基準にすればいいのか、という問題が残る。

冒頭で書いたとおり、パイの手法の目的は交渉の方法を定めることではない。今回のように、均等な費用分担ではうまくいかないケースでは、なんらかの比例分配が用いられるのが一般的だ。しかし、それでは合理的な分配や一貫性のある分配にはならない。比例分配は、交渉の本来の目的を見落としていると思う。合意の目的は、労力の重複を防ぎ、それによるコスト削減額をみんなで山分けすることなのだ。

そこで、アイオニティが2社による合弁事業だと仮定した場合に、交渉がどう進むかを考えてみよう。架空の社名を使う代わりに、ここではBMWとダイムラーとしておこう。最初のステップは、各社のBATNAの算出だ。両社にとっての充電スタンド・ネットワークの重要性や、両社の確固たる市場地位を踏まえれば、たとえ合意に至らなくても、両社は独力でネットワークを築こうとするだろう。また、この例では、ほかに費用を分担してくれそうなパートナーはいないと仮定しておく。

各社が単独で行動した場合には10億ユーロの費用がかかるが、協力すれば、両社にとって同じくらい効果的なネットワークを合計15億ユーロで築けるとしよう。よって、重複の減少や調整の改善によって生じる節約額は、5億ユーロにのぼる。

(10億ユーロ+10億ユーロ)－15億ユーロ=5億ユーロ

これがパイに相当する。

この5億ドルのパイを、2社で均等に分け合うべきだ。このことは、両社の販売台数、あるいは収益や利益に差があっても成り立つ。走行距離や、内燃機関自動車や電気自動車の販売台数を見る必要はない。交渉の目的は、5億ドルのコスト削減につながるパートナーシップを築くことなのだ。

私がこの例を選んだのは、世界をパイの観点からとらえることの難しさを示しているからだ。世界は、「これがBATNAで、これがパイです」と自分から教えてくれたりはしない。交渉で厄介なのは、問題を正しくとらえる部分なのだ。

つい、直感的に公平そうな方法を選びたくなる。販売台数に応じた費用の比例分配は、1台1台の自動車を平等に扱うものだ。収益に応じた費用の比例分配は、1ドル1ドルの収益を平等に扱うものだ。走行距離に応じた費用の比例分配は、1マイル1マイルの走行を平等に扱うものだ。こうした答えが的外れだと私が考えるのはなぜか。交渉しているのは、自動車や収益や走行距離どうしではなく、BMWとダイムラーだからだ。コスト削減を生み出すという点では、両社の力は対等だ。力が対等だとすれば、両社が生み出すものではなく、両社自体を平等に扱うのが筋なのだ。

BMWとダイムラーの例は単純すぎたかもしれない。パイの観点さえ取り入れれば、計算は簡単だ

	BMW	キア	合計
協力した場合*	BMWにとってのネットワークの価値－(14億ユーロ－キアの支払額)	7億ユーロ－キアの支払額	BMWにとってのネットワークの価値－7億ユーロ
取引不成立	BMWにとってのネットワークの価値－10億ユーロ	0ユーロ	BMWにとってのネットワークの価値－10億ユーロ
パイ			3億ユーロ

＊　両社が協力した場合、合計支払額は必ず14億ユーロになる。BMWは、キアの支払額と14億ユーロの差額を支払うことになる。

った。しかし、パイの計算は簡単なことばかりではない。2社がＢＭＷとキアだったらどうなるか、考えてほしい（上の表）。先ほどと同様、ＢＭＷなら10億ユーロをかけて独力でネットワークを構築するだろう。ところが、キアの市場地位は、この巨額の出費を正当化できるほど大きくない。キアにとっての充電スタンド・ネットワークの価値は7億ユーロしかないため、キアは独力でネットワークを築こうとはしないだろう。これがキアのＢＡＴＮＡであり、金額にすれば０ユーロとなる。

2社が協力した場合、費用はたとえば14億ユーロまで上昇するとしよう。キアとネットワークを共有してもＢＭＷにとって同じくらい有効に機能するためには、より大規模な共用ネットワークを築く必要があるからだ。この充電ネットワークがあれば、キアはヨーロッパの電気自動車市場に参入でき、キアに7億ユーロの価値がもたらされるものとする。

両社が協力すれば、4億ユーロの費用で、7億ユーロの価値を余分に生み出せる。よって、パイは3億ユーロだ。パイを折半すると、キアが5億5０００万ユーロを支払うことになる。つまり、より大規模なネットワークを築くための余分な費用4億ユーロをまるまる負担し、元のネットワークの費用のうち1億5000万ユーロをBMWに支払うわけだ。こうすれば、BMWはキアからの支払いで1億5000万ユーロの得をし、キアは7億ユーロ相当のネットワークを5億5000万ユーロで手に入れたことにより、1億5000万ユーロの得をする。

この解決策にたどり着くのは、キアが考える充電ネットワークの価値に基づくという点で、より厄介だといえる。キアにはその価値が厳密にはわからないかもしれないし、BMWにとっては、キアの考える充電ネットワークの価値はもっとわかりづらいだろう（コスト削減額のほうが評価額よりは検証しやすそうだ）。ネットワークの価値は各社の販売台数に比例する、という経験則を使う手もあるが、それでも費用の比例分配は正当化できない。実際、BMWのヨーロッパでの市場シェアはキアの約2倍だが、キアはBMWの半分以上の額を負担している。この例では、BMWの支払額が8億5000万ユーロなのに対し、キアが5億5000万ユーロだ。比例分配が合理的でない理由は、BMWのBATNAがプラスの値であることを実質的に無視しているからだ。BMWはキアなしでもネットワークを構築できるので、その分の利益まで共有する理由はないのだ。前に紹介した定期預金の利息の分配の例でいえば、比例分配はそれぞれの支払額や受取額を決めるうえで、お互いのBATNAをまるきり無視している。

実際のアイオニティの交渉に参加したのは、2社の自動車メーカーだけではなかった。実際には、参加した6社が、各々の販売台数に比例して費用を分担することで合意した。合意時点での各社の負担額を計算するために選ばれたのは、将来の販売台数ではなく、現在の販売台数だった。比例分配はわかりやすいので、当然といえば当然なのかもしれない。しかし、比例分配は合理的ではないし、収益やその他の基準ではなく、販売台数を用いるほうが合理的な理由も説明がつかない。比例分配は、労力の重複を防ぎ、より多くの自動車メーカーに費用を分担してもらう、という合意の目的を見失っている。つまりは、パイを見失っているのだ。

世界規模での費用分担

自動車メーカーが充電スタンド・ネットワークの構築費用の分担方法を決めなければならないように、世界の国々は開発援助や人道支援の費用の分担方法を決めなければならない。この場合、数字はずっと大きくなり、開発援助が年間約2600億ドル、人道支援が300億ドルにものぼる。[12] 支援金のなかには、喜んで寄付される分や、国外支援の確立に使われる分もあるが、各国の負担額をめぐっては、いまだに緊張がある。

1950年代終盤以降、世界教会協議会は、先進工業国が国内総生産（GDP）の1パーセントを、発展途上国を支援するための対外援助に拠出することを提案した。国連は1970年に0・7パーセントの拠出を提案し、1992年にリオデジャネイロで開催された地球サミットで再確認した。アイオニティの場合と同様、比例分配方式が採用されており、この場合、GDPがその基準となる。

これはシンプルな方式だが、合理的とは思えない。たとえGDPが同じでも、人口が2倍になれば豊かさは半分になる。それでも、本当に同じ額を負担すべきなのだろうか？　たとえば、スイスとトルコのGDPはほぼ同水準だが、トルコの人口はスイスの10倍なので、ひとり当たりGDPは10分の1にすぎない。[13]

援助国の経済状態がこれほど異なるのに、対外援助の負担額がGDP比で見て同一なのは、公平とはいえない。その反面、わかりやすく、適用しやすいという理由から、不公平なルールを受け入れる人が多い、というのも理解できる。最初に医療従事者がコロナワクチンを接種したあと、私の住むコネチカット州では、リスク分類に応じた優先接種ルールの適用をあきらめ、シンプルな年齢ベースのルールに切り替えた。おかげで、有力なコネを持つ人々が不正を働くのは難しくなり、不公平なルールながらも、より公平にルールを適用することにつながった（対外援助の負担額に関して、なんらかの比例分配に従わざるをえないなら、私はせめて、所得税に似た方法を提案するだろう。つまり、ひとり当たり1万ドルを超過した分のＧＤＰを「可処分ＧＤＰ」とでも名づけ、その一定割合を拠出するのだ）。

パイが見えないと、二酸化炭素排出量の削減策も見つけづらくなる。１９９２年の気候変動枠組条約では、最富裕国の44カ国の大半を含むいわゆる附属書Ｉ国が、２０００年の温室効果ガス排出量を１９９０年の水準に戻すことを目指した。条約に署名した残り１１０カ国に関しては、目標は設けられなかった。やはり、これも公平ではない。北欧諸国の一部は、すでに１９９０年以前にそうとうな努力を行なっていたので、１９９０年の排出量の水準を目指すというのは、他国と比べてずっと達成の難しい目標だった。また、人口が増加している国もあれば減少している国もあった。１９９０年の数値を排出量の公平な分配とみなすのは無理があった。

排出量の目標は、総排出量、ひとり当たりの排出量、二酸化炭素排出原単位のどれを基準とするべきなのか？　２０１５年のパリ協定で、中国は２０３０年までに二酸化炭素排出原単位を60〜65パーセント削減することを誓った。しかし、中国経済の急激な成長を踏まえれば、二酸化炭素の総排出量は今後も上昇しつづけるだろう。

各国の負担額や到達目標という観点で交渉をとらえると、混乱が生じる。代わりに、生み出される利得（つまりパイ）の観点から交渉をとらえ、そのパイを均等に分け合う方法について考えるほうがいいだろう。この分配の問題はたいへん紛糾しやすい。ひとつの理由は、パイがあまりに巨大だからだ。それは地球の将来的な健康だ。経済用語を使うなら、パイは、地球温暖化にともなう最悪の結末（洪水、干ばつ、飢饉、集団移住）を防止することで生み出される便益から、排出量削減の費用を控除したあとの額だ。富裕国単独ではこのパイを実現できない（温室効果ガスは、発生源にかかわらず、すべて同じ大気中に排出されるので）。それでも、富裕国はこのパイを均等に分担したがらない。そのためには、発展途上国への大規模な富の移転が必要になるからだ。熱帯雨林を保護し、発展途上国が石炭エネルギーから持続可能なエネルギーへとより急速に移行できるよう、莫大な金銭的インセンティブを支払う必要が生じるだろう。

もうひとつの悩ましい問題は、今日の若者やこれから生まれてくる未来の世代など、地球温暖化から最大の影響を受ける人々が交渉のテーブルにさえついておらず、パイの均等な分け前を得る機会を与えられていない、という点だ。未来の地球の共有方法をめぐるこの不公平な闘争が、パイを生み出す妨げになっているのだ。

これが最高に重要な問題であり、たったの数段落では考察し尽くせない、ということは承知している。私がここでこの問題を取り上げた理由はただひとつ――パイの手法が、ビジネス以外の場面で私たちの思考に及ぼしうる影響を探るためだ。各国の負担額や目標値を比例的に定める、という単純な方法は、経済発展から気候変動まで、世界最大の難題に対する解決策を導き出す妨げになりうる。これを読んでいるみなさんには、ぜひパイの観点から問題や解決策をとらえてほしい。

さて、ここからは、ビジネスや日常生活のよりありふれた交渉に再び注目しよう。みなさんに世界規模の交渉との向き合い方を変えてほしいのはやまやまなのだが、まずはシンプルな問題で、パイの考え方を身につけることの大切さをわかってほしい。そのために、答えなければならない疑問がいくつかある。それが次のパートのテーマだ。

パートⅢ　複雑な交渉

ここまでの話を読んで、パイの手法とそのメリットがおわかりいただけたと思う。いよいよ、「なるほど、でも……」という反論に答える番だ。

これまで、パイを対称的に分け合うのが正しい、と話してきたが、両者の立場が対称的でない場合は？　非対称性が生じるパターンは何通りかある。ひとつは、一方の規模がもう一方よりも大きいケース。規模の違いはどうあれ、2者による交渉では、両者の貢献度は常に同じだ。

なるほど、でも、一方のほうが必死な場合はどうだろう。パイの大きさに関して、見解が食い違う場合は？　交渉のルールによっては一方が有利になることもある。3者以上による交渉でも、非対称性が生じる。これらがパートⅢのテーマだ。

パイの手法に対する最大の反論は、一方のほうが相手よりも明らかに必死な場合に生じる。極端な例を挙げると、ボブが砂漠のど真ん中にいて、喉の渇きで死にかけているなら、彼は果たしてパイの半分をあくまで要求できるだろうか？　第11章でこのあとすぐにわかるとおり、答えはイエスだ。ただし、それは水の半分を受け取れる、という意味ではない。

第12章では、パイが不確かな場合にパイを等分する意味について考える。両者が同じくらいパイを把握できていない場合もあるし、一方のほうが相手よりパイを詳しく理解している場合もある。より詳しい情報を握っている側は、その優位性を活かしてパイの半分以上を受け取れるだろう。この場合の公平な解決策とは、パイの条件つき分配に合意する、という方法だ。つまり、現在の不確かなパイの大きさではなく、事後的なパイの大きさに基づいてパイを分け合うわけだ。

これまでは、ルールや仕組みのない交渉を見てきたが、交渉に一定のルールがある場合、そのルールが当事者に力を与えることもある。たとえば、最後通牒を突きつけられる側は、パイの半分以上の分け前を得られるだろう。この点を取り上げるのが第13章だ。もちろん、交渉のルール自体がより大きな交渉の一部なので、実際には私たちが直感的に思うほどの力は与えないかもしれない。また、ある交渉の結果がその後の交渉の展開に影響を与えるとすれば、お互いが評判を気にするようになる。第13章では、評判の果たす役割についても考察し、評判への懸念が均等な分配を促す理由を説明する。

第14章では、交渉への主体的な参加者が3人以上いる場合の交渉の仕組みについて説明する。3人以上の場合、パイを生み出すのにそれぞれが等しく貢献している、とはもはやいえなくなる。それでも、パイのフレームワークは成り立つ。最終結果は、本書の基本的な手法を一般化したものにすぎない。

3人以上による交渉では、お互いの貢献度が等しくない可能性が出てくる。極端な例を挙げれば、ひとりがなんの貢献もしない、というケースもあるかもしれない。第15章では、そうした人物さえもが分け前を得る方法を探っていこう。

この5つの章の内容は今までより難解なので、パートⅢは読み飛ばし、パイの広げ方について論じたパートⅣまでいきなり進んでしまってもかまわない。このパートⅢの目的は、さまざまな反論に答え、現実に起こる複雑な問題に対処することだ。パイの手法は、当事者がふたりの場合や、全員の貢献度が等しい場合、またはパイが全員にとって明らかな場合にしか成り立たない、という誤解を読者の方々にしてほしくない。しかし、こうした状況は複雑なので、内容はどうしても難しくなってしまう。よって、すでにパイの手法に納得していただけた方は、遠慮なく一気にパートⅣまで進んでほしい（どうせ、私には知りようがないので）。パイの広げ方のほうが、内容としてはまちがいなく面白いだろう。

第11章　あなたのほうが必死な場合は？

交渉が勇者ダビデと巨人ゴリアテの戦い〔少年が巨人に立ち向かう旧約聖書内の話〕のように感じられることは珍しくない。しかし、実世界では、ダビデが聖書のようにうまく立ち回れるケースは多くない。規模の小さい側が交渉で不利だと感じてしまうのはなぜだろう？

ひとつの理由は、規模の小さい側のほうが必死だからだ。* ダビデにとって、交渉の結果は人生を左右する可能性があるが、ゴリアテにとっては些細なことで、大騒ぎするほどのことではないかもしれない。確かに、小さい側のほうが必死な場合が多いとはいえ、常にではない。となると、こんな一般的な疑問が浮かぶ。必死であればあるほど、取り分は少なくなるのか？

一方のほうが必死だからといって、そのせいで不利になるべきではない、というのが私の意見だ。必死な側のほうが、合意に前向きなのは確かだ。しかし、さほど必死でない側のほうが譲歩しやすい、という見方もできる。その場合も、取り分は均等であるべきだが、その取り分というのは、それぞれが計算するパイに対する取り分のことだ。

＊　規模の小さい側のほうが、選択肢が少なく、ＢＡＴＮＡが悪い、というのも理由のひとつだ。しかし、第4章で論じたとおり、だからといって相手より取り分が少なくてもしかたがない、という結論にはならない。その分、パイが大きくなるだけの話なのだ。

説明のため、極端な例を挙げてみよう。私が受講生からたびたび持ち出される例だ。ボブは砂漠のど真ん中にいて、喉の渇きで死にかけている。アリスの喉は潤《うるお》っている。さて、目の前に1リットル入りの水のボトルが3本ある。ふたりでどう分け合えばいいだろう？

よくあるのは、ボブはあまりに切羽詰まっているので、どんな分け方にも喜んで応じるだろう、という見方だ。この見方に従うなら、アリスが水の大半を受け取ることになる。逆に、ボブのほうがアリスよりもずっと必死なので（1滴でも多く飲みたい）、最終的にボブが水の大半を受け取るだろう、という見方もある。

この状況を数値化し、パイの観点でとらえてみよう。仮に、ボブにとっての1本目のボトルの価値が100万ドル、2本目以降が5ドルだとする。1本目はボブにとって莫大な価値を持つ。アリスにとってのボトルの価値は、3本とも1ドルで一定だ。最終的に重要なのは、アリスとボブで水をどう分け合うかではなく、パイをどう分け合うかだ。

望むものが異なるふたりの交渉について考えなければならないケースは、今回が初めてだ。パイを最大化するためには、誰がどの品物に最大の価値を置くかに基づいて、品物を割り振るべきだ。したがって、ボブが水をすべて受け取るべきで、パイは100万10ドルとなるだろう。このパイを折半するため、ボブはアリスに50万5ドルを支払うことになる。ボブは自分が最大の価値を置くもの（水）を受け取り、アリスもまた自分が最大の価値を置くもの（お金）を受け取る。こうして、ふたりともが50万5ドルの得をするのだ。ここまでは、もっとも必死な人物が、もっともほしい品物の大半（もっというとすべて）を受け取っているように見える。ダビデもなかなかのものだ。

しかし、ある意味、この解決策は、実世界のダビデたちが直面する苦境をとらえきれていない。実世界のダビデには、そこまでの資金はない。ゴリアテに50万5ドルを支払う余裕などないのだ。では、ボブの所持金が50セントだったら、ふたりの身に何が起こるだろう？　ボブは、自分にとって1本目のボトルの価値が１００万ドルだと訴えるかもしれないが、彼にはそのことを実証する手立ても、アリスに補償を行なう手立ても、これといってない。ボブが実際に言っているのは、もし１００万ドルが手元にあれば、1本目の水にそれくらいの額を支払う、ということだ。しかし、実際にはそんなお金はないので、お金に頼らず、パイを平等に分け合う方法について交渉するしかないのだ。

この場合、（ボブのやや大げさな評価を用いた）パイの大きさは、その分け方によって変わる。ボブがすべての水を受け取るなら、パイは１００万10ドルだが、アリスが受け取るなら、パイはたったの3ドルだ。ボブはアリスよりもずっと、ずっと高く水を評価している。つまり、ボブがすべての水を受け取れば、アリスが受け取るよりもずっと高い価値が生み出されるといえる。

その結果、パイの最大化とその分け方とのあいだに、痛し痒しの状況が生まれる。パイを巨大にしようと思えば分け方はひどく偏るし、分け方を均等にしようと思えばパイはものすごく小さくなる。その二者択一しかないように見える。

根底にあるのは、両者のあいだでお金をやり取りできない場合に、パイをどう計算するのか、という問題だ。金額という意味での価値を合計していくのは、両者のあいだでお金のやり取りが可能で、共通の通貨が存在する場合には合理的といえる。しかし、共通の通貨が存在しない場合には、一方の価値評価を相手と比べるのは難しい。もしかすると不可能かもしれない。1本目のボトルの価値が１００万ドルだというボブの評価は、もはやアリスの1ドルという評価とは比べられない。自分にとって1本目のボトルはアリスの１００万倍の価値がある、とボブが訴えることはできるが、その言葉を金銭で裏づける必然性がない（または裏づけられない）としたら、その言葉の真の意味を知るのは難しい。

比較不能な尺度と大げさ気味な主張、という問題を解決するには、それぞれが理想の何割を叶えたのかを比較すればいい。要するに、何も得られない状態を0、すべてを得た状態を100とする共通の尺度にお互いを置くのだ。

ここでも、対等な力関係は成り立つが、比較不能な価値評価という事例を網羅するため、その意味合いを広げる必要がある。それぞれが理想的なパイに対して同じ割合を受け取る、と考えるのだ。アリスの場合は、3ドルの価値の何割を実現できるのか、ボブの場合は、100万10ドルの価値の何割を実現できるのか、を考えればいい。

ふたりの水の評価は異なるので、両者ともに、各々の考えるパイの価値の半分以上を受け取れるような分け方を考え出すことが可能になる。先ほどの水のボトルの例でいえば、それぞれが理想の約75パーセントを受け取ることもできるのだ。ボブが1本目のボトルから750ミリリットルを受け取り、アリスが余った250ミリリットルと、残りの2本を受け取る。するとどうだろう、アリスは3000ミリリットル中2250ミリリットルを受け取るので、理想の75パーセントを叶えたことになる。また、ボブにとって、1本目のボトルの75パーセントは、100万10ドル中75万ドルの価値を持つので、彼もまた、理想の（約）75パーセントを叶えたことになる。

ボブがそれ以上の水を受け取れば、彼は理想の75パーセント以上を受け取る一方、アリスは理想の75パーセント未満しか受け取れなくなる。逆に、アリスがそれ以上の水を受け取れば、彼女は理想の75パーセント以上を受け取る一方、ボブは理想の75パーセント未満しか受け取れなくなる。つまり、75パーセントというのは、ふたりが各々の理想に対して同じ割合を受け取ることができるような分配なのだ。*

つまり、パイを50対50ではなく、75対75で分けていることになるのだ！　ここでも、力の対等性や公平性に関する見方は成り立つ。お互いが、各々の考えるパイの合計価値に対して同じ割合ずつを受け取るべきなのだ。ふたりとも、品物を多く受け取ればその分だけ価値が増す、と考えている場合には、お互いの理想の50パーセントずつを叶えるのが精一杯だ。しかし、そうでない場合、たとえばボブが1本目の価値を2本目以降よりも極端に高く評価しているような状況では、お互いが理想的なパイの半分以上を受け取ることが可能になる。

ボブのほうが切羽詰まっているにもかかわらず、最終的に、彼は自身の理想に対してアリスと同じ割合を受け取っている。確かに、ボブが受け取る水の量は全体の半分未満だが、彼にとっての水の価値は、本数に比例して増えていくわけではないので、彼の受け取る水の量の割合は、彼の成功度を測る妥当な基準とはいえない。ボブにとって本当に重要なのは、1本目のボトルの何割を受け取れるか、なのだ。したがって、ボブの交渉の成功度について考える際には、彼が1本目のボトルの何割を手に入れたのか、または、より一般的にいえば、彼が理想の何割を叶えたのか、に着目するのがいい。ここでいう理想とは、水の量ではなく、水の価値に基づいて測った値だ。

＊　私がアリスの立場だったら、ボブに1本をまるまる渡すと思う。それは、私が他者の幸福を重視するからだ。残りの250ミリリットルを自分で飲んで得られる25セント分の価値よりも、ボブがおいしそうに水を飲む様子を見ることで得られる間接的な喜びのほうが大きいだろう。しかし、この例の要点は、一方のほうがずっと必死な場面において、パイを分け合う方法について説明することだ。交渉において他者の幸福を気にかけるなら、それもパイの計算の一因に含めるべきだ。

その他のシナリオ

アリスにとっての価値が1本当たり2ドルだった場合は？　答えは変わらない。アリスが2・25本を受け取れば、やはり理想の約75パーセントを叶えたことになる。ボブも同様だ。

アリスにとっての価値が3本とも1本当たり100万ドルだったら？　答えは変わらない。アリスが2・25本を受け取れば、理想の75パーセントを叶えたことになる。ボブも同様だ。ボブが最後の2本を譲るのはわけもない。彼にとって真に大事なのは最初の1本だからだ。交渉においては、たとえ自分にとって価値のないものでも、相手にとって価値のあるものを譲ったことは貢献として認められるわけだ。

ボブのほうが明らかに1本目の水を高く評価しているのに、ボブが1本目をまるまる受け取らないのは、非効率的に見えるかもしれない。問題は、彼が多く受け取った水への見返りをなんら提供できない、という点だ。

水のボトルの交渉では、ボブに現金の持ち合わせがなかった。ほかにも、お金で公平な解決を図るのが不可能な交渉はたくさんある。家庭内の交渉を考えてほしい。財布がひとつの夫婦の場合、一方が相手に金銭を支払うのはあまり意味がないだろう。しかし、すべてをお金に換算して考えるのが無意味なのには、より大きな理由がある。結局、お金自体が命を救う水のようなものだからだ。お金の価値は人によって大きな差があるのだ。

新興企業が大手の老舗企業と金銭的な交渉をする場合、そのお金は、新興企業にとっては命を救うとまではいわないまでも命運を左右するお金になるだろうが、大企業の側にとっては微々たるお金だ。

いわば、ボブにとっての1本目の水のようなもので、新興企業にとってずっと大きな価値を持つ。大企業はこの非対称性を根拠に、半分以上の取り分を要求する。そうしなければ、その取引から相手と同じ〝価値〟を得られないと考えるからだ。規模の大きい側のほうが交渉における力関係が強い、という定説の背景には、こうした考えがある。規模の大きい側は、「この取引は私よりあなたにとってずっと重要でしょう」と言い、小さい側が泣く泣くその言葉に従う、という構図だ。

確かにそれが慣例なのだが、この議論は説得力に欠ける。それほど些細なことだというなら、規模の大きい側はなぜそこまで強く戦うのだろう？　余分な1ドルの価値がそこまで低いというなら、もっと譲歩しても痛くないはずだ。

数値を使って説明しよう。以前と同様、オネストティーとコカ・コーラが2000万ドルのコスト削減額の分配をめぐって交渉している。仮に、オネストティーにとってのほうが、1ドルの価値が19倍高いとしよう。この場合、オネストティーが100万ドルを受け取った場合と同じ実効利得を得るためには、コカ・コーラは2000万ドルのうちの1900万ドルを受け取る必要がある。

あまり必死でない側のほうがより多くのお金を受け取るというのは、一見すると不可解に（もっというと矛盾しているように）思える。ところが、ルディ・ナイデガーとギリェルモ・オーウェンが行なった実験研究によれば、多くの人は、両者が等しい実効利得を得るべきだ、という主張にまんまとだまされてしまうようだ。つまり、あまり必死でない側のほうが、より多くのお金を受け取るのだ[14]。この実験の被験者たちは、一方にとって1枚1セント、もう一方にとって1枚2セントの価値がある60枚の硬貨の分配をめぐって交渉した。実験後に精算は行なわれなかった。その結果、8組の被験者のペアのすべてが、2対1の割合で硬貨を分配した。硬貨の価値を1枚1セントと評価した側が40枚、2セントと評価した側が20枚を受け取ったのだ。意図は明確だった。それぞれが40セントを受け取る、という結果になるよう手を打ったのだ。金額で測った利得を等しくしたわけだ。

　この方法が本当に合理的なのかを確かめるには、非対称性がさらに大きくなった場合の結果について考えるといい。60枚の硬貨が一方にとって1枚59セント、もう一方にとって1枚1セントの価値を持つとしたらどうだろう。ナイデガーとオーウェンの実験結果によれば、59セントと評価した人物が1枚、1セントと評価した人物が59枚の硬貨を受け取ることになる。私が硬貨の価値を1枚59セントと評価した人物なら、この結果にかなり不満を覚えるだろう。相手にたかだか数セントを与えるために、私は大きな犠牲（私にとって約35ドル〔59セント×59〕の価値を持つ59枚の硬貨）を払っていることになる。つまり、喜ばせるのが非常に難しい人物と同じレベルまで自分自身を落とすためだけに、大儲けの機会をみすみす手放すはめになるのだ。

　第一感では、お互いが獲得しようとしているものに着目したくなるが、お互いが相手に譲ろうとしているものに着目するのも、同じくらい合理的だと思う。お互いの理想との隔たりはどの程度なのか？　そこで、先ほどのオネストティーとコカ・コーラのあいだの交渉の例に戻ろう。オネストティーが100万ドル、コカ・コーラが1900万ドルという分配は、実効利得こそ等しいが、オネストティーは理想と1900万ドルの隔たりがあり、これは3億6100万ドル〔1900万ドル×19〕の犠牲に感じられる。一方、コカ・コーラは理想と100万ドルの隔たりしかない。つまり、譲歩した額にかなりの偏りがあるといえる。

　もしコカ・コーラが、「あなたのほうが必死なのだから、私たちのほうが多くを受け取る権利がある」と主張してきたら、オネストティーはその主張をひっくり返すことができる。「そんなに必死でないというなら、2000万ドルのうちの1900万ドルを私どもにください。あなた方にとってはないというなら、2000万ドルのうちの1900万ドルを私どもにください。あなた方にとっては惜しくもないお金でしょうが、私たちにとってはずっと貴重なお金なのです。私たちが1900万ドルを受け取れば、理想との差は100万ドル。あなた方が100万ドルを受け取れば、理想との差は1900万ドル。私たちのほうがずっと必死なことを加味すれば、犠牲の大きさはこれで対等でしょう」

規模の大きい側が、過大な取り分を要求してきたら、いつでもその主張をひっくり返せる。もしもコカ・コーラが、「あなたのほうが必死なのだから、私たちのほうが多くを受け取る権利がある」と言ってきたら、それは「うちは多少の犠牲は痛くも痒くもないから、取り分は少なくてかまわない」と言っているのと同じことなのだ。

実効利得の等しい分配、つまりオネストティー100万ドル、コカ・コーラ1900万ドルという分配では、要求を吊り上げるインセンティブが、一方にだけ際立って高い。オネストティーが100万ドルの増額を要求すれば、受取額は2倍になる。しかし、コカ・コーラは100万ドル譲歩しても、5パーセントほどの損失にしかならない。私なら、100万ドルの増額を求めるだろう。そして、さらに求めつづける。次の100万ドルは、50パーセントの増額に相当するが、コカ・コーラにとっては5・5パーセントの減額にすぎない。私が要求をやめるのは、1000万ドルを勝ち取ったときだ。その時点で、次の100万ドルは10パーセントの増額でしかなく、コカ・コーラは10パーセントの減額になる。私の考えるパイの半分を手に入れたところで、要求をやめるだろう。

この状況におけるパイの解決策は、水のボトルの場合と原理的には同じだ。力関係は対等なので、それぞれが理想に対して同じ割合を受け取ればいい。この場合、コスト削減額を1000万ドルずつ分け合うことになる。その1000万ドルの価値が両者で異なるとしても、潜在的なパイの折半で合意することはできるのだ。* これにより、お互いが最悪の結果（一銭も受け取れない）と最高の結果（総取り）の中間の結果を得ることになる。1000万ドルずつ分配することで、オネストティーは巨大な２０００万ドルのパイの半分、コカ・コーラは小さな２０００万ドルのパイの半分を受け取るのだ。２０００万ドルの価値は両者にとって異なるとしても、そのパイを生み出すのにお互いの力が等しく必要だ、という点では合意できる。そして、その価値はともかく、パイが２０００万ドルだという点でも合意できるのだ。したがって、それぞれが評価するパイの同じ割合（この場合は半分）を受け取ることになる。確かに、新興企業のほうが必死だが、だからといって最終的な取り分が少なくていい、ということにはならない。

一方のほうが必死な場合、普段以上の警戒が必要だ。こうした状況では、力や公平性について誤解しやすい。実効利得を等しくするために、あまり必死でない側がより多くを受け取るべきだ、という主張にだまされてしまうのだ。一方が相手より2倍必死な程度なら、実効利得を等しくしても、不合理な結果につながるわけではない。かかっているものがお金の場合は特にそうだ。しかし、一方のほうがずっと必死で、かかっているものが水のような現物の場合、等しい利得を目指すことの欠点が浮き彫りになる。こうした状況では、パイの考え方がとりわけ大きな価値を持つのだ。

＊　どちらかがパイの半分以上を受けとれない理由は、お金の価値が両者にとって異なるとはいえ、一定だと仮定しているからだ。オネストティーにとって、最初の１００万ドルの価値が、残りのお金と比べて高ければ（ボブにとっての1本目の水のボトルと同じように）、両者がパイの半分以上を得ることもありうるだろう。

第12章　パイが不確かな場合は？

本書の序盤で検討した交渉は、パイの大きさがすでに判明しているか、調べればわかるものばかりだった。エドワードと私は、どちらもICANNの紛争解決プロセスの費用と結果を知っていた。アンジュとバラトは、定期預金の金利に関する相乗効果を知っていた。ふたつの部署は、三角形のルートに沿って飛行機で移動した場合のコスト削減額を知っていた。CEMAの例では、買い手のほうが売り手よりも潜在的な節税効果について詳しく知っていたが、少し下調べをすれば、ふたりは同じ土俵に立てただろう。

一方で、まだ焼き上がっていないパイをめぐる交渉もある。オネストティーとコカ・コーラの交渉はその一例で、パイの大きさが判明する前に、パイを分け合う必要があった。この不確実性は、ふたつの点で問題を生み出す。相手のほうがパイの大きさをよくわかっていて、その情報を武器にあなたをだまそうとするかもしれない。両者が同じくらいパイに確信を持てないとしても、現段階で価格について合意すれば、最終的にどちらか一方がパイの半分以上を受け取ることになる可能性は高いだろう。

その場合、パイの事後的な分配で合意すればよい。最終的なパイがどうあれ、実現したパイを折半することであらかじめ合意しておくのだ。たとえば、コカ・コーラがオネストティーのためにボトルを調達した場合、期待されるコスト削減額は、3年間で合計2000万ドル（1本当たり8セント×

2億5000万本）だった。もちろん、2億5000万本というのはあくまで推定であり、大きくはずれる可能性もある。仮にコカ・コーラがパイの折半に応じたとしても、1000万ドルを支払ったあとで、出荷本数が1億5000万本にとどまった、などという事態になるのは避けたいところだろう。その場合、コカ・コーラは1200万ドルのパイのうち1000万ドルを支払ったことになる。

この場合、ボトル単位でパイを折半する、というのが解決策になる。ボトルの単価は、コカ・コーラが1本当たり11セント、オネストティーが19セントだったのを思い出してほしい。1本当たり8セントのコスト削減だ。2000万ドルという不確実なパイを折半する代わりに、オネストティーがコカ・コーラから1本当たり15セントでボトルを買い取ればいい。そうすれば、コカ・コーラは1本当たり4セント儲かり、オネストティーは4セントのコスト削減になる。ボトル単位でパイを折半すれば、出荷本数にかかわらずパイを均等に分け合えるのだ。

オネストティーとコカ・コーラが3年後の買収価格に関して合意したのが、事後的なパイの等分だった。第5章で話したとおり、買収価格は売上Xドルまでは評価倍率どおり、Xドルを超過した売上については評価倍率を50パーセントに減免する、というものだった。Xドルを超える売上を生み出すには、両社の協力が欠かせなかった。最終的な超過売上がいくらであれ、コカ・コーラがその超過売上の定数倍の半額を支払えば、両社が協力して生み出した価値を均等に山分けしたことになる。

事後的なパイの分配に合意すれば、最終的なパイが期待と異なった場合に、分配が不均等になるリスクを避けられる。この戦略は、一方が情報面で有利な場合にはいっそう価値を増す。詳しい情報を握っている側は、公平に見える分配を提案するかもしれないが、本当に公平なのかどうかを知っているのは彼らだけなのだ。よって、取り分に合意する前に、最終的なパイがどうなるのか、しばらく様子を見たほうがいい。あなた自身を守るためにも、その時点では、実現したパイの分配方法についてのみ合意しておくのが身のためだろう。

名画の売却

アナイスは、祖父が遺した巨大な油絵の売却を検討していたが、価値の見当がつかなかった。署名もないし、状態もいまいちだ。それでも、祖父はリビングに入って真っ先に目につく場所にその絵を飾っていたので、貴重な絵だと考えていたことはまちがいなかった。

地元の画商は1000ドルの値をつけた。アナイスは逆に2500ドルを提示し返そうと思ったが、そうすれば交渉決裂のリスクもあった。それ以上に悪いのは、画商がすんなり提案に応じた場合かもしれない。その絵に実は莫大な価値があるかもしれない、という証拠だからだ。アナイスは、画商がその絵の本当の価値を知っていて、自分をだまそうとしているのではないか、と不安になった。

相手と同じ土俵に立つため、絵を鑑定に出すこともできる。鑑定にはある程度の時間と、最低でも1200ドルの費用がかかるだろう。場合によっては、絵の価値以上の鑑定費用がかかるかもしれない。

はるかにましなのは、条件つきの対案を提示する、という方法だ。画商にこう持ちかけるのだ。

「修復にある程度のお金がかかるのはわかりました。この絵が有名な画家のものなのかどうかを鑑定するために費用を投じる予定だということも。私の提案はこうです。1000ドルで絵をお譲りする代わりに、1万ドル以上で売れたら、1万ドルを超えた分の利益を折半しませんか」

これで、アナイスは絵の価値がわからなくても、一定の保険をかけられる。この提案は画商にとっても公平だ。絵の価値が1000ドルから1万ドルまでの範囲なら、画商は当初の提案どおり100

0ドルを支払うだけで済む。絵の価値が1万5000ドルとわかったなら、画商は追加で2500ドルを支払うことになるが、画商も儲かるのだから万々歳だ。*絵の価値が2万5000ドルや10万ドルだったら、アナイスは利益を山分けできて大喜びだろう。画商がこの条件を頑として拒否するなら、鑑定にお金をかけるだけの価値がある、という証かもしれない。

油絵の事例は一見すると現実離れしているようだが、相手側の用途や評価が不明なものを売ろうとする状況は、意外と多い。たとえば、あなたの家の購入者は、土地の区割りを変更し、家を4棟の分譲マンションへと建て替えることで、物件の価値を大幅に高められるかもしれない。その購入者が価格を提示してきたら、あなたはこうたずねるべきだ。「この物件をどう利用するおつもりですか？」。するとマンションへの建て替えを意図している購入者は、おそらくこう答えるだろう。「どう使うかなんて私の勝手でしょう。なぜそんなことを気にするのですか？」

その答えは単純だ。パイを折半するため。ふたりでパイを折半したいのに、相手だけが真のパイを把握しているなら、相手は自身の計画を明かすか、条件つきの分配に応じるべきだ。あなたは、用途が住宅開発ならXドル、商業開発ならYドルで売却する、と伝えることができる。あなたが土地の用途を気にするのは、パイを折半したいからだ。その点、条件つきの合意を結べば、最終的なパイがどうあれ、事後的にパイを分け合うことができる。

これこそ、ディーパック・マルホトラとマックス・ベイザーマンが共著『交渉の達人』（パンローリング）のなかで、ハミルトンの不動産の交渉事例を解決するために提案している方策だ。あなたの会社は未開発の土地を所有しており、その売却の交渉をあなたが担当している。すでに3800万ドルのオファーを受けているのだが、あなたはもう少しうまくやれると思っている。というのも、あなたは2社目の潜在顧客と話をしていて、調べたところでは、その会社の評価額は土地の用途に応じて

4000万～6000万ドルといったところらしい。商業開発を行なう場合、住宅開発の場合と比べて価値が50パーセント増になる。

この広い価格の範囲は、あなたを情報面でかなり不利に追いやる。相手は真の価格を知っているが、あなたは知らない。あなたが上限ぎりぎりを要求しても、相手の希望が下限付近なら、あなたの希望価格は暴利と受け取られるだろう。あなたが下限付近を要求したのに、相手が上限いっぱいまで出すつもりなら、あなたは数千万ドルをみすみす棒に振るはめになる。だからこそ、自分から先に金額を提示するのは損なのだ。

売り手の側が希望価格を提示するのが一般的なので、あなたに選択の余地はないかもしれない。では、どうすればいいか？　ずっと厳しめの条件つき評価額を用いる、というのがひとつの解決策だ。最終的な用途別の希望価格を提示し、情報格差を解消するのだ。たとえば、住宅開発なら4000万ドル、商業開発なら6000万ドル、という具合に。買い手がこの方法を拒絶したら、商業開発を企んでいる有力な証になる。

相手の真の評価額を知る方法としては、この条件つき価格は、いわゆる「はったり」とは似て非なるものだ。たとえば、私の友人は、自身の経営する小規模なソフトウェア会社を売却しようとしていた。利益は上がっておらず、設備の更新やエンジニアたちの管理にかかる費用に手を焼いていた。実

＊　この方法が成り立つには、アナイスは絵が別の人物に売られたという事実を証明し、その売却価格を確かめることができなければならない。競売なら記録は公開されるが、私的な売買となると確認が難しい。現時点でその画商を信頼できないなら、将来、画商が正直に売却価格を報告してくれると信じてよいかは不明だ。条件つきの取引が最適に機能するのは、その条件を簡単に遵守できる場合なのだ。

際、廃業寸前だった。

しかし、事業の継続を断念する前に、ある有名企業に最後の売り込みをかける機会が巡ってきた。するとﾞ驚いたことに、その企業のCEOは、なんと100万ドルで事業を買い取る、と言ってきたのだ。彼はあまりの驚きでズボンを濡らしかけたが、「どこに署名すればいいですか？」と即答する代わりに、「少し安すぎると思います」と返答した。案の定、買収価格は125万ドルまで上がった。

彼の巧みな交渉が、相手の真の評価額を明かすきっかけになった、と結論づけたくなるかもしれない。確かに、評価額が125万ドル以上だということはわかった。しかし、私たちの知るかぎり、それは150万ドル、1500万ドル、1億5000万ドルであってもおかしくないのだ。

アナイスと油絵の例に戻ろう。彼女が10000ドルを拒絶して25000ドルを要求し、画商が要求に応じたら、画商がその絵を25000ドル以上と評価したことがわかる。それでも、25000ドルよりどれくらい上なのかは、依然としてわからないのだ。しかも、25000ドルを要求したせいで、10000ドルの取引をみすみす棒に振るリスクもある。その点、1万ドルを超過した分を折半するという契約は、その絵の価値が高かった場合の保険になるし、価値が数千ドルにすぎないとしても交渉をつぶすことにはならない。相手の真の評価額を知るのに、はったりをかける必要などないのだ。

私がこの種の条件つき契約を用いたのは、私のふたつ目の会社「コンブルーチャ」をABインベブに売却したときだ。経緯は話すと長くなるので、簡単に触れるにとどめよう。オネストティーは、独自のコンブチャ〔紅茶キノコのことで、昆布茶とは違う〕を発売した。知らない人のため、コンブチャとは、共生細菌を多く含んだ発酵茶のこと。わずかな酸味があり、飲めば飲むほど好きになっていく。私はやみつきになった。もしかすると、私の飲んだ商品がたまたまアルコール入りだったからかもしれない。

ボトルの底には生きた「スコビー（SCOBY）」（Symbiotic Culture Of Bacteria and Yeast：細菌と酵母の共生培養）が存在しており、その酵母が糖分をアルコールに変化させる。オネストティーのコンブチャは、ボトリングした段階では合法だったのだが、数週間、棚に陳列されているあいだに、アルコール度数が自然と0・7パーセントまで上昇してしまった。これは、ノンアルコール飲料の法定上限である0・5パーセントをわずかに上回る数値だ。

その結果、オネストティーは全国的な回収を余儀なくされ、集団訴訟も起こされた。100万ドル規模の大打撃だ。結局、私たちはアルコール度数を0・5パーセント以下に保つ方法がわからず、コンブチャの生産を中止した。

こんな古いことわざがある。人生が酸っぱいレモン〔逆境のたとえ〕を与えてくるなら、それでレモネードをつくればいい。ノンアルコールのコンブチャのつくり方はわからなくても、低アルコールのコンブチャのつくり方ならわかる。アルコール市場に参入していないコカ・コーラは、この事業を承認してくれた。そこで、私は新しいパートナーのアリエル・グレーザーとともに、酒類を取り扱うための免許を取得し、コンブルーチャを発売した。モットーは「酔っぱらわずに気持ち良く」だ。

ABインベブ（バドワイザーのメーカー）の投資部門であるZXベンチャーズから話を持ちかけられたのは、売上が100万ドルにも満たない参入初期の段階だった。同社の事業を見渡してみると、ウリはビールだけではないのがわかる。発酵食品も販売している同社は、「健康的に酔う」というアイデアに心酔したようだった。

相乗効果は目に見えていた。同社は生産拡大のため、醸造設備の改修に協力すると言ってくれた。私は共同で巨大なパイをつくりたいと思った。唯一の問題は、これほど初期段階にある事業の価値をどう測るのか、という点だった。

私たちが導き出したのは、十数年にわたって収益の一部を分配する、長期のアーンアウト条項と呼ばれる解決策だ。収益が事前に定めた目標を達成した場合、分配割合は上昇する。市場を築くのに時間がかかるということは、お互いにわかっていた。アルコール入りのコンブチャ事業が1億ドル規模に成長すれば、お互いが万々歳だ。まちがいなく、投資家も満足だろう。とはいえ、私たちはまだ初期段階にある。続報を待ってほしい。いや、コンブルーチャをぜひ試してくれたらなお幸いだ。

対等合併

最終的に、パイの条件つき分配が行なわれる取引は少なくない（たとえそうは呼ばれないとしても）。たとえば、標準的な合併契約では、相乗効果による利得を両社の合併前の規模に応じて比例分配することが多い。企業がいわゆる「対等合併」を行なう場合がそうだ。実際には、対等合併とは名ばかりで、両社の等しい貢献を認めるような形でパイが分配されるわけではない。パイは半々ではなく株式と同様に分配されるのだ。

実世界の合併に基づく例を紹介しよう。あるふたつの企業（仮にアデレードとブリスベンと呼ぼう）は、重複する事業を統合すれば、巨額のコスト削減を実現できる。現在の時価総額は、アデレードが2400億ドル、ブリスベンが1600億ドル。株式交換による合併を行なえば、合計時価総額は4300億ドルとなる。差額の300億ドルが、共同でのコスト削減額にあたる。

対等合併の場合、それぞれの会社が合併前の規模に比例する形で、合併後の企業の株式を保有する形となる。合併前の両社の規模の比率は6対4なので、アデレードが合併後の企業の6割、つまり300億ドルの利得の6割に当たる180億ドルを受け取ることになる。ブリスベンが残りの4割で1

け取るわけだ。

20億ドルだ。アデレードは合併前の規模が50パーセント大きいために、50パーセント多く利得を受

専門家の大半は、これが完璧に合理的な結果だと考えているが、もうお察しのとおり、私は僭越ながら賛成しかねる。300億ドルのコスト削減に対して、両社は等しく貢献している。確かに、アデレードが拒絶すれば、取引は成立しなくなり、300億ドルのパイはまるまる消え去ってしまう。しかし、ブリスベンが拒絶しても、やはり取引は不成立となり、300億ドルのパイはまるまる消え去ってしまう。したがって、アデレードのほうがコスト削減に5割増の貢献をしている、と考えるのは理屈に合わない。貢献度が等しいのだから、パイの取り分もまた等しくなければならない。よって、アデレードとブリスベンはそれぞれ300億ドルの半分、150億ドルずつを受け取るべきなのだ。

ただし、300億ドルのコスト削減というのは、あくまで推定であり、保証されているわけではない。アデレードから見れば、相乗効果の働かないリスクをすべて背負い、150億ドルを支払うのは気が進まないだろう。その結果、対等合併では、条件つき契約が用いられる。これで不確実性にまつわるリスクは解消する。最大の問題は、その条件つき分配の比率が結局のところ6対4になってしまう、という点だ。アデレードの株主たちは合併後の新企業の6割を保有しているので、発生した利得の6割を受け取ることになるだろう。アデレードは相乗効果が生じる前の資産の6割を提供しているので、基準額の6割を受け取るべきだ、というのは正しい。厄介なのは、基準額を分配するときとは別の方法で、相乗効果による利得を分配する方法を見つけ出す、という部分だ。

段階的な分配

アンジュとバラトは、定期預金の交渉において、基準額と利得を異なる方法で分けた。ふたりは最終的に2万5750ドルが払い戻される2万5000ドルの定期預金を組んだ。まず、バラトは2万ドル、アンジュは5000ドルを取り戻した。この4対1の分配は、それぞれの投資額を反映したものだ。次に、バラトは400ドルの利息、アンジュは50ドルの利息を受け取った。この8対1の比率は、ひとりで定期預金を組んだ場合の利息の額を反映したものだ。最後に、共同で定期預金を組んだことによって生み出された追加の利得300ドルを折半した。これは、パイに対する等しい貢献を反映したものだ。

ひとつの解決策は、アデレードがブリスベンの株主たちに30億ドルを前払いする、という方法だ。そうすれば、ブリスベンの株主は、合併によって生じる利得の4割と、30億ドルの前払い金を受け取れる。想定される300億ドルの利得の4割である120億ドルに、30億ドルの前払い金が加わると、150億ドルになる。これは、アデレードが30億ドルを支払ったあと、利得の6割を受け取ることで得られる金額と等しい。つまり、両社が150億ドルずつ得をすることが期待されるわけだ。利得が予測どおりにならない、というリスクは残るが、そのリスクはせいぜい合計額の10パーセントまでだ。リスクはゼロではないが、ずっと対処しやすくなる。

適切な調整額を導き出すには、両社が潜在的なパイに対して似たような考えを持っている必要がある。建前上は、お互いの貢献度は等しいという点で意見が一致したとしても、パイの大きさについて見解が食い違うケースもある。パイを正確に計算するには、両社が共同で生み出せる価値と（それは機密事項かもしれないが）、お互いのＢＡＴＮＡを知っておく必要があるのだ。

重要な数字の一部が秘密にされたり、確かめづらかったりすると、はったりや虚偽の余地が生まれる。以前に紹介した実験結果によれば、中古車の買い手と売り手は、お互いのＢＡＴＮＡや評価額が不明であっても、平均的に見るとパイを均等に分配できることがわかった。しかし、特に合併の場合のように、当事者たちが重要な数値を公表することで、無用な問題を避けようとするケースもある。

アデレードとブリスベンの例では、すべての事実が開示された。この例は、実は鉱業大手のＢＨＰとリオ・ティントのあいだで持ち上がった合併話をもとにしている。ＢＨＰは、３００億ドルにおよぶ相乗効果を秘密にするどころか、想定されるパイを公表した。株主、規制当局、社会に対して、合併の根拠を示そうと考えたのだ。相乗効果を生み出す別の選択肢はなかったため、パイは比較的推定しやすかった。両社のＢＡＴＮＡの価値は、単純に、合併が提案される前の両社の評価額だ。したがって、潜在的なパイは、相乗効果がもたらす３００億ドルと計算できた。結局、欧州委員会が合併を阻止したため、実際にパイが生み出されることはなかったのだが。

パイの誤解

もちろん、毎回、条件つき取引が可能だとはかぎらない。一方がパイの半分を受け取っていると思っているのに、実際には均等な分配とは程遠い結果である、というケースもある。これは、一方の評価額が特殊なのに、そのことを確かめる手立てがない場合に起こりがちだ。

典型的な例がフリーマーケットだ。売り手は自分にとって５ドルの価値のティーカップを出品している。そこに、そのティーカップの価値を３００ドルと評価する買い手がやってくる。偶然にも、そのティーカップがあればセットが揃うのだ。この場合のパイは２９５ドルと巨大だ。

これほどパイが巨大なのは、買い手の評価額が異常に高いからだ。しかも、買い手は自分の評価額が例外的に高いことを知っている。また、ほとんどの購入希望者がそのティーカップを10ドルから20ドルと評価することや、売り手の期待もその範囲内にあることを理解している。買い手は売り手の正確なＢＡＴＮＡを知らないが、５ドルから10ドルの範囲だと確信している。

買い手はパイが巨大だと知っているが、売り手は知らない。買い手は自分の評価額を隠すことで、パイに関する売り手の誤解を利用できる。いくつかのティーカップの値段を訊いて、「どれでもいいんだけどな……」ととぼけるかもしれない。売り手が20ドルという価格を提示してきても、そのティーカップが自分にとってずっと高い価値を持つものだと悟られないよう、最初はわざと値切ろうとするかもしれない。

この交渉は、誤解されたパイをめぐる交渉であり、その誤解は買い手にとって大きな有利に働く。売り手はそのパイがどれだけ巨大かを知らないので、買い手は実際のパイのゆうに半分以上をまんまと獲得できるのだ。

パイの偏った分配が生じるケースはほかにもある。ある問題に関して、一方は両者の希望が実は一致していると知っているのに、相手は反対だと思い込んでいるケースだ。たとえば、ボブは、ある問題を自分の思いどおりにしてもらった見返りとして、アリスに一定の補償を行なうかもしれない。パイを均等に分け合うためだ。しかし、内心では、アリスも同じ結果を望んでいるとしたらどうだろう。アリスは、自分の希望を叶えたうえに、ボブから補償まで受けられる。

相手よりも詳しい情報を握っているからといって、常にパイの半分以上を得られるとはかぎらない。

あなたは相手の考えよりもパイが小さいと知っているのに、そのことを相手に納得させられなければ、あなたはパイの半分未満で妥協せざるをえなくなるだろう。同じことは、あなたのＢＡＴＮＡが本当は相手が思うよりも高いのに、そのことを証明する手立てがないときにも起こりうる。相手が過大な取り分、つまり誇張されたパイの半分を求めてきたとき、あなたが取りうる選択肢は、真のパイの半分未満で我慢するか、取引を拒否するかのふたつにひとつだ。相手はパイの半分を正当に要求しているつもりだが、あなただけが過大な要求だと知っている。条件つき取引ができるなら、こうした問題は解決するだろう。そうでなければ、半分未満の取り分で妥協せざるをえないかもしれない。あなた自身がパイの大きさを認識していなければ、パイの半分以上を受け取れることもあるのと同じように、相手がパイの小ささを認識していなければ、あなたが半分未満を受け入れざるをえないこともあるのだ。

不確実性とバイアス

パイのフレームワークは、従来、不利な交渉を強いられてきた人々の助けになると信じている。パイの考え方は、お互いの力が対等であることを明らかにし、パイの半分を勝ち取るまでの道筋を与えてくれるからだ。しかし、万能薬ではない。根深いバイアスを乗り越える必要があるからだ。ただし、パイが不確かで、相手のほうが情報面で優位に立つ場合、そうするのは難しい。しかし、情報面で対等に立てば、バイアスを減らすのに有効だ。

仕事の交渉、とりわけ中・上級職の仕事の交渉は、パイが不確かな分野のひとつといえよう。ここに誤解の余地が生じ、しかもその誤解は候補者の不利に働くことが多い。会社は、求職者よりも人事採用の交渉に慣れているため、ふつうは会社のほうが求職者よりＢＡＴＮＡや潜在的なパイをよく理解している。

フリーマーケットの例と同様、一方のほうが詳しい情報を握っていると、パイが不均等に分配される余地が生じる。しかし、フリーマーケットと違うのは、その不均等な分配が社会問題である、という点だ。特に、分配の格差が特定の集団間で体系的に異なる場合は問題が大きい。ひとつの例が、男女の給与格差だ。マサチューセッツ工科大学の経済学教授のニナ・ルシールは、情報格差が男女間の給与格差につながることを証明した。[15] 彼女は、高賃金のエンジニアリング職のオンライン求人プラットフォーム「ハイアード・ドット・コム」に掲載されていた50万件におよぶ求人からデータを収集した（平均給与はなんと12万ドルだ！）。このプラットフォームでは、求職者が資格や経験とともに希望する給与を投稿する。資格、経験、勤務地による調整後の数字で、女性は男性よりも３・３パーセント低い給与を要求し、最終的に２・４パーセント低い給与を提示されていた。

ウェブサイトに掲載された希望給与額は、通常の交渉とは異なるものの、一種の開始価格と考えることができるだろう。雇用主が希望価格以上を支払うこともできるし、実際にそういうケースもあるが、希望価格が低ければ、つられてオファーも安くなるのが一般的だ。この３・３パーセントの希望価格の差は、提示される給与の男女差を説明するのに十分だった。

これでひとつの疑問が解消したが、未解決の疑問が続々と生じた。女性のほうが、希望給与が低いのはなぜなのか？　情報の格差や好みの違いのせいなのか、それとも市場に潜むバイアスへの反応なのか？　女性がより高い給与を希望したらどうなるのか？　驚くことに、ルシール教授はこうした疑問に答える機会を得た。

希望給与の男女格差について知ったハイアード・ドット・コムは、方針の変更を決めた。それまで、求職者は希望する基本給を、自分で空白のテキストボックスに入力する仕組みになっていた。しかし、2018年中盤から、同サイトは、求職者の役職、勤務地、スキル、経験に基づく賃金の中央値を用いて、給与のボックスにあらかじめ数値を入力しておくようにしたのだ。この情報の改良と指針のおかげで、希望賃金の男女差はなくなり、給与格差が取るに足らないレベルにまで減少した。

要求を吊り上げれば、それだけ面接の機会が減るのでは、と思うかもしれない。実際は、その逆だった――少なくとも、妥当な金額の範囲であれば。平均すると、3パーセント高い給与を要求した求職者は、面接に呼ばれる可能性がむしろ高かった（資格が同等な場合）。もしかすると、企業側が密かな自信の表われだと解釈したためかもしれない。

全員が事前入力された数値を使ったわけではない。自分自身を平均以上に評価した人々はより高い金額を要求し、そうでない人々はより低い金額を提示した。事前入力された中央値は、調整に役立つ効果的な基準となったわけだ。効果的な基準の影響は、とりわけ、給与に幅がある上級職で特に顕著となった。ハイアード・ドット・コムは、企業と求職者を情報面で対等にし、その過程で交渉面でも対等にしたのだ。

この研究の教訓とは？　女性は賃金の相場を探り出すための人脈づくりや下調べから恩恵を得られる、というのが素朴な結論だ。しかし、私はこの結論に問題があると思う。バイアスを排除する責任をもっぱら女性たちに負わせているからだ。こういった研究は制度的な変更を行なうチャンスである、というのがよりよい結論だろう。

制度的な変更のひとつが、企業による給与の透明化だ。「給与は経験に応ず」などという表現はやめ、はっきりと数値化するのだ。もっといえば、給与を範囲で表わすのはやめ、給与の中央値はいくらなのか、経験や資格によってどう変わるのかを明確化することも必要だ。

アメリカは、こうした透明化に踏み切る寸前まで行っていた。バラク・オバマ大統領は、従業員100人以上の企業に、性別や人種別の給与データの開示を義務づける行政命令に署名したのだが、実行に移される前に、ドナルド・トランプ大統領によって行政命令が撤回された。最近、デンマーク、ドイツ、イギリスでは、同様の開示規則が施行された。デンマークの初期の証拠によれば、給与の開示によって男女の賃金格差が13パーセント減少したという。[16]

法律が変更されたり、ハイアード・ドット・コムのデータがより多くの仕事に適用されたりするまでは、給与情報の共有に関するタブーやルールを変えるべく取り組むしかないだろう。女性政策研究所（ＩＷＰＲ）の調査によれば、ほとんどの従業員は賃金の情報の共有を控えるよう言われているか、禁止されており、この秘密主義が男女の収入格差の一因であるという。[17]

しかし、賃金の開示は思わぬ影響を及ぼす可能性もある。昇給が得にくくなる場合があるのだ。雇用主は誰かの賃金を上げるのをためらうようになる。開示によって昇給の情報が出回り、ほかの全員が一斉に昇給を求めてくるからだ。そうでなくとも、同僚たちが賃金格差を知り、士気が低下するだろう。ゾーイ・カレンとボバク・パクザッド＝ハーソンの研究によれば、賃金を開示すると、賃金は平等に近づくが、低い水準で落ち着く傾向があるという。[18]

人々を平等に扱うべきである、というのは、一方に交渉力を与えるルールの一例だ。「君に1000ドルの昇給を認めたいのはやまやまだが、もしそうすれば、君と同じ役職の残りの10人全員にも同じ額の昇給が必要になる。そうなれば、私にとって1000ドルではなく1万1000ドルの出費になる。そこまではできない[19]」。これまでは、単体での交渉に目を向けてきた。多くの状況はそうなのだが、給与交渉にはあまり当てはまらない。そこで次は、交渉のルールや交渉どうしの相互作用が、力関係をどう変化させるのかを見ていこう。

第13章　ルールと評判

パイを必ず半分ずつ山分けしなければならないという自然法則はない。相手がパイの観点から物事を考えていなかったり、当事者の一方に大きな力を与える外的要因があったりすれば、パイの半分以上を受け取ることもまちがいなく可能だ。

均等に分け合うべきだという主張が生じるのは、両者のあいだに基本的な対称性が存在するからだ。パイを生み出すためには両者の存在が等しく必要だし、一方ができる主張は、もう一方も同じくらい説得力をもってすることができる。しかし、その対称性が崩れる要因が存在すると、一方がパイの半分以上を受け取れる場合もある。

ここで考えるのは、ふたつの可能性だ。ひとつ目は、ある交渉の結果が別の交渉に波及《スピルオーバー》するケース。このケースは、前章の給与の交渉の例で見たばかりだ。ひとりの賃金を上げれば、会社はその他おおぜいの賃金を上げざるをえなくなる。その原因は、同一賃金を義務づける法律の場合もあるだろうし、同僚より賃金が低いと知った従業員の士気の低下や離職への懸念の場合もあるだろう。原因がなんであれ、波及効果は非対称性を生み出す。アリスがボブの賃金を1ドル上げれば、ボブへの1ドルに加え、ほかの10人の従業員たちにも合計10ドルの昇給を強いられるかもしれない。また、波及効果は、当事者たちが将来の交渉に関する自身の評判を気にした場合にも生じる。この場合、交渉の結果はより大きな文脈で評価する必要があるが、そのより大きな文脈というのは両者にとって異なるので、対称性が崩れるのだ。

ふたつ目は、当事者の一方が最後通牒を突きつけられるケース。最後通牒を突きつける側は、ＢＡＴＮＡに近い条件を相手に飲ませ、残りをひとり占めできる。最後通牒は両者の力関係を偏らせるが、その最後通牒を突きつける能力がいったいどこから生まれるかははっきりしない。交渉外の要因であることはまちがいない。そのひとつの候補は、原理原則に基づく毅然とした態度だ。その場合、最後通牒は別の役割を果たす。一方がパイの半分を受け取る後押しになるのだ！

評　判

公平性への関心が不公平な結果をもたらすことがあるというのは、なんとも皮肉だ。それでも、アリスがボブの同僚や将来の従業員たちを平等に扱わなければならないせいで、ボブに1ドルの昇給を認めれば、1ドルよりずっと多くの出費を余儀なくされる。誰しも、こんな言葉を聞いた覚えがあるだろう。「そうしてあげたいのはやまやまだけれど、そうすると全員に同じことをしなくちゃならなくなるから」

こういう状況に陥った場合にお勧めするのは、ほかの人々が望まないもの、または例外として正当化できるものを要求する、という方法だ。私自身の例を紹介しよう。私はプリンストン大学からイェール大学に移ったとき、妻がニューヘイブンで仕事探しに苦労した場合に備えて、二番抵当を提供してくれないか、とイェール大学に頼んだ。ふたりの給料を合計すれば、希望する家の住宅ローンを組むのは余裕だったが、ひとりの給料だけだと危険だったのだ。* 私に二番抵当を提供したせいで、イェール大学がほかの人々にも同じ便宜を図らざるをえなくなったとしても、ほとんどの人は見向きもしないだろう。いちど便宜を図ったからといって、10回同じことを繰り返す必要はないのだ。また、例外として正当化できるものを要求することで、従業員の平等な扱いに関するルールを回避できる状況もあるだろう。外出先で多くの時間を過ごす営業担当者は、例外的に携帯電話の料金を会社に要求できるかもしれないが、経理担当者には同じ要求は不可能だ。

これまで紹介してきた仕事の例以外では、ドメイン名や自動車の購入であれ、コカ・コーラによるオネストティーの買収であれ、交渉はいちどきりの性質のもので、両者が再び交渉するとは考えづらかった。こうしたいちどきりの交渉は、重要な事例の大部分を占めるが、明らかに、一方または双方が評判を気にするような状況もある。たとえ二度とオネストティーと交渉しないとしても、コカ・コーラは将来の取引に備えて自社の評判を気にするかもしれない。

これは、給料の波及に関する先ほどの懸念とは性質が異なる。仮に、アリスが現在ボブに何を与えようと、ほかの同僚や将来の従業員たちに直接の影響を及ぼさないとしよう。それでも、アリスはその行動によって一定のタイプの交渉者だという評判を獲得し、その評判が将来的にほかの人々とアリスの交渉のしかたに影響を及ぼすかもしれない。私の考えでは、そうした評判への懸念は、パイの等分のさらなる根拠となる傾向がある。

交渉者が獲得しうる評判は3種類ある。（1）カモ、（2）公平な人物、（3）不公平な人物、の3つだ。一定の評判が確立する可能性があると、その人が普段いちどきりの交渉で取ろうとする行動に、どのような変化が起こるだろう？

＊　幸い、妻は引っ越し前に仕事が見つかったので、二番抵当は不要になった。それでも、一時的にでも苦境に陥る心配をしなくて済んだ。

まず、アリスがいちどきりの交渉で不公平な取引に甘んじるタイプである場合を考えよう。それでも、アリスはパイの半分未満を喜んで受け入れる人物だという評判を築きたくない一心で、ノーと言うかもしれない。他人からカモ扱いはされたくない。評判への懸念は、パイの半分未満を拒絶する方向へと人々を導くのだ。

次に、アリスがいちどきりの交渉でもパイを折半するタイプの場合、彼女の生み出す評判は、普段の行動を強化するにすぎない。この評判のおかげで、将来的に公平な分配を実現しやすくなるうえ、将来的な交渉相手が見つかりやすくなるかもしれない。人は自分を公平に扱ってくれる相手と取引したがるものだ。この場合もやはり、評判への懸念は、パイを等分する動機を強める。

こんな反論が考えられる。アリスはいちどきりのケースではパイの均等な分配に応じるかもしれないが、タフな交渉相手だという評判を失う恐れがあるときは、均等な分配を拒否するのではないか。この反論が成り立つためには、アリスがタフな交渉相手という評判を望んでいる必要があるだろう。たとえ、そのせいで彼女と取引する人がいなくなるリスクがあったとしても、だ。

最後に、アリスがいちどきりの交渉でパイの半分以上を奪い取るタイプの人間である場合を考えよう。この場合、アリスは一貫性があって公平な人物だという評判を築くため、あえてパイの半分以上を受け取らないようにするかもしれない。将来的にほかの人々から取引を避けられるのを心配して、過大な分け前を断るのだ。この場合もやはり、評判への懸念は、最終結果をパイの等分に近づける。

もちろん、その人がタフな（さらには不公平な）交渉相手だという評判を重視し、その影響を甘んじて引き受ける覚悟があるなら、交渉結果はパイの等分から遠ざかっていくだろう。確かに、不公平な交渉相手だという評判をみずから望んでいるように見える交渉者の例は数知れないが、そうした評判はいつか大炎上を引き起こし、人々からそっぽを向かれる結果につながるだろう（それが可能ならば、の話だが)。

全体的に見れば、評判への懸念は、パイの半分未満の受け取りを拒絶し、パイの半分以上を要求しない方向に作用する、と私は考えている。実際、パイを均等に分配する公平な人物、というのが、交渉における理想的な評判といえるだろう。

最後通牒

交渉のルールは、ときとして当事者に力を与えることがある。もっとも顕著な例は、一方が相手に最後通牒を突きつけられるケースだ。こうなると、最後通牒を突きつける権利を持つ側はパイの大部分を獲得でき、相手はBATNAより少しましな程度の条件を飲まざるをえなくなる。

12枚のピザを分け合うアリスとボブの例に戻ろう。合意に至らなければ、アリスが4枚、ボブが2枚を受け取ることになるが、もしアリスがボブに最後通牒を突きつけられる立場にいれば、アリスはボブに彼のBATNAより1枚多いだけの3枚を提示し、ボブにその条件を飲ませることができる。結局、アリスの取り分は、パイを折半した場合の7枚よりも2枚多い、9枚となる。

ここでも、注意を促したい。最後通牒は、あまりに一方的すぎると裏目に出る可能性があるのだ。ボブがBATNAより1枚しか多くない取り分を提示されたら、腹いせにノーと言うかもしれない。たとえ断っても、余分な1枚を取りそこなうだけだ。一方、交渉が決裂すれば、アリスの取り分は一気に9枚から4枚まで減るので、彼女は5枚を取りそこないかねない立場にいる。よって、アリスはボブのBATNAより2枚多い4枚を彼に提示するほうがより安全かもしれない。そうすれば、アリスはパイを折半した場合よりも1枚多い8枚が手元に残る。

いちどきりの最後通牒を突きつけるのは難しい。ボブもお返しに最後通牒を突きつけてくる可能性があるからだ。「5枚やる。応じなければ、交渉決裂だ」。このオファーはアリスのBATNAより1枚ましなので、受け入れざるをえない。

一方にだけ最後通牒を突きつける権利があるというのは、どういう状況なのか？　釈然としない。一方が「これが精一杯の最終オファーです」と主張することはできるが、この主張には信憑性がない。実際、アリスが8枚の取り分を要求する最後通牒を突きつけた場合、交渉が決裂してずっと損をするのはボブよりアリスのほうなのだ（アリスは4枚、ボブは2枚を取りそこなうので）。なぜアリスは、ボブが拒否すれば交渉決裂だ、などと言える立場にあるのだろう？　アリスは立ち去るふりをできるが、ボブだってアリスが戻ってくるのを待てるのだ。

一方的な最後通牒を出すのは難しいが、交渉のルールによっては、短期的な最後通牒を突きつける余地が生まれる。たとえば、両者が交互にオファーを出し合う、というルールについて考えてみよう。一方が相手の提案を受け入れるまで、交渉は続く。ただちにオファーを提示し返せる状況もあるが、提示し返すまでに一定の時間差が生じる場合もある。その遅れは痛手になることが多く、両者でその度合いが異なる場合もある。したがって、事実上、オファーを提示する側は、その遅れによってパイがどれくらい縮小するのかを加味しつつ、短期的な最後通牒を突きつけることができるのだ。

いったいどういうことか？　たとえば、アリスとボブが50ドルのパイを分け合おうとしているとしよう。ストライキやロックアウトで起こりうるように、合意が1日遅れるたび、パイは縮小し、売上が目減りしていく。この例の場合、ただちにオファーを受け入れることもできるが、相手のオファーを拒絶し、提示し返すには、1週間かかる。その1週間のあいだに、パイは10ドル縮小するものとしよう。

すると、先にオファーを提示する側は、事実上、消失する10ドルをめぐって、最後通牒を突きつけられる。もしアリスが先に30ドル対20ドルの分配を提示すれば、ボブが対案を提示し返すころには、パイは40ドルに減っている。ボブは1週間後にパイを折半して20ドルを受け取ることに期待するより、今すぐ確実に20ドルを受け取るほうがいいだろう。* こうして、短期的な最後通牒は、消失するパイに匹敵するわずかな優位性をもたらすのだ。ただし、先ほど述べたとおり、そのパイをひとり占めしようと欲張りすぎてはいけない。おそらく、アリスは28ドル対22ドルとかいう分配を提示し、ボブに今すぐイエスと言うちょっとしたインセンティブを与えるのが得策だろう。

ほかにも、一方にとって有利に働くルールはある。たとえば、「アンカー」の役割を果たす数値を先に提示する機会だ。詳しくは第22章で。このように、ルールは優位性を生み出す可能性があるが、ほとんどの交渉では、ルールを生み出す外的要因は存在しない。どちらの側にも一方的に交渉のルールを定める権利はないので、ルールが本当に力を与えるのかどうかははっきりしない。両者の合意した内容が交渉のルールになるのだ。

特に、当初のルールは変更がきく。第7章のCEMAの例を思い出してほしい。買い手の支払うニューヨーク市の抵当権登記税の節税額と、売り手の支払う譲渡税の節税額をそのまま両者に分配すると、買い手にとって有利な80対20の分配となる。確かにそうなのだが、だからといって、売り手が50

＊　ボブは15ドル対25ドル（ボブが25ドル）を提示し返せばいい、と思うかもしれないが、アリスが拒絶すれば、パイはさらに30ドルまで縮小する。この時点で、アリスは20ドル対10ドルの分配を要求することができる。ボブが拒絶すれば、パイは20ドルまで縮小する。この時点で、10ドルずつ折半するのが、ボブに残された最善の選択肢だ。そうしなければ、パイは10ドルまで減少し、アリスは残りの10ドルの全額（または大半）を自分が受け取るという最後通牒を突きつけることができる。

対50の分配を要求するのを思いとどまる要因は何もない。当初の分配方法の変更は、パイをめぐるより大きな交渉のもうひとつの要素にすぎない。このより大きな交渉においては、パイを均等に分け合えないと考える理由はまったくないのだ。

もちろん、法律や規制といった外的な要因から生まれるルールは例外だ。たとえば、労働組合との交渉において、経営陣は誠実な交渉を義務づけられているため、最後通牒のような行動は取れなくなる。また、法律が交渉の内部の力関係に影響を及ぼすことはないが、両者のBATNAを形成する場合もある。たとえば離婚交渉は、裁判沙汰になった場合には州法によって財産分与が決まる、という理解のもとに行なわれる。夫婦共有財産制の9州では、婚姻中に得た財産はすべて均等に分配される。残りの41州では、離婚しようとしている夫婦のニーズや経済力を考慮して、財産を〝公平〟に分配するよう定められている。

個人の行動規範もその外的要因になりうる。私は最後通牒が偏った分配につながりうるという観点からこの議論を始めたが、考えれば考えるほど、最後通牒はパイの均等な分配を得るために使うのが最善だ、という確信を強めていっている。私自身の場合、公平な扱いを求める最後通牒を相手に突きつける覚悟はいつでもできている。私にパイの半分未満を押しつけてくるような提案は絶対に受け入れたくない。おまけに、相手がまったく同じ最後通牒を私に突きつけたとしても、なんの問題もない。パイを折半するのだから。私はこれまで、自分自身が受け入れたくない要求をしたことはないのだ。

私の最後通牒は、一定の原則に基づいている。もしも相手がなんらかの原則に基づいて、自分のほうがパイの半分以上を受け取るべきだという理由を説明してきたら、私は耳を傾けるだろう。私がパイの計算をまちがえていたとしたら、こころよく修正に応じるつもりだ。パイの折半というのは気まぐれな要求ではないので、最後通牒は圧倒的な力を持つ。少しの妥協もしたくはない。その瞬間、主張のよりどころが崩れてしまう気がするからだ。そして、私は均等な分配を提案したので、交渉が決裂すればどちらも同じくらい痛い思いをするのだ。

第14章　3者以上による交渉

3者以上がかかわると、交渉は複雑になる。主な理由のひとつは、BATNAがはっきりしないからだ。BATNAはほかの交渉の展開によって変わる。BATNAの特定が難しければ、パイの大きさやその分配方法を導き出すのは難しくなる。

2者による交渉の場合、それぞれが交渉決裂時に取りうる行動はわかっている。たとえば、アンジュは5000ドル、バラトは2万ドルの定期預金を自分ひとりで組むだろう。考慮の必要な交渉はほかに存在しない。

アンジュとバラトの最初の例では、3人目としてチラグを加えたが、彼は主体的な交渉者ではなかった。3パーセント分の利息をもらえるなら5000ドルを提供してもいい、というチラグの固定的なオファーにより、バラトのBATNAは向上した。バラトは、アンジュと取引しなくても、チラグと協力して600ドルを稼げる（その結果、アンジュとバラトの生み出せるパイは300ドルから100ドルに減少した）。代替の取引が可能になったことで、BATNAが変化したわけだ。しかし、アンジュがチラグより安値を提示してきたら、チラグも3パーセントの利息にこだわってはいられなくなるので、この交渉に参加する必要が出てくる。

本章では、全員が主体的に参加する、3者以上の交渉について見ていこう。その場合、チラグとバラトの取引条件は、バラトがアンジュと結べる最善の取引に応じて変わる。そしてバラトとアンジュの取引の内容は、チラグのオファーの内容や、アンジュとチラグが共同で実現できる成果によっても変わる。すべてが相互に影響し合うのだ。このもつれを解くには、一歩後ろに下がり、改めてBATNAに回帰するのがよいだろう。交渉決裂時、それぞれが実現できる成果は？

主体的な交渉者が3人の場合、3人での取引が実現しなければ、そのうちのふたりによる取引が実現する可能性が高いだろう。それぞれのBATNAは、どのふたりの取引が実現するか、その成果をふたりでどう分配するか、によって変わる。BATNAを理解するには、それぞれの組み合わせの交渉がどう展開するかを知る必要がある。

2者による交渉の展開のしかたはすでにわかっている。パイの折半だ。3者による交渉で考えなければならない疑問は、交渉決裂時、どのふたりの取引が実現するのか、という点だ。それによってBATNAが決まる。3人による交渉が決裂して、ふたりによる取引が成立すれば、必ずひとりがあぶれてしまうという点では、椅子取りゲームに似ている。そして、誰も最後のひとりになどなりたくない。

一見すると、当事者Aが3人による取引を拒絶した張本人だとしたら、Aを締め出したくなるかもしれない。しかし、Aは、BまたはCからの無理難題を拒絶しただけなのかもしれない。大事なのは、交渉決裂の責任を誰かに負わせることではなく、誰と誰が手を組む可能性がいちばん高いのか、を正確に見極めることだ。

そんなことは事前にすべて予想がつく、と思うかもしれない。それは考えにくい。3者による取引に合意できない人々が、決裂時にどのふたりが手を組むのかについて共通の認識を抱いている、と考えるのはまちがいだ。単に、誰も仲間はずれになりたくないからだけではない。3者による取引が決裂した場合に望む結果は、三者三様だからだ。当事者AはBと手を組みたいのに、当事者BはCと手を組みたい、と思うかもしれない。

だからといって、なんでも起こりうるとか、ランダムにペアが組まれると考えるべきだ、と言うつもりはない。ほかと比べて生じやすいペアもあるだろう。たとえば、ＡもＢもＣと手を組みたがっていれば、Ｃに選択権があるだろう。ＡとＢは、Ｃが誰と手を組みたがるのか、だいたい予想がつく。仮にＢだとしよう。この場合、３者による取引が決裂すれば、ＢＣというペアができあがる可能性がもっとも高く、続いてＡＣ、ＡＢの順と考えるべきだろう。

４者以上の場合も同様だ。４者による合意に至らなければ、ＢＡＴＮＡは3者による取引のいずれかになるだろう。先ほどと同じく、それがどの組み合わせになるのかを考えなければならない。しかし、少なくともそれぞれの事例に対する答えはすでにわかっている。２者による取引をＢＡＴＮＡとして、３者による合意の問題を解決できるなら、３者の場合の解決策をＢＡＴＮＡとして、４者による合意の問題を解決することができるはずだ。

交渉に何人が参加しているとしても、全体像は変わらない。交渉の目的は、あなた自身のＢＡＴＮＡを上回ること。交渉に参加する場合は、常に「合意に至らなかったらどうなるか」を開始点にするべきだ。その情報がなければ、目の前の取引の善悪を判断するのは難しいからだ（不可能ではないにせよ）。

２者による交渉と同じく、当事者たちは相変わらずパイを分け合うことになる。２者の場合との唯一の違いは、分配を行なうのが、（ａ）交渉決裂時に手を組むグループと、（ｂ）取り残されたひとり、であるという点だ。パイは、その残りのひとりが加わった場合に生み出される利益やコスト削減の額にほかならない。

どのグループが手を組むのかを正確に特定するのは難しいとしても、起こりうる結果をひととおり調べ、ケースバイケースでパイを分配することならできる。そうすれば、起こりうる結果の範囲を絞ることができるだろう。加えて、すべてのシナリオの加重平均を取り、パイの分配方法に関する期待値を導き出すこともできる。

あまり抽象的な話はしたくないので、再び航空会社による滑走路の共有の例を題材に、一連のシナリオとそれぞれに応じた解決策を導き出す方法を解説してみよう。

再び、滑走路の共有を例に

いくつかの航空会社で滑走路を共用すれば、コスト削減につながる。最初の例では、航空会社はAとBの2社のみだった。ここに航空会社Cを加えてみよう（下の図）。必要な滑走路の長さは、Aが1キロメートル、Bが2キロメートル、Cが3キロメートル。前回と同様、滑走路の建設には、1キロメートルで500万ドル、2キロメートルで1000万ドル、3キロメートルで1500万ドルの費用がかかるものとする。

この3社で1本の長い滑走路を共用すれば、1500万ドルの節約になる。3本の別々の滑走路を建設した場合に

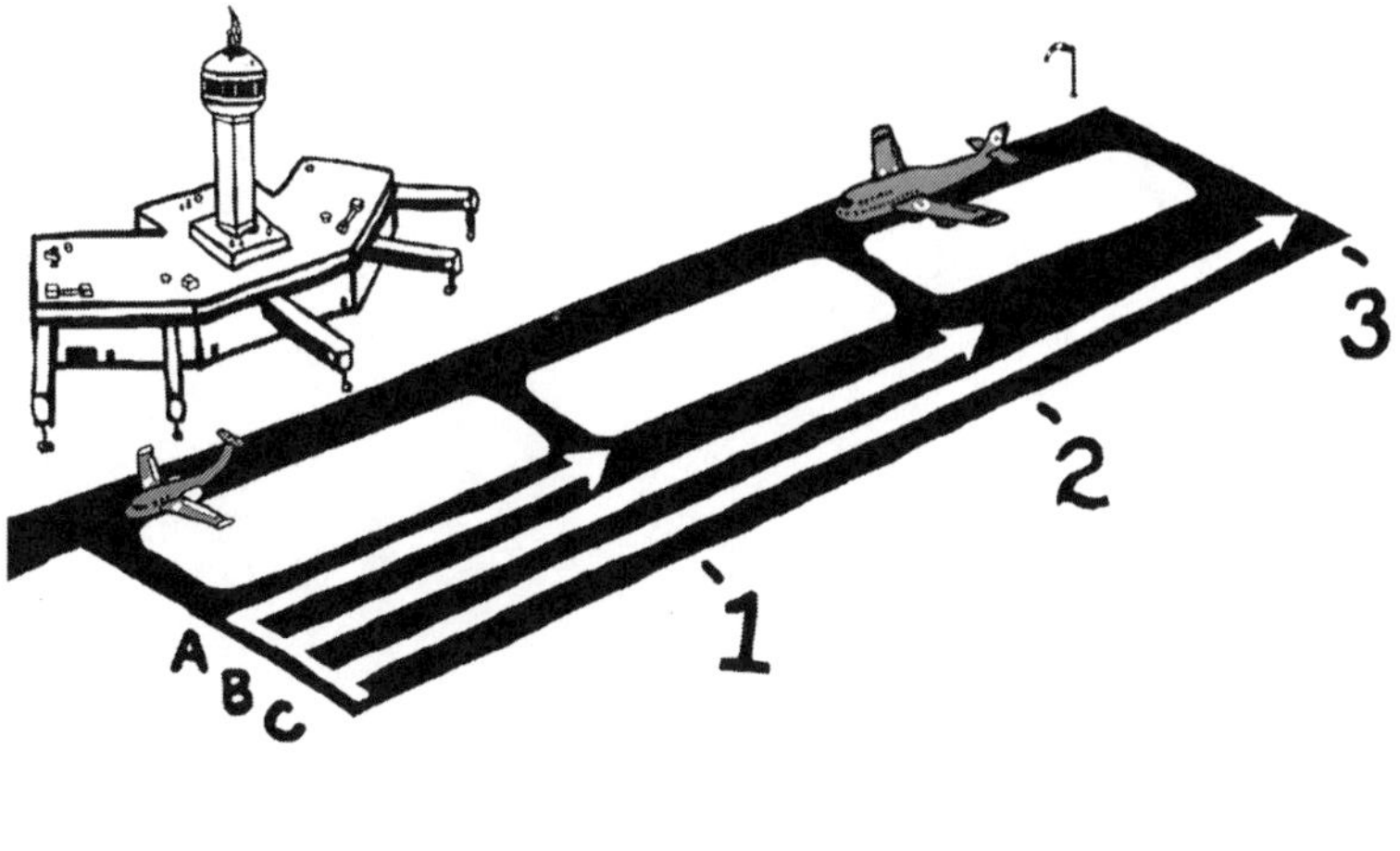

かかる3000万ドルの費用に比べ、1本の共用滑走路なら1500万ドルで済む。厄介なのは、各航空会社の負担額を算出する部分だ。

まずは推測を立ててみよう。2社の事例で用いた論理を思い返すと、Cが独占的に使用する第3区間の建設費用を全額支払うべきだというのは明らかだろう。さらに、第2区間の建設費用は、航空会社BとCで均等に分担するべきだ。とすると、第1区間の建設費用は、A、B、Cで3等分するべきだろうか？　あとで見るように、これは合理的な選択肢のひとつだ。しかし、Aが第1区間の建設費用の半分を支払い、残りの半分をBとCで折半する、という方法にも、合理的な根拠がある。

より合理的な解決策とその理由を導き出すには、3社のあいだで取引が成立しなかった場合にどうなるかを理解する必要がある。考えられるシナリオは次のふたつだ。

シナリオ1　3社による取引が決裂した場合、もっともコスト削減効果の大きい2社が提携する。つまり、航空会社BとCだ。

シナリオ2　3社による取引が決裂した場合、どの2社も等しい確率で提携する。つまり、AB、AC、BCが3分の1ずつの確率で提携する。

この2種類のシナリオは極端な例であり、真実はふたつの中間に位置するだろう。より利益性の高い提携ほど生まれやすい、と考えていい。シナリオ1は、それを限界まで突き詰め、もっとも利益性の高い提携のみが実現するケースだ。シナリオ2はその対極で、利益性の高い提携にいっさい重みが与えられず、3社による取引が決裂した場合に、どのペアリングも等しく生じる、と考える。

当事者	負担額	合　計
A	500万ドルの50%	250万ドル
B	500万ドルの25%＋500万ドルの50%	375万ドル
C	500万ドルの25%＋500万ドルの50% ＋500万ドルの100%	875万ドル
合　計		**1500万ドル**

シナリオ1の交渉を分析するのは、そう難しくない。3社による取引が決裂した場合、航空会社BとCが手を組む。両社とも、お互いを最優先のパートナーとみなしているのだから、これは合理的な流れだ。両社が手を組むことによるコスト削減額は1000万ドルで、それぞれがAと手を組んだ場合の2倍におよぶ。航空会社BとCは、浮いた1000万ドルを折半することになる。これが両社のBATNAだ。一方、航空会社AにとってのBATNAは、500万ドルを支払って専用の滑走路を建設する、というものになる。

次はAとBC同盟のあいだの交渉だ。BとCは条件つきでこの予備的な提携を組んでおり、今はさらなる条件の改善のためにAと交渉している、と考えればよい。Aが参加すれば、さらに500万ドルのコスト削減になる。これがパイだ。AとBCの交渉では、BCを別々の交渉者ではなく、ひとつの実体とみなすほうが合理的だと思う。したがって、パイの等分という原則を守ろう。すると、Aが半分を受け取り、BCが共同で残りの半分を受け取る。BCは、2社でそれを均等に分配すればよい。

では、3社の負担はいくらずつになるだろう？

合計は、3社で共用する3キロメートルの滑走路の建設費用、1500万ドルだ。第1区間は、航空会社Aが建設費用の半分を支払い、ＢとＣが残りの半分を均等に負う。第２区間は、航空会社ＢとＣで半分ずつ費用を分担する。第３区間は、航空会社Ｃが独占的に使用するので費用をまるまる負担する（前ページ表）。

第１区間の費用を３等分しない理由は、Ａがひとつの実体としてふるまうＢＣのペアと交渉しているからだ。ＡとＢＣは、どちらも５００万ドルのパイの半分を受け取る資格がある、と感じている。Ａが費用の３分の１しか支払わなければ、ＢＣは不合理だと感じるだろう。Ａは、生み出されたパイの３分の２を受け取り（１６７万ドルしか支払わず）、ＢＣを大きく出し抜くことになる。航空会社Ａが費用の半分を支払えば、利得はＢＣのペアと同じになる。

これで、この３社による交渉で考えられるひとつの結果が得られた。これは、冒頭で推測した答えのうち、ふたつ目に当たる。この答えは、交渉決裂時、２社による取引から締め出されるのは航空会社Ａだと仮定している。３社による取引が決裂した場合、ＡがＢとＣの結託を食い止める手段はないので、これがもっとも可能性の高い結果と考えていい。

次はシナリオ２。このシナリオでは、３社による取引が実現しなかった場合に考えられる結果が３通りあるので、計算が複雑になる。この場合、それぞれの結果を対称的に扱う。つまり、３通りの可能性は、等確率（３分の１ずつ）で発生すると考える。

２・１　ＢＣが手を組み、Ａが取り残される。その後、ＡがＢＣと交渉する。

２・２　ＡＣが手を組み、Ｂが取り残される。その後、ＢがＡＣと交渉する。

２・３　ＡＢが手を組み、Ｃが取り残される。その後、ＣがＡＢと交渉する。

ケース２・１は、シナリオ１で取り上げたばかりだ。

ケース2・2では、ACが最初に手を組む。共用される滑走路は、航空会社Aにとって必要な第1区間だけなので、両社が生み出せる価値は500万ドルだけだ。これを折半することになる。航空会社Bが加わっても、追加の滑走路の建設は必要ない（Cのために3キロメートルの滑走路がすでに建設済みなので）。航空会社BがACのペアに加わることで、Bは独自に2キロメートルの滑走路を建設する必要がなくなるため、1000万ドルのパイが生み出される。航空会社Bはこのパイの半分を受け取る資格があるので、Bは自社で使用する2キロメートルの滑走路に対し、500万ドルだけ負担することになる。問題は、AとCで残りの500万ドルをどう山分けするかだ。この場合、答えは半々ではない。

1000万ドルのコスト削減額を、ふたつに分けて考えるとわかりやすいと思う。第1区間に関連する500万ドルと、第2区間に関連する500万ドルだ。航空会社Aが第2区間に関して浮いた費用まで取り分を請求するのは合理的でない。Aは第2区間の費用をいっさい支払っていないからだ。したがって、Aは第1区間でのコスト削減額の半分のみを受け取る資格があり、第2区間でのコスト削減額の一部を受け取る資格はない。第2区間（と第3区間）の費用を全額負担した航空会社Cが、第2区間でのコスト削減額を全額受け取るのだ。

BがACに加わると、Bは1000万ドルの50パーセントを節約できる。残りの50パーセント、つまり500万ドルが、ACの取り分となる。その分け方は次のようになるだろう。

・Aは250万ドルの50パーセントを受け取る。
・Cは250万ドルの50パーセントと250万ドルの100パーセントを受け取る。

当事者	負担額	合　計
A	250万ドル−125万ドル	125万ドル
B	1000万ドルの50%	500万ドル
C	250万ドル＋500万ドル＋500万ドル−（125万ドル＋250万ドル）	875万ドル
合　計		**1500万ドル**

ACが得た500万ドルのコスト削減額のうち、最初の250万ドルは、第1区間のものなので、AとCで折半する。残りの250万ドルは、第2区間のものなので、Cが全額受け取る。

総合すると、ケース2・2の場合、Aは自身のBATNAに基づいて第1区間の費用の半分を支払うが、Bが加わればその半分を取り戻せる。Bは500万ドルを支払う（つまり、500万ドルのコスト削減となる）。航空会社Cは、Aと同じく、最初に第1区間の費用の半分、第2区間と第3区間の費用の全額を支払うが、Bが加われば、第1区間と第2区間の費用の半分を取り戻せる（上の表）。

ケース2・3では、BとCの役割が逆転するだけで、結果はケース2・2と非常によく似たものになる。航空会社CがABのペアに加わると、コスト削減額は相変わらず1000万ドルで、Cは既存の2キロメートルの滑走路を利用できるが、500万ドルの拡張費用は全額負担しなければならない。ケース2・2と同様、Aは第1区間の費用の半分を支払うが、Cが加われば、そのさらに半分を取り戻せる。Bは第1区間の費用の残りの半分と、第2区間の500万ドル全額を支払うが、Cが加われば、両区間の半分ずつを取り戻せる。航空会社CはABに加わることで1000万ドルのコスト削減を生み出すことができ、その半分を受け取ることになる（左ページ上段の表）。

残る作業は、この3通りのケースを集計することだけだ（左ページ下段の表）。

当事者	負担額	合　計
A	250万ドル－125万ドル	125万ドル
B	250万ドル＋500万ドル－（125万ドル＋250万ドル）	375万ドル
C	1000万ドルの50%＋500万ドル	1000万ドル
合　計		**1500万ドル**

当事者	BC対A	AC対B	AB対C	平　均	数値の説明
A	250万ドル	125万ドル	125万ドル	167万ドル	＝1/3×500万ドル
B	375万ドル	500万ドル	375万ドル	417万ドル	＝1/3×500万ドル＋1/2×500万ドル
C	875万ドル	875万ドル	1000万ドル	917万ドル	＝1/3×500万ドル＋1/2×500万ドル＋500万ドル

「平均」列の内容を、直感的にわかりやすく言い換えたのが、「数値の説明」列だ。第1区間の費用は、3社の航空会社で等分されている。それが各行に書かれている、500万ドルの3分の1という部分だ。また、第2区間の費用は、航空会社BとCで折半されており（2行目と3行目にある、500万ドルの2分の1という部分）、第3区間の費用500万ドルは、航空会社Cが全額支払っている。

これは、冒頭で推測したひとつ目の答えと同じだ。この答えは、交渉決裂時、どの2社も等しい確率で提携する、という考えに基づくものだということがわかる。

シナリオ1と2の違いは、結局のところ第1区間に対する各社の負担額だ。航空会社Aは、シナリオ2ではシナリオ1と比べてBATNAが高いので、負担額が少ない。仲間はずれにされる可能性が低いからだ。AはBATNAという点で対等なので、合計の3分の1しか支払わずに済んでいる。対照的に、シナリオ1では、航空会社Aは、

3社による取引が決裂した場合に、まちがいなく取り残される立場にある。そのため、Aの立場は弱く、Aは第1区間の費用の半分を支払わざるをえないのだ。

実際の交渉の結果は、シナリオ1とシナリオ2のあいだのどこかで落ち着くはずだ。たったひとつの答えがない理由は、参加者たちが交渉決裂時に期待する展開によって、結果が変わるからだ。その場合、より価値のある提携のほうが生まれやすい、と考えるのが合理的に思える。実際にどれくらい生まれやすいのかは、参加者たちが自分で判断するしかないだろう。

合意に至らなかった場合にどうなるのかは、誰にも正確にはわからないが、だからといってお手上げ状態というわけではない。航空会社Aは、シナリオ1とシナリオ2の中間、つまり第1区間の費用の33・3パーセントから50パーセントまでの額を支払う、と考えていいだろう。交渉決裂時に大手どうしが手を組む可能性が高い、と考えるなら、その答えはシナリオ1、つまり50パーセントに近づくし、逆に、どの会社にもチャンスがある、と考えるなら、その答えはシナリオ2、つまり33・3パーセントに近づくはずだ。しかし、誰かがこの範囲を逸脱した解決策を提案してきたら、少なくともどの会社かには、論理的な反論理由があるといっていい。

この不確実性に対処するため、交渉決裂時に備えた計画を用意して、交渉に臨む人々もいる。航空会社の事例でいうなら、航空会社Aはこう口火を切るかもしれない。

満足のいく取引が成立することを期待しておりますが、万が一の場合に、手ぶらで帰るのは不本意です。合意に至らなかった場合、くじ引きで選ばれた2社どうしが取引を行なうのはいかがでしょう?

「取引不成立」時の取引について合意する際は、慎重になったほうがいい。手ぶらで帰るのが不本意、という点には同意するが、この頭の切れる人物は、自分たちの立場にとってもっとも有利な決裂時のシナリオを選んでいる。もし私が航空会社BやCの代理人だったら、すかさず反論し、取引不成立時にはBとCで手を組ませてもらう、とほのめかすだろう。私が言いたいのは、取引不成立時の条件には気軽に同意しないよう注意せよ、ということだ。常に交渉決裂時のための予備計画を用意しておくのが賢明だ、と思うかもしれない。確かにそうなのだが、その予備計画のせいで全員のＢＡＴＮＡが決まり、3社による取引の結果が変わる、ということを忘れないように。

シナリオ2で提示した解決策は、3者以上による交渉においてあなたが真っ先に思い浮かべた答えだったかもしれない。これは第9章で紹介した答えの自然な一般化に見える。それぞれが自分の使用する滑走路の区間に関して、等しい割合を支払っているからだ。経済学では、この結果はシャープレー値と呼ばれる。ロイド・シャープレーが提唱した、3者以上による交渉の問題の解である（彼はその功績により、２０１２年にノーベル経済学賞を受賞）。

私も、これは合理的な解決策だと思うが、もっとも合理的かというと、違うと思う。それぞれが使用する部分の費用を均等に分担するというのは、公平に思えるのだが、これがもっとも可能性の高い結果だとは思えない。考えられる合理的な解決策のうち、もっとも立場の弱い当事者に最大限の利得を与えるものだからだ。この答えの背景には、3社による合意に達しなかった場合、Aが2社間の取引に参加する可能性はBやCと等しい、という暗黙の仮定がある。

この状況で、BとCが真っ先にペアを組み、それからAと交渉する可能性が高い、と思うなら、航空会社Aは最終的に第1区間の費用の半分を支払うことになるだろう。認めたくはないが、私が航空会社Aの立場だったとしても、3社による合意が成立しなかった場合、BとCが手を組むほうに賭けるだろう。

水道管の共有

実は、滑走路の例は実例をもとにしている。5社の不動産開発業者が、シミ・ヒルズに開発された2万エーカー（80平方キロメートル）近い開発地に、カーエイガス（ロサンゼルスのやや北寄り）から自治体の水道を引き込むため、共用の水道管を敷設した。滑走路の例と同じく、水道管と5社の開発地は、東から西に並んでおり、水道管の敷設費用はおよそ430万ドルと巨額だった。よって、5社が5本の水道管を個別に敷設せず、1本の水道管を共用することで生まれるコスト削減額もまた巨額だった。最終的には、その5社の不動産開発業者による裁判沙汰にまで発展した。敷設費用の分担方法について（より正確にいえば、費用の分担方法をめぐる事前の合意内容について）、見解に齟齬《そご》が生じたためだ[20]。

あるグループは、「単純容量法」と呼ばれる分担方法が用いられるはずだったと考えていた。各社が使用する水道管の容量に比例した額を支払うというものだ。ある開発業者が他社の2倍の土地を保有し、2倍の戸数を建設する計画なら、必要な水道管の容量は2倍になるので、2倍の額を負担する、というわけだ。この方法は、計画されている家1軒ごとに、水道管の費用を均等に分配している。

アメリカン＝ハワイアン汽船会社という原告が支持したふたつ目の分担方法は、「代替設備法」と名づけられたものだ。この方法では、コスト削減額を各社に同じ比率で分配する。たとえば、独自に水道管を敷設した場合と比べて、全社が30パーセントのコスト削減になるようにする、という具合だ。

3つ目のグループは、「到達範囲法」と呼ばれる分担方法を支持した。各社が使用する水道管の費

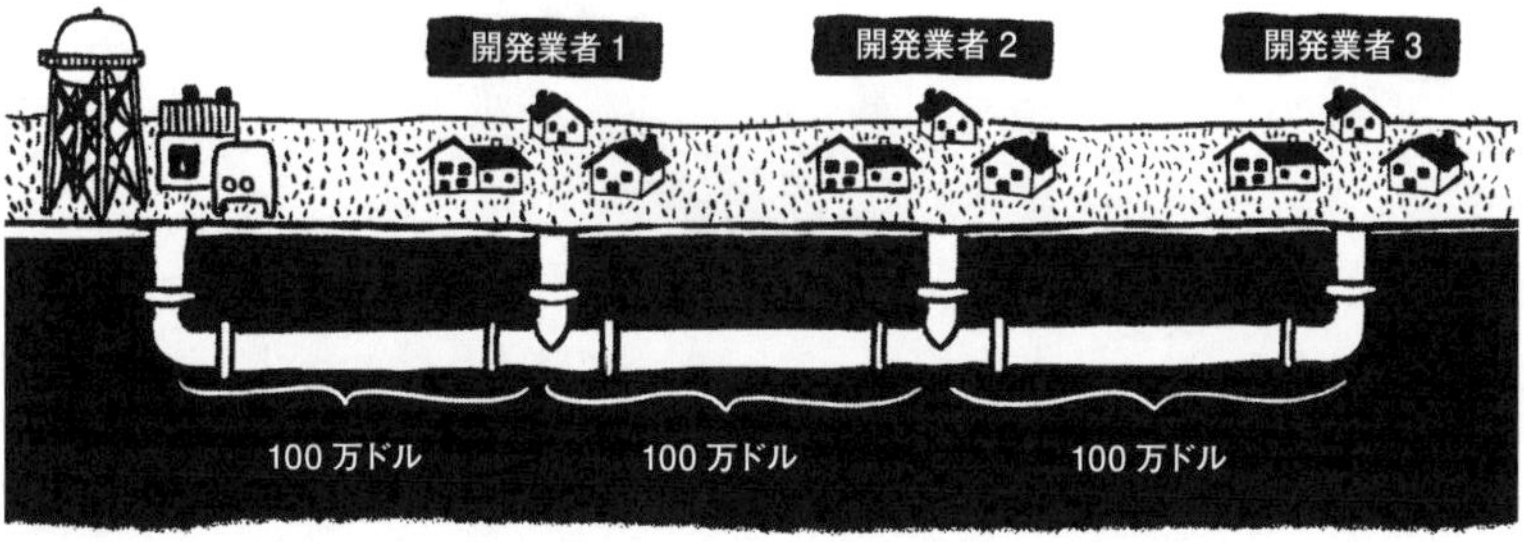

用のみを分担する、という考えだ。カーエイガスから開発業者1までの水道管の費用は、5社で均等に分担する。開発業者1から開発業者2までの区間は、開発業者2、3、4、5が使用するので、費用はこの4社で分担する。以下、同様。最後の区間、つまり開発業者4から開発業者5までの水道管は、開発業者5しか使用しないので、ほかの開発業者が費用を分担する筋合いはない。したがって、最後の区間の費用は、開発業者5が単独で負う。これは滑走路の事例のシナリオ2と瓜二つだ。各航空会社が、使用する滑走路の費用を均等に分担するからだ。

少しおおざっぱではあるが、現実的な数値を用いて、3種類の選択肢について解説してみよう。話をわかりやすくするため、開発業者を3社に絞る。水道管の敷設費用は、開発業者1までが100万ドル、開発業者2までが200万ドル、開発業者3までが300万ドルだとしよう（上の図）。滑走路の例と同じく、開発業者3までの水道管は、開発業者1と開発業者2の土地を直接経由する。

同じ水道管を共用すれば、300万ドルの費用で3社すべてに水を供給できる。個別に3本の水道管を敷設すれば、総費用は100万ドル＋200万ドル＋300万ドル＝600万ドルになる。

各開発業者の建設予定戸数がわからないため、単純容量法の結果は不明だが、開発規模が等しいとすれば、総費用を各社で100万ドルずつ均等に分担することになる。

この方法はほとんど筋が通らないと思う。開発業者1は、個別に水道管を敷設した場合と同じ額を負担することになってしまう。こういう場合は危険信号だ。この方法がほとんど意味をなさない理由は、最終的に3社で分担する額が、開発業者1の土地の先まで延びる水道管によって変わるからだ。つまり、開発業者1は、開発業者2と開発業者3しか使用しない水道管の費用まで負担させられているのだ。

代替設備法では、コスト削減額を各社に同じ割合ずつ分配する。この場合、個別に水道管を敷設すると費用は600万ドル、共同で敷設すると300万ドルだ。3社のコスト削減額の割合が同じになるようにするには、各社が個別に敷設した場合の50パーセントを支払えばよい。

・開発業者1の支払額は、100万ドルの50パーセント＝50万ドル
・開発業者2の支払額は、200万ドルの50パーセント＝100万ドル
・開発業者3の支払額は、300万ドルの50パーセント＝150万ドル

この方法もほとんど筋が通らないと思う。開発業者3は、独占的に使用する第3区間の水道管のコスト削減額の一部まで受け取っている。第3区間の費用は開発業者3だけが受け持つべきだ。この方法では、開発業者3は150万ドルしか支払わずに済む。私の考えでは、第3区間の費用は開発業者3が完全に負担すべきだと思うので、同社は最初の2区間の費用200万ドルに対して、50万ドルしか貢献していないことになる。開発業者2が同区間に対して負担している100万ドルの半分でしかない。

実際、開発業者2の負担額はあまりにも高く、滑走路の事例のシナリオ1とシナリオ2のいずれを

も上回っている。どちらのシナリオでも、開発業者2と開発業者3は、第2区間の費用を50万ドルずつ折半することになる。開発業者2にとって最悪のシナリオは、開発業者1が第1区間の費用の3分の1、つまり33万ドルしか支払わず、開発業者2と開発業者3も33万ドルずつ負担させられる、というものだ。したがって、最悪のシナリオでさえ、開発業者2は83万ドルしか支払わずに済むはずなのだ。だからこそ、代替設備法は答えとして不合理だと私は思う。

結局、下級裁判所は、「設置された水道管の容量に応じて比例分配式で」費用を分担する、という当初の合意にもっとも合致するのは、3つ目の「到達範囲法」だと決定した。

・開発業者1の支払額は、100万ドルの33パーセント＝33万ドル
・開発業者2の支払額は、100万ドルの33パーセント＋100万ドルの50パーセント＝83万ドル
・開発業者3の支払額は、100万ドルの33パーセント＋100万ドルの50パーセント＋100万ドルの100パーセント＝183万ドル

この方法は、滑走路の例のシナリオ2と同じだ。しかし残念ながら、この筋書きは開発業者1にとってハッピーエンディングとはいかなかった。上訴を受け、上級裁判所は、単純容量法が当初の意図ともっとも合致すると判断したのだ。

これまで、私が3者による交渉について解説するために用いてきた例は、どれもある点でやや単純すぎる。滑走路や水道管は直線だからだ。遠回りの費用はいっさいかからないし、余分な離着陸の負荷に備えて耐久性を強化する必要もない。そこで、そうした複雑な事例への対処方法を示したオンラ

イン附録を記した（数学好きにはもってこいだろう）。興味のある方は、SplitThePieBook.com まで。

再び、ボトルのコスト削減を例に

航空会社や水道管の例では、潜在的なパートナー全員が協力して重複を防ぐことで、最大限のパイを生み出していたため、仲間はずれになる者はいなかった。ここでは、別の種類の3者以上の交渉について考える。ひとりの買い手が複数の売り手（またはひとりの売り手が複数の買い手、複数の買い手が複数の売り手）と交渉するケースだ。こうした状況では、最大限のパイを生み出すのに、必ずしも全員が必要なわけではない。買い手は売り手どうしを競わせ、誰を交渉から除外するかを決めることができる。こうして除外された人物は、自身のＢＡＴＮＡに甘んじることになる。だからといって、その人物が交渉と無関係である、というわけではない。実際に行なわれる取引の条件を左右するという点で、重要な役割を果たすからだ。

再び、ボトルの費用をめぐるコカ・コーラとオネストティーの交渉の話に戻ろう。オネストティーはボトル１本当たり19セント、コカ・コーラは１本当たり11セントの費用がかかっていたのを思い出してほしい。両社が協力することで生み出されるパイは、１本当たり８セントだった。

ここに、ペプシを加えよう。ペプシのボトルのコストは１本当たり15セント。オネストティーがコカ・コーラとペプシを競わせることができれば、ボトルの単価は15セントまで下がりつづける。その時点で、ペプシはそれ以上の値下げができなくなり、交渉から脱落する。だからといって、コカ・コーラが15セントで入札に勝つわけではない。

ペプシが脱落しても、まだ４セントのコスト削減額をめぐる交渉が残っている。コカ・コーラは価格を15セントから11セントまで下げられる。こうして生み出されたパイを、オネストティーとコカ・コーラで分け合うことになる。この交渉では、価格は13セントに落ち着くだろう。

ここまでは、ペプシは裏方のような役割しか果たしていない。まるで、オネストティーはいつでもペプシと契約して、ボトルを1本当たり15セントで提供してもらえる、とでも言わんばかりだ。しかし、コカ・コーラとの取引が成立しなければ、オネストティーはペプシとの交渉を強いられるかもしれない。

先ほど、滑走路の費用分担について調べるために考案した手法を使って、3社すべてが主体的な交渉者である場合に、交渉がどう展開するかを再び考察してみよう。A、B、Cの代わりに、コカ・コーラ、ペプシ、オネストティーの頭文字のC、P、Hを使うほうがわかりやすいだろう。金額はすべてボトル1本当たりのものだ。

3社が協力した場合（C－P－Hと表記する）、コスト削減額は8セントだ。コカ・コーラとオネストティーだけが手を組んだ場合も（C－H）、同じく8セントだ。組み合わせに応じたコスト削減額は次のとおり。

C－P－H　8セント
C－H　8セント
P－H　4セント
C－P　0セント

コカ・コーラ、ペプシ、オネストティーの3社による合意を考えるのは、一見すると不自然だが、実際には、8セントの分配方法をめぐる合意、という意味だ。結局のところ、オネストティーにボトルを供給するのはコカ・コーラになるだろうが、ペプシも価格の引き下げに貢献できるかもしれない。

滑走路の例と同様、シナリオ2を仮定すると、3社での〝合意〟に至らなかった場合に起こりうる結果は3通りある。

2・1　コカ・コーラとオネストティーが手を組み、ペプシが除外される。
2・2　ペプシとオネストティーが手を組み、コカ・コーラが除外される。
2・3　コカ・コーラとペプシが手を組み、オネストティーが除外される。

ケース2・1が単純でもっとも自然だ。コカ・コーラとオネストティーは、2社だけでも8セントのパイをまるまる生み出せる。このパイを両社で山分けすることになる。この場合、ペプシはいっさい価値を付加しないので、何も受け取れない。

ケース2・2は、ペプシとオネストティーが手を組む、という予備のプランだ。この場合、両社が生み出す4セントのパイを山分けすることになる。ここにコカ・コーラが加わると、さらに4セントのコスト削減になる。よって、コカ・コーラがその半分、オネストティーが残りの半分を受け取る。ペプシがそれ以上を受け取れない理由は、ペプシが4セントのコスト削減しか生み出さないからだ。残りの4セントを生み出すのに不可欠なオネストティーとは異なり、ペプシの力は不要だ。ペプシは航空会社Aと同じで、滑走路の第1区間のコスト削減額だけを受け取る資格があるのだ。コカ・コーラが加わったあとの結果は左ページの表のとおりだ。

3社による合意でペプシが一定の取り分を得られるのは、ペプシがいつでも予備になりうるからだ。

	コカ・コーラ	オネストティー	ペプシ
ケース2・1	4セント	4セント	0セント
ケース2・2	2セント	4セント	2セント
ケース2・3	2セント	6セント	0セント
平　均	8/3セント	14/3セント	2/3セント

ケース2・3は、コカ・コーラとペプシが手を組むというのが両社のBATNAであるケースだ。しかし、両社だけではコスト削減は生み出せない。よって、両社のBATNAは0だ。ただし、コカ・コーラとペプシが手を組むというのは、共謀する、という意味ではない。実際には、両社が手を組むことにより、オネストティーに両社を競わせる絶好の機会が生まれる。

ここにオネストティーが加わった場合、8セント全体をコカ・コーラおよびペプシと山分けする必要はない。その理由は、コカ・コーラだけが4セントの価値（ペプシと比べた追加の利得）を生み出しているからだ。よって、オネストティーはその4セントをコカ・コーラと折半することになる。ペプシは、コカ・コーラの価値を下げたこと以外に、自分ではなんの価値ももたらさないので、分け前は受け取れない。結局、オネストティーはコカ・コーラと折半した4セントの半分と、4セントまるまる、合計6セントを受け取ることになる。

再び、元のふたつのシナリオを見てみよう。シナリオ1は、3社による交渉決裂時に、最大の価値を生み出すペアができあがる、というもの。ここでのケース2・1がそうだ。この場合、コカ・コーラとオネストティーが4セントずつを受け取る。

シナリオ2では、3通りの事例が等しく起こりうる。そこで、3通りの事例の平均を取ると上の表のようになる。

オネストティーがコスト削減額の半分あまりを受け取っている。常に、最低でも半分は受け取れるが、ペプシの存在をうまく利用すれば、コカ・コーラとの取引を有利に進められることもあるのだ。

ここでひとつ、強調しておきたい意外な点がある。自分だけが取り残されてBATNAが0になるよりは、2人組のほうに入るほうが理想的なシナリオだ、と思うかもしれない。しかし、この例が示すとおり、オネストティーがもっとも得をするのは、同社が除外されたケース2・3の場合なのだ。その理由は、オネストティーが交渉している2社もBATNAが0であり、大きな価値をもたらさない内部の競争が生じるからだ。その結果、オネストティーは、ペプシの生み出したコスト削減額を独占したうえ、コカ・コーラが生み出した追加のコスト削減額の半分を手にすることになる。この結果は、ペプシが裏方の役割を果たしていた冒頭の例と同じだ。

第15章　あなたが捨て駒にされようとしている場合は？

これまで、2者による交渉では、お互いの力関係は対等である、と主張してきた。この結論は、3者以上による交渉では成り立たない。特に、当事者のひとりが捨て駒にされようとしていることに気づく場合がある。別の誰かがより好条件の取引を得るための道具として使われ、その見返りはゼロ、というケースだ。前章のケース2・3でペプシの身に起きたことがまさにそうだった。

私の知る最高の実例が、1986年に起きた。その年、オランダ・スイートナーは、5000万ドルをかけて、ニュートラスイートというブランド名の人工甘味料のジェネリック版であるアスパルテームの生産工場を建設した。同社は、米モンサント社の保有するニュートラスイートのヨーロッパ特許が失効するのを見込んで、工場を建設したのだった。コカ・コーラとペプシは、市場で競争が生まれるのを熱烈に歓迎した。両社はモンサントへの不満をオランダ・スイートナーにこぼし、市場に参入するよう勧めた。

オランダ・スイートナーが市場に参入すると、何が起きたか？　モンサントは価格を3分の1に引き下げ、コカ・コーラとペプシの事業を独占したのだ。[21] おかげで、コカ・コーラとペプシは、新規契約の期間中、約2億ドルのコストを削減できた。オランダ・スイートナーに関しては、なんとかダイエット・スクワートという飲料の事業を獲得するにとどまり、その価値は商品名から想像がつく程度だった。結局、工場への投資額を回収するめどはいっこうにつかなかった。

あれだけモンサントへの不満を表明しつつも、コカ・コーラとペプシが本当に望んでいたのは、昔ながらのニュートラスイートを、ずっとお値打ち価格で仕入れることだったのだ。それができたのは、モンサントに代わる取引先が生まれたからだ。オランダ・スイートナーが販売するジェネリック版のアスパルテームは、ニュートラスイートと化学成分は同じだったが、ニュートラスイートのようなブランド価値がなかった。モンサントが値下げに応じなかった場合、確かな脅威になるくらい商品自体は良質だったが、ニュートラスイートに勝てるほどではなかった。

この結果は完全に予想がついた。実際、あなたがいちどもオランダ・スイートナーと同じ立場に陥ったことがないとしたら驚きだ。恋愛では、誰かがあなたに興味を持っていると見せかけて、実は意中の相手を振り向かせたり、もっと本気にさせたりするための道具としてあなたを使っている、というケースは少なくない。職場なら、誰かがあなたの会社の仕事に興味を持っているふりをして、実は現在の勤め先から昇給や昇進を引き出すための道具としてあなたを使っている、という可能性もある。

実は、私自身にもそんな駆け引きの経験がある。といっても、恋愛ではなく家の購入で。バンク・オブ・アメリカの住宅ローン金利を固定したあと、２０１９年夏になって金利が大きく下落した。しかし、私はその前に金利を固定してしまっていたので、金利下落の恩恵を受けられなかった。そんなとき、より低い金利を提供していたライバルの金融機関から、最新の低い金利で新しいオファーが舞い込んだ。そこまで来てようやく、バンク・オブ・アメリカはそれに匹敵する水準まで金利を引き下げてくれたのだ。もちろん、私はその〝オランダ・スイートナー銀行〟のほうに乗り換えることもできたのだが、すでに書類手続き、審査、収入証明もひととおり済んでいたし、金利だけでなく、バンク・オブ・アメリカという銀行自体に十分満足していた。

あなたがオランダ・スイートナーのような立場に追いやられそうになっている、と気づいたら、どうするだろう？　契約に入札するよう誰かに頼まれたが、あなたはどうせ現行の供給業者が契約を維持するだろう、と内心わかっている。あなたの提示価格は、その供給業者に暴利をむさぼらせないための抑止力にすぎない。

これは痛し痒しの提案だ。要求に応じなければ、契約を勝ち取るチャンスはない。しかし、要求に応じれば、ほとんどその顧客の助けにしかならない多大な労力を強いられる。おそらく、おこぼれを頂戴するくらいが関の山だろう。

この問題には解決策がある。交渉の見返りを要求するのだ。実際の交渉のほうでは、パイの取り分を受け取れないかもしれない。あなたにできるのは、ほかの人々のパイの分配方法に影響を及ぼすことだ。それは、取り分の増える当事者にとっては、大きな価値を持つだろう。

オランダ・スイートナーが取るべきだった行動とはこうだ。工場の建設前に、コカ・コーラとペプシのところに行き、工場建設を条件とした長期契約を持ちかければよかった。

現行価格は1トン当たり90ドルですよね。どうでしょう、私たちの工場が稼働開始したら、弊社から1トン当たり50ドルで１００万トンを仕入れる、という合意を結んでいただけませんか？

コカ・コーラとペプシが合意を拒否したら、非常に貴重な警告サインになっていただろう。両社が現段階で契約を渋るようなら、どうして工場の建設後に契約を期待できるだろう？

結局、オランダ・スイートナーは巨額の損失を出し、工場の閉鎖が現実味を帯びてきた。そこまで来て、同社はコカ・コーラとペプシのところに行き、長期契約がなければ市場から撤退する、と告げた。そうなれば再びモンサントの独壇場になる、と気づいた両社は、長期契約に合意した。こうして、オランダ・スイートナーは市場に残るだけの資金源を得た。それなら、もっと早く分け前を要求していたほうがはるかによかっただろう。

分け前といっても、必ずしも現金や、もっといえば事前契約でなくてもよい。分け前を得る方法はたくさんある。詳しい情報の開示や鍵を握る意思決定者とのコネクションを求めるのもいい。

たとえば、商品の供給契約に入札するよう頼まれたら、調達担当者だけでなく、品質管理担当のエンジニアとも話すのがよいだろう。調達担当者の仕事は、より低価格な調達先を見つけることだ。しかし、高い信頼性など、あなたが提供できる別のウリがあるなら、その内容に関心のある人物を探し出し、コネクションを求めよう。その人物の目標達成に役立つオファーを練られるよう、その人物のKPI（重要業績評価指標）についてたずねてみるといいだろう。もし、その買い手に、こうした関係づくり（つまり、よりよい入札を出すこと）に協力する気がまったくなければ、あなたが契約を勝ち取るチャンスはほとんどなく、むしろ捨て駒にされようとしている可能性が高い、という早期の警告サインになる。

私が所属する学界には、2種類の昇給がある。ひとつは物価上昇にともなう定期的な年間2パーセントの昇給。そしてもうひとつが、競合する外部からのオファーがあった場合の大幅な昇給だ（もちろん、学部長に、「すばらしいオファーじゃないか。私なら引き受けるね」と言われる場合もあるが）。大幅な昇給を得るため、教授たちはオファー漁りをすることで知られる。

たとえば、キャッシュ教授がイェール大学への異動に興味を示しており、イェール大学のほうも彼女をぜひ教授陣に迎え入れたいとしよう。イェール大学がキャッシュ教授になんのオファーもしなければ、異動してくる可能性はない。一方、キャッシュ教授が元の大学で昇給を得るのに手を貸すだけだとしたら、そんな手間暇をかけたくはない。*

まずは、なぜニューヘイブンとイェール大学が現在の勤務先よりよいと思うのか、キャッシュ教授に訊くのが先決だ。ほとんどの人は、現在の職場に不満を持つ理由、異動を希望する理由について、説得力のある説明ができるだろう。それでも、現在の雇用主に対する不満は、たいてい大幅な昇給で解決できる。そして、イェール大学から仕事のオファーが来れば、おそらくそうした昇給が実現するだろう。では、本気で異動を希望する人を、どう見分ければいいのか？

理論上は、条件つき契約を受け入れるよう求めることができる。オランダ・スイートナーが、工場建設を条件として、コカ・コーラに契約を求めるべきだったのと同じように、候補者に条件つきの雇用契約を求めればいい。このような給与、研究支援、授業負担を提示した場合、受け入れるつもりはありますか？　実際、ボストン大学クエストロム・スクール・オブ・ビジネスは、こうしたオファーの方法を取り入れている。

クエストロムの手法には、いくつかの目的がある。まず、ありとあらゆる手間をかけたあと、その候補者が常識はずれな給与を期待している、と気づくはめになるのを避けられる。そして、同じくらい重要なことに、正式なオファーが出たら必ずクエストロムに異動する、という約束を候補者にさせられる。

その結果、クエストロムを、オランダ・スイートナーのような捨て駒として使うのはずっと難しくなる。学部長のところに行って、「クエストロムからXドルでオファーを受けていますす。つきましては、それに見合う昇給をいただけないでしょうか」と言うわけにはいかない。クエストロムのオファ

＊　学界では、終身在職権をオファーするのには膨大な手間がかかる。十数人の学者たちに、候補者の研究実績を評価してもらわなければならない。また、委員会の報告書、教授陣による投票、プロヴォスト委員会の審査も必要となる。

ーを受け入れるまで、学部長に見せられるものは何もないのだ。

もちろん、異動の合意というのは拘束力のある契約ではない。そして、私がバンク・オブ・アメリカと固定金利を再交渉したのと同じように、契約書に署名する前により好条件のオファーが来れば、クエストロムとの条件を再交渉することもできる。とはいえ契約の事前交渉は、候補者側の本気度を示す大きな一歩になる。

条件つき契約に合意する以外にも、候補者が本気度を示す方法はある。たとえばイェール・ロー・スクールは通常、誰かに上級ポストをオファーする前に、その人に1学期、客員教授を務めるよう求めている。昇給を得るための道具にするには、これはかなり大きな労力だ。

このように、誰かがより好条件の契約を得るための交渉の道具としてあなたが利用されないよう、注意が必要だが、逆の立場だったときのこともぜひ考えてほしい。誰かがあなたのBATNAを改善してくれたら、あなたにとっては大助かりだが、相手にはなんの得にもならない。その結果、相手はあなたが望むほど、あなたのBATNAを改善しようとは思わないかもしれない。

私たちはつい、人々がこの種の競争を無条件で提供してくれるのを期待してしまう。相手に全力を尽くしてほしいなら、あなたのBATNAを改善してくれる人々に対価を払う方法を探そう。相手が実現してくれた利得の一部を分け合うのもいいし、情報や人脈を提供するのもいい。相手がビジネスの一部を獲得できるよう取り計らう手もあるだろう。

オランダ・スイートナーが、コスト削減を実現した場合に、10パーセントの報酬を約束されたらどうだろう。きっと、価格を引き下げるさらなるインセンティブが生まれる。価格が下がれば、ビジネスを獲得するチャンスが高まるし、たとえそうでなくても利益を押し上げられる。自分にも得るものがあるとわかっていれば、それだけ参加する意欲が増し、より懸命に競争しようとするだろう。要するに、ＢＡＴＮＡの改善に協力してくれた相手に報いようとすればするほど、巡り巡って、自分自身のＢＡＴＮＡを改善することにつながるのだ。

パートⅣ　パイを広げるには

ここまでは、パイの考え方と、パイの等分の原則について話をしてきた。多くの例では、12枚のピザのように、パイの大きさは一定だった。しかしパイは、交渉者の行動次第で大きくも小さくもなる、と考えたほうがよい。

凡庸な交渉者は、すべてを固定されたパイの分配という観点からとらえ、何もかもゼロサム・ゲームとして扱おうとする。相手が何かを要求してきたら、反射的にノーと答えてしまう。相手の取り分が増えれば、必然的にその分だけあなたの取り分が減る、と思い込んでいるからだ。しかし、一流の交渉者は、パイをなるべく最大化しようと努力する。そうすれば、その半分もまた最大化するのだ。

凡庸な交渉者の二の舞を演じないためには、相手が何かを要求してきたらイエスと答えるべきだ、ということだろうか？　実際、そのとおりだ。とはいっても、なんの見返りもなしにただイエスと答えればいい、というわけではない。相手よりも多くの金額を負担せよ、ということでもない。

第16章では、相手が望むものを与えるべき理由について説明する。お人好しや太っ腹になれ、と言いたいのではない。相手が取引で望みのものを手に入れれば、あなたも望みのものが手に入るからだ。いくつの争点に勝つか、負けるか、の問題ではない。重要なのは、ある結果をもっとも重視する側がそれを勝ち取り、相手にその対価を提供すること。この「賢い取引」こそが、パイを広げる手段になる。そこで出番となるのが、共感と他者中心の視点だ。

第17章では、ジンキットというチームの事例を紹介する。自身の発明した技術を売却しようとしている科学者の詳細な例を用いて、これまでに紹介した考え方を実践してみよう。この章では、交渉の台本を用いながら、どこがうまくいき、どこがまずかったのかを考察する。

第18章では、相手の主張を代弁するという教訓を紹介しよう。これは、相手の視点を理解していることを示すうえで重要だ。多くの人は、自分の思いどおりにならないのは、相手に聞く耳を持ってもらえない、または理解されていないからだ、と考え、自己主張に終始してしまう。自分と同じ見方さえしてくれれば、きっと相手が考えを改めてくれるのに、と考えるのだ。その点、相手の立場を代弁すれば、あなたが相手の事情を真に理解している、ということを示せる。あなたが相手の希望とは違う結果を選んだのは、理解不足のせいではなく、あなたがもっと重視する要因がほかにあるから。この章の教訓とはこうだ。常に相手の思いどおりにはできなくても、相手を理解することならできる。あなたの理解を示すことが必要なのだ。

パイの考え方は新しいものなので、相手の説得が必要になるだろう。第19章では、こんなアドバイスを紹介する。新しいアイデアを上司のもとに持ち帰るときには、条件つき合意を用いるのが有効だ。「課長が希望していた合意内容とは違いますが、私はこちらの選択肢のほうが魅力的なのではないか、と思っています。先方も、こちらの案であれば合意すると言っています」。相手にノーと言う前に、イエスと言えるようになるための条件を考え、その条件を要求しよう。断られたとしても、失うものはない。だが、受け入れてくれたら儲けものだ。また、相手に、あなたのためにリスクを冒してほしいと思うなら、「No unless（〜でなければ〜しない）」ではなく、「Yes if（〜なら〜する）」という言い方をするといいだろう。相手に必要なのは、自分がもう少しがんばれば成功を勝ち取れる、という手応えなのだ。

第16章　相手の望むものを与える

読みまちがいではない。相手が望むものを与えるべきだ。相手の取り分を少しでも減らそうと、言い争いに明け暮れてしまう交渉者が多すぎる。といっても、財布を開いて中身をまるまる手渡そう、と言っているわけではない。相手が望むものを手に入れる手助けをせよ、と言いたいのだ。実は、それこそがあなた自身の望むものを手に入れるいちばんの近道だからだ。

これは、テキサス大学オースティン校の誇り高き一員である、ケイド・マッシーから学んだ教訓だ。彼はアメリカンフットボール（ＮＦＬ）の大ファンでもあり、シカゴ大学でＭＢＡと博士号も取得している。[22]ノーベル賞受賞者のリチャード・セイラーとともに、ＮＦＬチームがドラフト１位指名選手をあまりにも過大評価する傾向にあることを証明した。[23]

長年、学者たちは、人間が意思決定において桁外れに過信する傾向にある、と考えてきた。こうした結論の大半は、実験室での実験によるものだ。では、経験豊富なプロフェッショナルたちでも、同じ罠にはまるのか？　実は、そうだ。ＮＦＬの場合、そうしたミスの規模は、数百万ドル単位の損失や、スーパーボウルの優勝を逃した回数となって表われる。実際、多くのチームは１巡目で最良の選手を獲得するために、２巡目の指名権を４つ手放してしまう。１巡目の指名選手のほうが平均的に優秀なのは確かだが、２巡目の指名権４つのほうが、プロボウル〔ＮＦＬのオールスターゲーム〕級のスターー選手を獲得できる可能性はずっと高いのだ。おまけに、ずっと費用も少なくて済む（４人を合計しても）。

ケイドは、四六時中フットボールのことばかり考えているわけではない。本業は、影響力と交渉について教えるペンシルベニア大学ウォートン校の教授だ。その前はイェール大学の私の同僚として、本書の多くのアイデアを具体化する手助けをしてくれた。

交渉の成功要因を解明したいと考えたケイドは、交渉で成功した人々に成功の秘訣をたずねて回った。彼が話を聞いたのは、まぎれもなく幅広い業界の人々だった。

最初は、彼の父の友人のジョー・レムリーだ。牛、自動車、牧場など、あらゆる商品の売買を手がけるジョーは、電話と灰皿というたったふたつの商売道具を手に成功を遂げた。彼の答えは単純明快だった。

　相手が必要としているもの、もっというと相手が望むものを与える方法さえ見つかれば、そいつからほとんどなんでも引き出せる。

次は、成功したベンチャー・キャピタリストの言葉だ。

　相手［起業家］が望むものを探り出し、それを最大限に与える方法を考える。そうすれば、自分の望むものが手に入る。

パターンが見えてきた。人気ドラマ『エバーウッド　遥かなるコロラド』のショーランナー（制作総責任者）であるグレッグ・バーランティは、《ウォール・ストリート・ジャーナル》紙でこう述べた。

月並みな言い方なのはわかっているが、相手［放送局］が望むものを与えられれば、私も望みどおりのことができる。

相手が望むものを与えるのは、お人好しや太っ腹に見られるためではない。それがあなた自身の利益になるからだ。自分の望むものが手に入りそうだと思えば、相手はあなたと合意する気になるだろう。あなたの望みを叶えたいなら、相手が取引したくなるように仕向けるのが得策なのだ。

そのためには、重要な追加条件がある。まずは相手の望みを理解すること。あなたが相手の立場だったら望むものを与えても、なんの意味もない。相手が実際に望むものとはなんなのか、それを探り出す必要があるのだ。

海の民

次の交渉でその具体例を見ていこう。マイケルと彼の妻は、所有するガソリンスタンドの売却を考えている。その代金を元手に、数年がかりの世界一周のヨット旅行をするのが目標だ。マイケルは軽率にも、ガソリンスタンドの市場価格ではなく、世界一周旅行の費用に基づいて、ガソリンスタンドの売値を決めてしまった。そのせいで、あるとき、業を煮やした買い手から、「つまり、私たちの会社に、あなたのヨット旅行のスポンサーになれと？」と言われてしまう始末だった。

以下の台本を読みながら、いったいどこがまずかったのかを考えてみてほしい（本書のウェブサイトSplitThePieBook.comで、この交渉の再現動画を視聴することも可能だ〔英語のみ〕）。

ミーガン（買い手）　ガソリンスタンドの購入に関してお話ししたいのですが。

マイケル（売り手）　そうですか、ではまず、簡単にこちらの事情を説明させてください。これまで12年間、ガソリンスタンド事業を築き上げてきたのですが、妻も私も1日18時間、働きづめで、妻はノイローゼ寸前です。ですから、旅行にでも行こうということになって、費用を工面したいと思っています。

目標額は48万8000ドル。それが今回の取引の最低ラインです。それ未満は受け入れられません。旅行の費用がまかなえませんから。ヨットに5万ドルもつぎ込んでしまいましたし。マンションも売り払いましたが、5万ドルはヨットの購入に充てましたし、まだ支払いも残っていて……。

ミーガン　ヨットっておっしゃいました？

マイケル　写真、見ますか？

ミーガン　いいえ、けっこう。

マイケル　せっかく持ってきたんだけどな……。

ミーガン　40万ドルではいかが？

マイケル　いや、安すぎです。ヨット代金の追加の支払いが迫っているんですよ。

ミーガン　そのヨット代はどうやって貯めるおつもり？　もっと安上がりな旅行の方法なんていくらでもあるでしょう。

マイケル　［笑い］私たちは海の民ってやつでしてね。

ミーガン　海の民……？

マイケル　とにかく、追加の支払いが迫っているんですよ。ヨット代が23万ドルでしょう、それから6万8000ドル、7万5000ドル、4万ドルと。なので、分割払いにできれば、なんとか――

ミーガン　つまり、私たちの会社に、あなたのヨット旅行のスポンサーになれと？

マイケル　［笑い］まあ、私の――

ミーガン　そんなこと、私になんの関係があるのかしら？

マイケル　私のお金の使い道は私の自由でしょう。とにかく、私はこうして手の内を見せているんですから、そちらも少しは見せてくれないと。お互いの事情をもう少しよく知っていたほうが、話がスムーズに進むと思うんです。だから、こうして正直にお話ししているんですよ。

ミーガン　いいですか、私たちには選択肢がいくらでもあるんですよ。お宅のガソリンスタンドを買うこともできるし、ほかで買うこともできる。新設のスタンドを買うこともできるし、中古のスタンドを買って改修することも。このエリアにこだわる必要もないんです。私たちにはこの業界の専門知識もあるし、ほかにふたつのガソリンスタンドも所有している。それを踏まえれば、かなり公平なオファーだと思うのですが。

とんだ大失敗だ。わざとしようと思ってもできないくらいの。批判すべきポイントはたくさんある。しゃべりすぎたこと。手の内を明かしすぎたこと。相手に手の内を明かすよう要求するのが遅すぎたこと。合理的でない根拠に基づいて価格を提示してしまったこと。すべてそのとおりだ。しかし、交渉が決裂した責任は、誰にあるだろう?

私は、この失敗の根本原因は、買い手の無関心さにあると思う。ある時点で、ミーガンは「そんなこと、私になんの関係があるのかしら?」と言っている。これは致命的なミスだ。ふたりの交渉が決裂してしまった理由は、このミスにある。

もしあなたが買い手なら、マイケルと戦おうとするだろうか?　確かに、マイケルはときに支離滅裂な主張もしているが、手の内は見せている。交渉相手としては最高だ。マイケルは、世界一周のヨット旅行がしたい、という望みをすごく明確に述べている。しかし、ミーガンはマイケルの望みを叶えることに関心を示さなかった。

なぜミーガンに関心を持つ必要などあるのか？　確かに、ガソリンスタンドの価格は、ヨットの値段とはなんの関係もない。

関心を持つべき理由とはこうだ。マイケルが念願の世界一周旅行を叶えられるとしたら、どうなるだろう？　彼はガソリンスタンドを売却し、ミーガンは自分の望むものが手に入る。マイケルが望みを叶えれば、ミーガンの望みも叶うのだ。

だからといって、支払額を増やす、というわけではない。買い手の目的を実現するために何かできることはないか、真剣に考える、ということだ。ミーガンがもっとマイケルの旅行に興味を持っていたら、彼が旅行から帰ってきたあとの生活費のために、7万5000ドルを積み立てていることを知っただろう。ミーガンはマイケルが管理者として優秀だと考え、帰ってきたあとの仕事を約束するだろう。仕事を手に入れたマイケルには、もう積立金は必要ない。少なくとも、7万5000ドルの積立金は。

この解決策は、オレンジの分配をめぐる交渉を思い出させる。これは、ロバート・ハウスが考案し、『ハーバード流交渉術』で有名になった演習から抜粋した例だ[24]。一方はオレンジの果汁、もう一方は皮だけを求めている。しかし、お互いにそのことを知らず、オレンジ全体を要求する。オレンジを単に半分ずつ分けるよりも効果的な分配方法を見つけるには、お互いの希望に関する情報の共有が必要なのだ。先ほどの事例でいうと、売り手は問題（旅行から帰ったあとの仕事がないこと）を抱えている。この問題は積立金によって解決するが、あらかじめ仕事を確保しておくことのほうが、解決方法としては優れている。売り手はこの可能性を考えなかったため、要求もしなかった。オレンジの例に登場するふたりが、オレンジの使い道について話す必要があるのと同じように、マイケルとミーガンは、「仕事の約束」という解決策を見つけ出すため、お互いの計画やニーズについて情報を共有する必要があるのだ。

ミーガンはほかにも、自分が解決に手を貸せるマイケルの問題を発見するかもしれない。たとえば、ヨット旅行から戻ってきたマイケルと妻にとっては、ヨットが全財産だろう。そこで、ヨットを売却する必要があるが、投げ売りはしたくない。ミーガンの会社は、ヨットを購入するわけにはいかないが（それは会社の事業の範囲外なので）、そのヨットを担保とした短期融資を行なうことならできる。そうすれば、夫婦が帰ってきてからしばらく時間的余裕が生まれ、正規の価格でヨットを売却することができるだろう。

仕事のオファーと融資は、パイを広げるふたつの方法だ。これらのオファーを得て、マイケルはようやくパイを味わえるようになる。そして、相手と取引をしたくなるだろう。

この状況は、ある非常に重要な点で、オレンジの例とは異なる。マイケルが仕事のオファーを受け取ると、彼のガソリンスタンドの販売価格が下がるのだ。これも、相手に関心を持つべき理由のひとつだ。

たとえば、ガソリンスタンド店長の給与の相場が5万ドルだとしよう。この仕事の価値は？　5万ドルではない。マイケルが5万ドルの仕事を得るために、販売価格を5万ドル引き下げたとすれば、彼は1年間〝ただ働き〟をするのと同じことになる。こう考えてほしい。旅行から戻ったあとの5万ドルの仕事を保証してもらうために、マイケルはいくら支払うべきか？

2万ドルくらいかもしれない。数カ月間、無職が続くリスクがなくなるうえ、安心感が増す。これが追加のパイだ。さらに、ミーガンにとっても追加のパイがあるかもしれない。マイケルは優秀な管理者で、優秀な管理者を見つけるのは難しい。その価値を５０００ドルとしよう。この合計2万５０００ドルが、山分けすべき余分なパイだ。

交渉相手に何かを要求されると、人はパイの取り分を要求されているのだと思い、とっさにノーと言ってしまう。単純にお金を要求されているなら、確かにそれは正しい。しかし、現金以外で、相手の望むものを与えられるとしたらどうだろう。パイはそうやって生み出されるのだ。

では、マイケルはなんと言うべきだったのか？　どんな情報を明かすべきかについては、第21章で詳しく話すが、現時点でいえるのは、世界一周のヨット旅行がしたいと話したのはまちがっていなかった、ということだ。それでガソリンスタンドの価値が下がるわけではない。しかも、特に買い手が共感（少なくとも関心）を示してくれれば、売り手が旅行後にどうするつもりなのか、という会話に自然とつながる。「引退するつもり？」「いや」「じゃあ、どうする予定なの？　ガソリンスタンドの店長として働くつもりは？」

しかし、マイケルはあれほど急いで最低ラインを明かすべきではなかったし、旅行の費用に基づいて価格を決めるべきでもなかった。ただ、ひとつだけ正しい行動があった。自分の望むものをはっきりと伝えたことだ。

私の勧める行動には一定のリスクがある。相手にあなたの望むものを伝え、相手がそれを与えてくれたら、あなたもたいていは値下げという形で、何かお返しをする必要があるだろう。たとえば、仕事のオファーにより、パイが2万５０００ドル広がるとしよう。このパイを折半するために、売り手はその仕事の利得2万ドルの半分、つまり1万ドルの値下げに応じるべきだ。また、買い手は、優秀な店長を獲得したことによる付加価値の半分、つまり２５００ドル多く支払うべきだ。合計すると、販売価格は７５００ドル下がる。

この価格調整を見越して、自分の受け取ろうとしているものの価値を実際より低く見せかけようとする人もいる。仕事のオファーの価値が1万2000ドルしかなければ、売り手は2万ドルの半分の1万ドルではなく、6000ドルしか値引きをしなくて済む。問題は、あなたが望むものを隠したり、その価値を過小評価したりすると、結局それが手に入らない可能性もある、ということだ。パイを折半すれば、あなたの生み出した価値の半分が手元に残る、という事実を忘れないでほしい。

私は対称性の価値を強く信じている。相手が望むものを与えるべきなのと同じように、相手が譲れないものを奪ってはいけない。この点については、本章の「賢い取引」のセクションでのちほど論じる。相手が本当は望まない行動を取れば、パイは破壊されてしまうだろう。そんな行動を取引に含めてはいけない。

自分の本当の望みを伝えるのをためらう人も、自分の望まないことなら進んで明かそうとするだろう。これも同じくらい有益な情報だ。相手の嫌いなことを知るのは、好きなことを知るのに役立つ。相手が絶対に譲れないものがわかれば、それが相手にとって重要だとわかる。相手は「イエス」ではなく「ノー」を通じてそれを表明するわけだ。「ノー」の声に耳を傾けることは、相手を知る絶好の手段なのだ。

壮大な夢

2年間にわたる断続的な話し合いの末、アメリカのプロバスケットボール（NBA）の2011‐12シーズンは深刻な危機を迎えた。プレシーズンは中止となり、開幕は延期された。10月、11月の試合もなくなり、あっという間にシーズン全体を棒に振ろうとしていた。労働争議によって、アイスホッケー（NHL）の2004-05シーズンの全試合が中止に追い込まれた件は記憶に新しく、NBAがその二の舞を演じるかに見えた。しかし、NBAと選手会が合意を結ぶことができたのは、お互いの真の望みを探り出し、それをクリエイティブな形で実現したおかげだった。

プロスポーツは一種のビジネスだが、ほかのほとんどのビジネスとはまったく違う。コカ・コーラとペプシの戦いを観るためにチケットを買う人などいない。コカ・コーラが他社よりもおいしい飲み物をつくり、市場を独占したら、それは競争が最高に実った結果だ。一方、ひとつのスポーツ・チームが簡単に全勝してしまったらどうだろう。試合を観戦する面白味やスリルは減ってしまう。その無敵チームのファンは連戦連勝に大喜びだろうが、ほかのチームのファンは興ざめだ。パイも消失してしまう。

スポーツで巨大なパイを生み出すには、チーム間で競争のバランスを取ることが必要だ。だからこそ、ほとんどのスポーツ・リーグは、チーム間の格差の規模に制限を設ける措置を取っている。一例として、下位に終わったチームにドラフトで優先的な指名権を与えたり、チームの登録選手の数に上限を設けたり、チームが有能な選手の獲得に費やせる金額を制限したりしている。

あるチームは30人の選手がベンチ入りできるのに、ライバル・チームは15人だけだとしたら、不公平ではないだろうか。この点に異論はないと思う。しかし、あるチームの年俸予算がほかのチームの2倍で、それだけ優秀な選手を獲得できるとしたら？　確かに、年俸総額が高いのに成績がともなわないチームもなくはないが、それは法則というよりむしろ例外だ。

NBAは、チーム間の健全な競争のバランスを保つことが、パイを最大化するうえで必須だと考えている。そこで、オーナーたちは各チームに厳格なサラリー・キャップ〔年俸総額の上限〕を求めた。しかし、それは容易なことではなかった。どの選手も（そしてファンも）、チームには勝利のために全力を尽くしてほしいと思っている。それに、チームにサラリー・キャップがあるということは、チームメイトの年俸が上がれば、上限以内でほかの選手たちに回せるお金が少なくなる、ということだ。これも選手にとっては喜ばしくない事実だ。

この団体交渉のひとつの側面として、チームのサラリー・キャップから薬物検査まで、パイを拡大するための基本原則をめぐるものがあった。[25]これらはすべて、たったひとつの数値をめぐる交渉の陰で行なわれた。それは、ＮＢＡの持つ巨大なパイの分け方を決める収益分配だ。それまでの交渉協約では、バスケットボール関連収入（ＢＲＩ）の57パーセントが選手側の取り分とされていた。ＢＲＩとは、放映権料や入場料収入などのバスケットボール関連の収益から、合意した経費を差し引いた額である。

ステフィン・カリーの年俸が４０２３万ドルだという記事を読んだとしたら、その表現は厳密には正しくない。カリーの実際の手取りを計算するには、全選手の年俸を合計して、合計額をＢＲＩに対する選手の取り分と比較しなければならない。選手の取り分が57パーセントで、年俸の合計額がＢＲＩの60パーセントなら、全選手の年俸が5パーセントの減額をこうむり、年俸の合計がＢＲＩの57パーセントまで引き戻される。逆に、年俸の合計がＢＲＩの50パーセントにしかならなければ、合計をＢＲＩの57パーセントに戻すため、全選手の年俸が14パーセント引き上げられる。契約年俸の合計がいくらであれ、オーナーが負担するのは、ＢＲＩに対する選手の取り分以上でも以下でもない。

オーナーから見ると、57パーセントという選手側の取り分は多すぎた。オーナーたちの計算によれば、前シーズンの損失額は全体で3億ドルにもおよんだ。これはチーム当たり平均１０００万ドルの損失であり、30チーム中22チームが赤字という有様だった。こうして、オーナーたちは営業損失を食い止めるための交渉に乗り出したのだ。

当然、選手たちは、取り分をなるべく多くしたかった。選手がいなければ、試合はできない。交渉が決裂し、オーナーたちがロックアウトを実施すると、私たちはオーナー抜きではやはり試合ができないのだと知った（あきらめてヨーロッパに移籍した選手も何人かはいたが、大半の選手にとっては魅力的な選択肢とは程遠かった）。

11月終盤、交渉は緊迫をきわめた。選手たちは反トラスト法訴訟をちらつかせるために労働組合を解散した。対するＮＢＡ側は、12月15日までの全試合を中止する。1日1日、試合が中止されるたび、選手とオーナーの双方が数百万ドル単位の損失をこうむっていた。とはいえ、両者は目前まで歩み寄っていた。オーナーはＢＲＩの折半を提案し、選手たちは51対49という分配まで妥協を見せていた。[26]しかし、両者とも、合意に至る最後の妥協ができずにいた。

それまで、両者は巨大なパイを生み出すために最善の努力をしていた。各チームの支出できる予算総額に厳格な上限は設けられなかったが、オーナーと選手たちは、平均を大きく上回る支出をしたチームに罰則を与える一連の税を考案した。しかし、分配に合意できなければ、パイそのものがまったく生まれない。

この行き詰まりを打開した解決策は、予測収益額と比較した実際の収益額に基づき、選手側の取り分を調整する支払い方式だ。最終的な合意はこうだった。

選手の年俸総額＝

予測ＢＲＩの50パーセント＋（実際のＢＲＩ－予測ＢＲＩ）×60・5パーセント

ただし、率の上限は51パーセント、下限は49パーセントだ。

つまり、合意に至るひとつの方法は、相手が望むものを与えることなのだ（あなたが望むものを得るために）。選手たちは、なんとしてもＢＲＩの51パーセントを受け取りたかった。合計収益が予測を超えれば、オーナーに資金的余裕が生まれ、選手たちは予測を超過した分の60・5パーセントを受け取れる。こうして、選手たちは望みを叶えた。収益が予測を10・5パーセント以上上回れば、選手たちは51パーセントを満額受け取れることになる。

収益が予測を下回った場合、オーナーたちは50パーセント以上を支払う必要がなく、場合によっては49パーセントまで下がることもある。このスライド制のおかげで、予測目標どおりか、目標を少し下回ったとしても、損失を出さずに済むようになる。こうして、オーナーは損失から身を守ることができ、ファン、オーナー、選手はシーズンを棒に振らずに済んだ。

選手とオーナーが結んだ条件つき合意は、不確実なパイへの対処に役立った。蓋を開けてみれば、収益は予測を10・5パーセント以上上回った。選手たちは収益の51パーセントを受け取り、オーナーたちは予測を上回る利益を上げた。この合意はあまりにも効果的に機能したため、２０１６年に更新の時期がやってきたときも、両者は揉めることなく、同じ方式を採用したのだ。

賢い取引

相手が望むものを手に入れようとしているのなら、あなたも望むものを手に入れるべきだろうか？その答えはイエスだが、ちょっとした注意が必要だ。「あなたが望むもの」の意味に注意しなければならない。

電気自動車のシボレー・ボルトを買いに出かけたとき、私が重視するスペックが３つあった。年式、

	2019年モデルの利得（2020年モデル比）
カラー＋年式	－1500ドル
インフォテインメントの価値	295ドル
インフォテインメントの費用	－595ドル
仕入れ値の減少分	1000ドル
ディーラーの利益の減少分	2500ドル
合　計	**1700ドル**

色、パッケージだ。当時は２０１９年終盤で、私は２０２０年モデルがほしかった。２０１９年モデルと２０２０年モデルはほとんど瓜二つだったが、２０２０年モデルのほうがやや価値が高いだろう、と踏んだ。色はオレンジのメタリック塗装を希望。それから、５９５ドルもするインフォテインメント〔情報と娯楽を提供する車載システム〕パッケージは不要だった。

結局、私が購入したのは、インフォテインメント搭載の２０１９年モデルのブルーのシボレー・ボルトだった。目標が３つとも叶わなかったのだから、交渉は失敗だろうか？　とんでもない。ディーラーは私以上に３つの目標を気にかけてくれた。私はディーラーに花を持たせることで、好条件の取引を実現したのだ。

私はまず、選択肢を見定めるため、何軒かのディーラーに連絡を取った。残念ながら、どのディーラーにも、オレンジ・カラーやインフォテインメント非搭載の２０１９年モデルがなかった。２０２０年モデルであれば、私の希望どおりの車があった。しかし、仕入れ値３万７０８５ドル、ディーラーの利益３０００ドル、というのが最安値だった。

こうして、その完璧な２０２０年モデルを購入するというのが、私のBATNAとして確定した。私は重要な要因を表に書き出していった。２０２０年モデルは、高い再販価値と、あのうっとりするオレンジ・カラーを踏まえると、２０１９年モデルを１５００ドル上回る価値があった。よって、２０１９年のブルーのプレミア・モデルを買うと、まず１５００ドルの損失となる。次に、２０１９年モデルではインフォテインメント・パッケージが必須である点を考慮した。このシステムの価値は、私から見ると２９５ドルしかなかった。あいにく、インフォテインメント・パッケージ搭載のせいで価格が５９５ドル高くなっていた。ここまでは、ＢＡＴＮＡを１８００ドル下回っている。

次に、自動車の仕入れ値とディーラーの利益の両面で価格交渉に臨んだ。２０２０年モデルにすることで、仕入れ値は3万６０８５ドルから3万７０８５ドルに上がった。２０１９年モデルにすれば１０００ドルが浮く。最大の違いはディーラーの利益だった。ディーラーは、２０２０年モデルの利益３０００ドルに対して、売れ残りの２０１９年モデルなら５００ドルでかまわない、と言ってくれた。２５００ドルの利得だ。

すべてを考慮すると、２０１９年モデルを買うほうが、私の理想の車を買うよりも、私にとっては１７００ドルの得になる（右ページ表）。私は、カラー、インフォテインメント、年式では交渉に負けた。それは、ディーラーがこれらの選択肢について私よりも真剣に考え、価格でその埋め合わせをしてくれたからだ。*

要するに、私は損して得を取ったのだ。そして、同じことはあなたにもできる。相手の望むものを与えよ、というのは、要するに相手があなた以上に望んでいるものを与えよ、という意味だ。そうしたら、相手は値下げという形でその埋め合わせをすればいい。そうして、パイは生み出されるのだ。

同じように、あなたが相手以上に何かを望んでいるなら、相手はそれをあなたに与え、あなたはその対価を支払えばいい。何かを望んでいる人ほど、進んでその対価を支払おうとするはずだ。

誰がどの争点で勝ったのかを記録し、勝敗の数を五分五分にしたくもなる。だが、これは誤った計算だ。お金で埋め合わせがきくなら、両者がともに得をすることもできるのだ。いったいどういうことなのか、家の価格交渉を例に見てみよう。

初めてのマイホームを購入しようとしていたアンディとベンは、手入れの行き届いたツーソン郊外のランチハウスを見つけた。売値は65万ドル。もう少し探せばもっと条件のよい家が見つかることを踏まえ、ふたりは家の価値を62万ドルと見積もり、60万５０００ドルを提示した。やり取りを重ねた末、売り手は価格を63万ドルまで引き下げ、買い手は上限の62万ドルまで引き上げた。かなり近くまで歩み寄ったものの、合意には至っていなかった。お互いにその価格が自身のＢＡＴＮＡだと考えていたため、それ以上は譲る気がなかった。

そこで、両者はこの価格差を解消するクリエイティブな解決策を探した。アンディは、リビングとダイニングの家具をセットにしてくれたら、この価格差を解消してもいい、と持ちかけた。彼は家具を１万ドルと評価していたので、家具込みなら喜んで63万ドルを支払うつもりだった。

売り手は提案を歓迎した。今よりも小さな家に住み替えるつもりだったので、彼らにとって家具には６０００ドルの価値しかなかった。家具込みでの売却は名案だ、と売り手は言った。ただし、その場合、売値は63万６０００ドルまで上がる。いまだ取引成立とはいかなかったが、価格差は着実に狭まっていた。今やわずか６０００ドルだ。

次はベンが創造力を発揮する番だった。新学期に間に合うよう、契約手続きの完了日を８月に繰り上げられないか？　契約手続きを９月から８月に前倒しする価値は、ベンたちにとって２万ドルなので、オファーを65万ドルまで引き上げられる。

家の売り手はまだ引っ越し先を見つけていなかったので、どちらかというと９月契約のほうが望ましかったが、いざとなれば、貸し倉庫にでも荷物を預ければいい、と思った。８月ではなく９月に契約する価値は、売り手たちにとっては1万ドルしかなかった。つまり、価格が63万6000ドルから64万6000ドルに上がるなら、喜んで8月契約に応じるつもりだ。

残るは4000ドルのパイだ。両者は新しい査定額について正直に話し、64万8000ドルで契約を結んだ。クリエイティブな解決策を考え出す前、両者には1万ドルの価格差（マイナスのパイ）があった。しかし、クリエイティブな解決策のおかげで、何もないところに1万4000ドルもの価値が生まれ、両者で山分けできる合計4000ドルのパイが生み出されたわけだ。

買い手はふたつの争点で〝勝利〟を収めた。家具と早めの契約完了日だ。売り手もまた、販売価格の増額という点で〝勝利〟した。もちろん、買い手にとっては、家具と契約完了日を自分の希望どおりにし、なおかつ高値を支払わずに済めば理想的だろう。しかし、それは私が2020年モデルを2019年モデルの価格で手に入れようとするのと変わらない。試すことはできるが、より得策なのは、希望の多い側がそれを勝ち取り、価格面でその埋め合わせをする、という方法なのだ。

ある意味、誰がどの争点で勝利するかをめぐる交渉は、ショッピングに似ている。あなたにとって

＊　私はそのディーラーとパイを均等に分け合ったといえるだろうか？　わからない。私は1700ドル、ディーラーは500ドルの得をした。一見すると私のほうが得をしたようだが、ディーラーには総売上に基づく隠れたインセンティブがあったのかもしれない。あるいは、私が買わなければ、最終的にどうしても売れ残って、1200ドルの損をしてでも売らざるをえなくなっていたかもしれない。だとすれば、500ドルの利益というのは、ディーラーのBATNAを1700ドル上回る。また、ディーラーは将来的なアフターサービスでも儲けられる（私が利用したとして）。おまけに、私はコネチカット州が電気自動車の税額控除を3000ドルから1500ドルに引き下げる前に、契約を結ぶことができた。連邦による7500ドルの税額控除、州による3000ドルの税額控除、それからゼネラルモーターズによる750ドルの教育者割引。ノーとは言いづらかった。

6000ドルの価値しかないものを、1万ドルで買おうとは思わないだろう。交渉も同じだ。あなたにとって6000ドルの価値しかないものを、相手に1万ドルの負担を背負わせてまで勝ち取るべきではない。だからこそ、先ほどの売り手は、契約完了日の前倒しや家具込みの販売について争うべきではないのだ。

交渉とショッピングの違いは、定価が存在しない、という点だ。両者が自分の査定額を正直に打ち明ければ、お互いが価格を知っているのと同じ状態になる。そして、パイを広げるような賢い取引をし、パイが縮小するようなまずい取引を避けられるようになる。

最後にひとつ、こんな問題について考えてみたい。売り手も契約完了日の前倒しを望んでいて、その価値を1万ドルと評価していたら？　この場合、どちらも9月までは待ちたくない。唯一の疑問は、価格をどう調整するべきか、という点だ。どちらも同じ結果を望んでいるのだから、調整は必要ない、というのがひとつの考え方だろう。

売り手にとって、63万ドルという提示価格の価値は、63万ドル＋1万ドル（契約完了日）－6000ドル（家具）＝63万4000ドルとなる。これは、BATNAを4000ドル上回る額だ。

一方、買い手にとって、63万ドルという提示価格のコストは、63万ドル－2万ドル（契約完了日）－1万ドル（家具）＝60万ドルとなる。これは、BATNAを2万ドル下回る。

契約完了日を前倒しすることで、63万ドルという買い手の元の提示価格で取引が可能になったことは事実だ。また、契約完了日を前倒しすることで、63万6000ドルという売り手の元の希望価格で取引が可能になったことも事実だ。どちらの価格も成り立つからといって、一方を選ぶべきだとか、両者の中間を取るべきだ、ということにはならない。分け合うべきはパイだ。

価格が63万ドルの場合、2万4000ドルのパイを4000ドルと2万ドルに分け合うことになる。

価格が63万6000ドルの場合、2万4000ドルのパイを1万ドルと1万4000ドルに分け合うことになる。均等に分け合うには、双方が1万2000ドルずつ得できるように、価格を63万8000ドルまで上げるべきだ。

買い手は契約完了日の前倒しを、売り手より1万ドル高く評価しているわけだから、提示価格を5000ドル上げるべきなのだ。63万ドルの提示価格と63万6000ドルの希望価格の中間を取り、5000ドルを加えれば、価格は63万8000ドルになる。これがパイを折半した結果だ。*

価格を調整する理由は、両者が利得の分配方法に合意するまで、1万ドルの利得も2万ドルの利得も生じないからだ。これはCEMAの事例となんら変わらない。買い手も売り手もCEMAの利用を望んでいる。しかし、両者の利得は税法に応じて異なる。当初の分配だと、売り手は利得の20パーセント程度しか受け取れなかった。今回の例でも、価格調整がなければ、売り手は2万4000ドルのパイのうちの4000ドルしか受け取れない。よって、売り手はあくまでパイの半分を要求するべきだ。

一方だけが望みのものを手に入れる場合、パイを山分けするため、相手にその補償を行なう理由は理解しやすい。しかし、両者が同じ結果を望んでいるものの、その度合いが異なるケースもある。補償がなければ、結果として、パイの分配は偏ってしまう。しかし、そのパイを生み出すには、相変わらず両者の存在が不可欠だ。その点、お金は、パイの平等な分配を助ける潤滑油のようなものなのだ。

＊　契約完了日を変更する前、63万3000ドルという中間価格は、両者にとって取引不成立よりも3000ドル悪い結果だった。新しい契約完了日と5000ドルの価格調整は、それぞれに1万5000ドルの価値をもたらし、両者にとって1万2000ドルの得になるのだ。

第17章　相手とパイのとらえ方が異なる場合は？

一方のほうが相手より楽観的である、というケースは少なくない。自分がポットを獲得する気で満々なのに、みんなから次々とベットをコールされてしまうポーカーのプレイヤー。ライバル・チームも同じくらい自信があるのに、自分のチームが優勝すると信じてやまないスポーツ選手。投資家たちは半信半疑なのに、自分の会社が次世代のアマゾンやテスラになると思い込んでいる起業家。

こうした状況では、パイを計算するのは厄介だ。当事者間でパイのとらえ方が異なるからだ。基本的な事実でさえ合意できないのに、どうやって交渉を進めればいいだろう？　パイについて見解が食い違っているのに、どうパイを分配しろというのか？

パイが明確化するまで待つ、というのが前に紹介したひとつの選択肢だ。事前にパイの大きさについて合意する必要はない。パイが明確化したら等分する、ということに前もって合意するだけでいいのだ。しかし、パイの大きさについて見解が異なる場合、もっといい選択肢がある。

見解の違いによってパイが広がる可能性がある、という実例を紹介しよう。そのために、ある詳細な交渉の例を紹介する。次のジンキットの事例では、発明者のほうが潜在的な購入者よりも、薬の認可確率をずっと楽観的にとらえている。以下の事例を読みながら、あなたならこういう人物とどう交渉するか、考えてみてほしい。逆に、あなたがその発明者の立場だったら、何を要求するだろう？

ジンキット

アリ・ハサンは、ずっと発明家になるのが夢だった。高校時代には、インテル・サイエンス・タレント・サーチ〔高校3年生を対象とした科学コンテスト〕で2位に入ったこともある。その後、マサチューセッツ工科大学で化学を学んだのち、タフツ大学で医学博士号を取得した。ハサン医師は、本業で放射線腫瘍科の開業医をしていたが、週末を利用して実験にいそしんでいた。彼の最新の実験はごくごく個人的なものだ。ハサンの父は胃酸の逆流に悩んでいた。これは食道がんの原因にもなる非常に不快で危険な症状だ。ハサンはミネラル類を用いた伝統医療を試し、ウコン、大麦若葉、亜鉛塩の混合物にたどり着いた。これを制酸薬ブランド「タムズ（Tums）」の主成分である炭酸カルシウムに加え、圧縮して錠剤にした。

　父の症状が劇的に改善したのを見て、ハサン医師はパイロット試験を行ない、そのデータを用いて胃酸逆流への亜鉛塩の使用に関する特許を取得した。その論文が《米国消化器学会誌（*American Journal of Gastroenterology*）》に発表されるやいなや、彼の特許の独占的ライセンスを取得しようとする企業から、続々と問い合わせが舞い込みはじめる。ある企業は、彼の錠剤をタムズのライバル商品にしようともくろんでいた。その「ザムズ（Zums）」チームは、アメリカ食品医薬品局（FDA）の認可の取得申請をせず、ハサンの発明を栄養補助食品として売り出そうと考えていた。ザムズから現金2000万ドルのオファーを受けると、ハサンは驚くとともに、大喜びした。

　医師であり科学者でもあるハサンにとっては、夢のような選択肢だったが、彼は

自身の発明を、栄養補助食品ではなく薬として認めてほしかった。ＦＤＡに認可を申請した経験も、申請への関心もなかったザムズの場合、そうはいかなかった。ハサンはライセンスの購入を希望する別の企業とも話をしていた。その「ジンキット（Zinc-It）」チームは、ＦＤＡの認可プロセスに関する経験を持ち、申請に前向きだった。ジンキットと何度か話し合った結果、左ページの表に示した5種類のパッケージが検討された。

ＦＤＡの認可が下りれば売上が急増するので、ジンキットは喜んで申請プロセスに取り組むつもりだった。成功すれば、同社は契約期間全体で1億２０００万ドルの利益を得られる見込みだ。一方、ＦＤＡの認可が下りなければ、ジンキットは栄養補助食品の道を取らざるを得ず、期間全体の推定利益は２０００万ドルにとどまるだろう。

ジンキットのチームは、ハサンの錠剤が認可を得られる確率を10パーセント程度と見積もった。ジンキットの見積もりを聞いたあとも、ハサンはその薬の有効性は抜群なので、認可される確率は60パーセントある、と信じて疑わなかった。ＦＤＡの認可が下りる確率について、両者の見解は真っ向から食い違った。

その結果、パイや各パッケージの価値についても、見解が食い違った。たとえば、ハサンにとってのパッケージBの期待値は、２０００万ドル＋60パーセント×１５００万ドル＋40パーセント×０ドル＝２９００万ドルだ。確実な２０００万ドルの前払い金と、60パーセントの確率で受け取れる１５００万ドルのボーナス（そして、40パーセントの確率でボーナスなし）を合計した値だ。ジンキット

パッケージ	前払い金	ボーナス (FDAの認可が下りた場合)	期待値 (ハサン：ジンキット)
A	2500万ドル	0ドル	2500万ドル：500万ドル
B	2000万ドル	1500万ドル	2900万ドル：850万ドル
C	2000万ドル	1000万ドル	2600万ドル：900万ドル
D	1700万ドル	1500万ドル	2600万ドル：1150万ドル
E	1200万ドル	2000万ドル	2400万ドル：1600万ドル

にとってのオファーBの利益の期待値は、850万ドルだ。FDAの認可が下りなければ（確率90パーセント）、ジンキットはハサンに2000万ドルを前払いするが、亜鉛塩の錠剤を栄養補助食品として販売した場合の利益2000万ドルによって帳消しになる。よって、ジンキットの儲けはなしだ。FDAの認可が下りた場合（確率10パーセント）、ジンキットは1億2000万ドル儲かり、ハサンに2000万ドルの前払い金と1500万ドルのボーナスを支払うので、8500万ドルの純益となる。10パーセントの確率で8500万ドルが儲かるので、期待値は850万ドル。最右列の数値は、同様の計算を5種類のオファーすべてに対して行なったものだ。

ザムズの提示した巨額のオファーを踏まえると、ジンキットは、2000万ドル未満のオファーではハサンの心はつかめないとわかっていた。2000万ドルがザムズのオファーであり、ハサンのBATNAだった。ジンキットのBATNAは現状維持だ。つまり、ハサンは、この取引から期待される利益以上の額をジンキットから受け取ることはありえない。この薬の潜在的な利益の期待値（ハサンへの支払い前）は、ジンキットから見ると、次のとおりだ。

90パーセント×2000万ドル＋10パーセント×1億2000万ドル
＝1800万ドル＋1200万ドル＝3000万ドル

ハサンとの契約にかかる費用の期待値と３０００万ドルとの差額が、ジンキットの利益の期待値に当たる。したがって、パッケージＡのもとで２５００万ドルを支払った場合、ジンキットの利益は平均５００万ドルとなる。

背景的な事実はこれで全部だ。もういちどザムズのところに戻って、２０００万ドルのオファーの引き上げを再交渉する、ということはできない。また、ほかの入札者も考えられない。この時点で、あなたがハサンだったら、またはジンキットだったら、どのようなオファーをするかを考えてほしい。この場合の公平な取引とは？

ただ頭のなかで答えを練るよりも、実際に交渉してみるほうがいいだろう。続きを読む前に、友人か同僚をつかまえて、この事例について交渉してみてほしい。パートナーが見つからなくても、心配は無用。頭のなかで交渉を再現すればいい。いったいどういう結果になるだろう？

交渉に当たり、リスクは無視してほしい。もちろん、リスクが重要な要因だということは十分に承知している。ただ、考慮しなければならない要因は山ほどあるので、ここでは単純化のため、見解の違いにのみ着目したい。したがって、期待値のみに基づいて、それぞれの選択肢を評価してほしい。

検討してほしい選択肢は5つだ。最初は（交渉を再現する場合は15分程度）、まずこの5種類の選択肢の範囲内で検討してほしい。その後は、新しい選択肢を自由に練ってかまわない。Ａ～Ｅに関してすぐに合意に至った場合は、早めに新しい選択肢を検討してかまわない。ただし、15分間で、Ａ～Ｅに関する合意がまとまらないようなら、Ａ～Ｅに関する交渉は打ち切り、新しい選択肢を加えることを検討してほしい。

最初のステップはパイの計算だ。見解の違いがこの計算を厄介にする。何度も述べているとおり、

パッケージ	期待値	パイ
A	2500万ドル＋ 500万ドル	3000万ドル－(2000万ドル＋0ドル)＝1000万ドル
B	2900万ドル＋ 850万ドル	3750万ドル－(2000万ドル＋0ドル)＝1750万ドル
C	2600万ドル＋ 900万ドル	3500万ドル－(2000万ドル＋0ドル)＝1500万ドル
D	2600万ドル＋1150万ドル	3750万ドル－(2000万ドル＋0ドル)＝1750万ドル
E	2400万ドル＋1600万ドル	4000万ドル－(2000万ドル＋0ドル)＝2000万ドル

お互いのＢＡＴＮＡを上回った分がパイに相当する。ハサンにとってのＢＡＴＮＡは、２０００万ドルの契約であり、ジンキットにとってのＢＡＴＮＡは現状での利益だ。ジンキットがこの契約で得た利益が、まるまるＢＡＴＮＡを上回る利得となる。したがって、すべての計算にジンキットの現状の利益を含めるより、交渉決裂時のジンキットの利益を０ドルとして考えるほうがわかりやすい。よってパイは、ハサンの報酬額の期待値とジンキットの利益の期待値の合計から、２０００万ドルを差し引いたものとなる。

たとえば、選択肢Ａの場合、先ほどのふたつの期待値の合計は２５００万ドル＋５００万ドル＝３０００万ドルとなり、両者のＢＡＴＮＡを１０００万ドル上回る。これらの期待値は、２２３ページの表の最右列に記載されていたもので、上の表の中央列に転記してある。

両者がＢで合意すれば、利益の合計は３７５０万ドルとなり、交渉決裂時の２０００万ドルを１７５０万ドル上回る。この１７５０万ドルがパイだ。どの事例でも、合意成立時の両者の利益の期待値の合計から、（ＢＡＴＮＡを考慮するために）２０００万ドルを差し引いて、パイを計算している。

すぐにわかることが何点かある。パイが最小なのはA、最大なのはEの場合。BとDではパイは同じ。ハサンにとって望ましい選択肢はBで、ジンキットにとって最善なのはE。そして、どちらにとってもAよりはBのほうがいい。

この交渉が文字どおり何千回と再現されるのを見てきた私は、この交渉に臨む方法が何通りかあることに気づいた。

強硬策に出る　一方が相手のBATNAを少しだけ上回る条件を提示する。

選択肢を交互に消す　相手がいちばん望ましい選択肢を消したら、自分もいちばん望ましい選択肢を消す。

選択肢をグラフ化する　グラフを用いて、どの選択肢がパイをもっとも均等に分配しているかを視覚化する。

事後的にパイを分配する

ビーツをブロッコリーと交換する　お互いの望むものを与え合う。

大穴を狙う

以下、ネタバレに注意。実際に交渉を行なうつもりなら、ここでしおりをはさみ、交渉が終わってから続きを読んでほしい。

強硬策に出る

私は半々の分配を信条にしているが、半分以上、ときには大部分の分け前を得ようとする人々もいる。前払い金のみに基づく取引の場合、考えられる前払い額の範囲は2000万ドルから3000万ドルまでだ。ハサンは2000万ドルのオファーをすでに受けているので、それ未満の額は絶対に受け入れないだろう。そして、ジンキットが3000万ドル以上を支払えば、平均的には損をしてしまう。つまり、前払い金が2000万ドルなら、1000万ドルのパイはまるまるジンキットのものになり、3000万ドルならまるまるハサンのものになる。選択肢Aでは、1000万ドルのパイをちょうど折半している。ハサンにとって、2500万ドルはザムズのオファーより500万ドル高く、ジンキットは平均500万ドル儲かると期待できる。

相手がパイの半分以上を要求してきたら、どう応じるべきだろう？　パイに関しては、すべてが完全に対称的だ。相手が自分に有利な6対4の分配を提示してきたら、あなたは4対6の分配を提示し返せばよい。どんなオファーに対しても、それと同等な逆の対案を出せる、と覚えておこう。ミュージカル『アニーよ銃をとれ』には申し訳ないが、相手にできることならなんでも、あなたも同じようにできるのだ〔同ミュージカルの楽曲のひとつに、「あなたにできることならなんでも、私はもっとうまくできる」という有名な歌がある〕。

それでも、この手法を文字どおりに実践するのは問題がある。次の交渉の台本について考えてみてほしい。ハサンは極端な対案を提示した結果、窮地に陥ってしまった。

ジンキット（買い手）　さっそく本題に入りましょう。

ハサン（売り手）　ええ。

ジンキット　ザムズから２０００万ドルのオファーを受けたそうですね。

ハサン　そのとおりです。

ジンキット　弊社はそれ以上の条件を用意しています。

ハサン　それはありがたい。

ジンキット　ええ。２０００万と10ドルではいかがでしょう。

ハサン　？？？

ジンキット　２０００万と10ドルです。

ハサン　ある程度上回る条件、という意味だと思ったのですが。

ジンキット　ですから、２０００万10ドルというのは、ザムズのオファーを10ドル上回っていますよね。

ハサン　ビジネスの観点からして筋が通らないのでは。計算によると、御社の上限額は3000万ドルのはず。御社のロジックを用いるなら、2999万9990ドルを支払っていただくのが筋かと。これはあなた方のオファーとまったく同じ——

ジンキット　2900万ドル？　冷静に話し合いましょう。あなたがザムズからオファーされた額は2000万ドルですよね。

ハサン　ええ、そうです。2999万9990ドルで合意すれば、御社にとっては10ドルの得になる。少しくらい妥協が——

ジンキット　ザムズのオファーより1000万ドルも高い額を要求しようなんて、少し虫がよすぎるのでは？

ハサン　虫がよすぎるのはあなた方のほうだと思うのですが。

ジンキット　わかりました、この話はなかったことにしましょう。ありがとうございました。

こうして、買い手は部屋を出ていった。

侮辱的なオファーに、同じくらい侮辱的なオファーで対抗してしまったことが原因だ。相手が侮辱的なオファーをしてきたら、本当にオファーをひっくり返すのではなく、仮定の話として逆のオファーを提案するほうが効果的だ。パイが1000万ドルなのに、相手があなたに10ドルの取り分を提示してきたら、本当にそのオファーをひっくり返し、相手に10ドルの取り分を提示するのではなく、次のように、もう少し仮定的な形でオファーをひっくり返すのだ。

1000万ドルのパイのうち、私に10ドルをくださると言うのですね。もし私があなたに10ドルを渡し、私が999万9990ドルを受け取ることを提案したら、どう思うでしょう？　きっと腹が立つのでは。でも、そんな提案をするつもりはありません。私の交渉スタイルに反しますから。ただ、私が10ドルをオファーされたときの気持ちは、あなたが私からたったの10ドルしかオファーされなかったときの気持ちとまったく同じだ、ということだけはご理解ください。

私はこの手法を、「水で火と戦う」方法と呼んでいる。あなたにわずか10ドルをオファーしたことで、相手は火をつけた。あなたは10ドルをオファーし返して、火をつけ返すこともできる。そうなれば大炎上だ。誰かが火をつけてきたら、その火を消すのが賢い行動だ。

火を消して、パイを山分けするよう相手を説得するといっても、パッケージAに合意するべきだ、というわけではない。パイが小さいからだ。お互いの世界観が違うからこそ、ウィン・ウィンの状況がつくり出せる。実際、B、C、Dのほうが、どれもお互いにとってAよりも得なのだ。

選択肢を交互に消す

実際に、交渉者たちは数ある選択肢のなかからどう決断を下すのだろう？　よくある戦術は、選択肢を交互に消す、というものだ。「あなたがこの選択肢を消してくれるなら、私もこの選択肢を消します」「あなたがBを除外するなら、私もEを除外します」。公平な手続きにも見えるが、先にはっきりと言っていこう。私はこの考え方は的外れだと思う。選択肢どうしを取引するのは、公平でもなんでもないのだ。

ジンキットがハサンや彼の弁護士とこのやり取りをしたらどうなるか、例で見てみよう。

ジンキット　選択肢を削りましょう。一歩ずつ前進していけば、最終的に――

ハサンの弁護士　Eを削るのがよさそうだ。

ジンキット　いや、Eは残しましょう。

ハサンの弁護士　すでに話し合ったとおり、Eはお互いのためにならない。ですから――

ジンキット　Eはそちらにとっては不都合かもしれませんが、私にとっては大歓迎です。選択肢を削るというなら、そちらがBを削ってくれれば、こちらもEを削りましょう。

ハサンの弁護士　いやいやいやいやいやいやいや。絶対にありえない！

ジンキット　お互いに妥協しないと。

ハサンの弁護士　Bは残します。

ジンキット　Bは残せませんよ。

ハサンの弁護士　お互いに妥協して、Eは削るべきだと思いますが。

ジンキット　話を聞いていませんね。それじゃ、こちらが一方的に不利でしょう。

ハサンの弁護士　いやいやいや。ちゃんと聞いていますよ。でも、それは無理な話だと言っているんです。Eは消して、Bは残します。

ジンキット　本当にわからない方ですね。そちらがBに関して妥協しないかぎり、私もEに関して妥協はできない、と言っているんです。そうすると――

ハサンの弁護士　それだけは無理です。考え直してください。

ハサン　（弁護士より妥協を示して）それでいいんじゃないですか。それでいいと思います。

ジンキット　すばらしい。ありがとうございます。ようやく、この交渉のために譲歩してくれる人物が現われましたね。さて、残るはCとDです。

これが、パイの考え方を用いないと起こることだ。一見すると公平でありながら、確固たる原則に基づかない手続きをその場でひねり出すのだ。

相手がBを消せば、自分もEを消す、という考えにはなんの正当性もない。お互いが最善の選択肢を断念しているので、一見すると公平なようだが、問題は、Bがパイをほぼ完璧に分け合っているのに対し、Eが極端に偏っている、という点だ。このやり方だと、たいていはDという結果に落ち着く。パイの大きさはBと同じだが、ジンキットに有利な分け方になっている。

実際、あなたがこのやり方を採用すると思ったなら、相手はあなたから見て最悪な選択肢、F、G、H、I、J、K、L、M、N、O、Pを追加してくるだろう。A、B、C、Dを消すのと引き換えに、こうした選択肢を消すのは、公平に見えるだろう。実際には、これらは単なるおとりでしかなく、最終的には選択肢Eや、もしかするとさらに悪い選択肢が残るはめになる。おそらく、いくつかのひどい提案の中間を取るはめになるが、これのいったいどこが公平だろう。

手続きの公平性という考えは、たいへん強力だ。いったんあるプロセスを開始すると、そこに勢いが生まれる。お互いが妥協をすれば、当事者たちはこれをお互い様とみなす。お互いが何かを断念しているからだ。このお互い様のやり取りこそが、このプロセスは公平だ、という誤解の元凶なのだ。

しかし、これは真のお互い様とはいえない。妥協の内容が同等とはかぎらないからだ。不公平な結果を取り除くために、公平な結果を断念するのは合理的でない。繰り返そう。公平な結果を断念するのは合理的でない、それだけだ。当事者たちは、公平な結果を追求しているのではなく、公平に見えるプロセスに踊らされているだけなのだ。しかし、このプロセスや結果に公平なところなどひとつもない。選択肢を交互に消していくのだからお互い様だ、という考えは、幻想にすぎないのだ。この方法は、公平な結果を犠牲にするだけではない。あとで簡単にあきらめのつく最悪の選択肢を生み出すというやり方で、交渉を不正に操るインセンティブを人々に与えてしまうのだ。

ここまでは、避けるべき行動にスポットライトを当ててきた。次は、賢明な行動に注目を移そう。

選択肢をグラフ化する

数値ばかりを見ていると、目がしょぼしょぼしてくる。選択肢BとDのメリットについて、お互いの主張が延々と平行線をたどることもあるだろう。選択肢をグラフ化すれば、すべてがずっと明確になる（下の図）。

Aは1000万ドルのパイをきっかり等分していることがわかる。また、どちらにとってもAよりBのほうが望ましいので、Aはほぼ問題外だとわかる。選択肢Eは、パイが最大だが、分配がきわめて偏っている。よって、Eも除外。ハサンはCでもDでもかまわないが、ジンキットにとってはDのほうが望ましい。Cを選ぶ理由はない。これで、残るはB

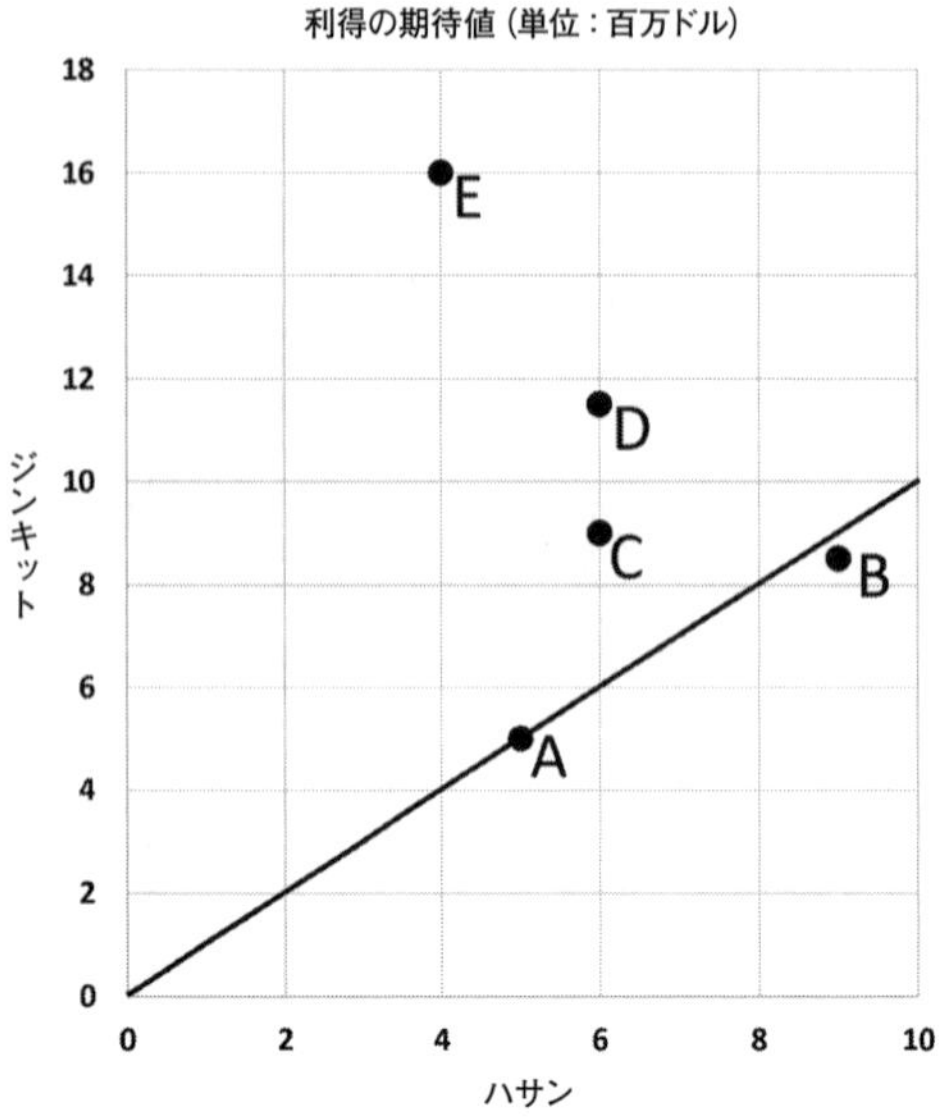

とDだ。

パイの大きさはどちらも同じ（1750万ドル）。しかし、グラフを見ればすぐにわかるとおり、分配はBがほぼ半々なのに対し、Dははるかに不均等だ。このグラフは、Bを支持すべき明確で説得力のある根拠を示している。ジンキットにとって、この結論は不服かもしれないが、有力な反論はない。5つの選択肢をグラフ化すれば、公平な結果が両者にとって一目瞭然となる。無駄な時間をほとんどかけずに、交渉を終えられるのだ。

ここまでは、特定の5つの選択肢をめぐる交渉に着目してきた。しかし、新しい選択肢を生み出すという考えに心を開けば、ずっと大きなパイを生み出す可能性が生まれる。

事後的にパイを分配する

このシナリオでは、ハサンとジンキットが現時点では合意しないことで合意することになる。両者はFDAの認可が下りる確率については合意しないものの、認可された場合、追加で1億ドルの利益が生じること、そしてそれを折半することで合意するのだ。つまり、前払い金が2000万ドル（ザムズと同額）、ボーナスが5000万ドルだ。

FDAの認可が下りなかった場合、両者ともにこの取引から得るものはない。ハサンはザムズと契約した場合と同じ額を受け取り、ジンキットは収支ゼロだ。FDAが認可すれば、両者ともに5000万ドルの儲けとなる。

一見すると公平なようだが、ひとつ問題がある。契約時点での評価額を見てみよう。ハサンはこの契約の価値を2000万ドル＋60パーセント×5000万ドル＝5000万ドルと考えている。これはザムズのオファーを3000万ドル上回る。一方、ジンキットは、FDAの認可が下りた場合にのみ利益を得る。利得の期待値は、10パーセント×5000万ドル＝500万ドルでしかない。つまり、パイは3500万ドルと巨大なのに、それをかなり不均等に分配していることになるのだ。

ビーツをブロッコリーと交換する

理想的な契約とはどのようなものだろう？

この疑問に答えるため、まずは、小スコップ3杯分ずつのビーツとブロッコリーの分け方をめぐるアイ・ピンとボー・リンの交渉を考えてみよう。アイ・ピンは、ブロッコリーよりもビーツが好きで、ボー・リンは、ビーツよりもブロッコリーが好きだ。この場合、ビーツとブロッコリーを半分ずつ分ける、というのは誤った答えだ。アイ・ピンはビーツ、ボー・リンはブロッコリーのほうが好きなのだから、ビーツはアイ・ピン、ブロッコリーはボー・リンにすべて渡すほうがはるかにいいだろう。

ジンキットの事例には、前払い金とボーナスがある。この状況はちょうどビーツとブロッコリーに似ている。ハサンは1ドルのボーナスを60セントと評価している一方、ジンキットは10セントの費用ととらえている。事後的な分配では、ハサンにボーナスの半分のみを与えることになるが、むしろボーナスの全額を与えるべきだ。ボーナスが1ドル増えるたび、50セントの余分なパイが生み出されるからだ。

223ページの表を見ればわかるとおり、ボーナスがなければ、パイは1000万ドルだ。ボーナスが1500万ドルに増えれば（選択肢B）、750万ドルの余分なパイが生み出され、パイの合計は1750万ドルになる。ボーナスが2000万ドルにまで増えると（選択肢E）、1000万ドルの余分なパイが生み出され、パイの合計は２０００万ドルになる。

どこまで行くべきだろうか？　ビーツとブロッコリーの例と同じように、極限まで進めるべきだ。ハサンにボーナスを与えれば与えるほど、パイは大きくなる。パイが最大になるのは、ＦＤＡの認可に際して１億ドルのボーナスをハサンに与えた場合だ！　すると、６０００万ドルのパイが生み出される。

では、１億ドルでやめるべき理由は？　あまりにも額が大きすぎるのに加えて、ボーナスが巨額になりすぎると、ジンキットがプロジェクトの成功を望まなくなるからだ。ジンキットがわざとプロジェクトを失敗させれば、ハサンは何も得られない。したがって、ハサンは、ジンキットにＦＤＡの認可を得る一定のインセンティブを与えるべきだ。少なくとも、マイナスのインセンティブを与えてはならない。ＦＤＡの認可が下りなかった場合の合計利益は２０００万ドルだが、認可が下りれば１億２０００万ドルまで上昇する。認可によって１億ドルの利益が追加されるわけだ。ボーナスの額が１億ドル以上なら、ジンキットはむしろプロジェクトの失敗を望むだろう。

ジンキットにＦＤＡの認可を取得するプラスのインセンティブを与えられるよう、ボーナスは最大でも１億ドル未満にとどめるべきだろう。単純化のため、上限を１億ドルとする。

パイを最大化する方法がわかったところで、そのパイを均等に分け合うには？　ジンキットが支払う前払い金が多ければ多いほど、より多くのパイがハサンに渡る。前払い金が少ないほど、より多くのパイがジンキットに渡る。ブロッコリー（つまりボーナス）をすべてハサンに渡すなら、ビーツはすべてジンキットに渡すべきだ。つまり、ジンキットが前払い金をすべて手元に残すことになる。

エクセルシートを使って、ボーナスの額に応じた両者の利得を計算してみよう。どの場合も、前払い金は０ドルとする。ここでは、ブロッコリー（ボーナス）をなるべく多くハサンに与えるため、前払い金の額を最小限に抑えた。下の表を見ればわかるとおり、ボーナスが７０００万ドル強（厳密には７１４０万ドル）になったところで、両者の利得がほぼ等しくなる。

多くの人は、公平な解決策とは妥協、つまり中間を取ることだと教えられてきた。選択肢A～Eでいえば Cで手を打つのだ。しかし、中間を取るのは、両者にビーッとブロッコリーを半分ずつ与えるのと似ている。確かに公平なのだが、パイは小さくなる。パイを広げるには、物事を極限まで進めるといい。前払い金０ドル、ボーナス７１４０万ドルの場合も、パイはちゃんと等分されている。この場合のパイは約４６００万ドルだ。

なぜこの点は見えにくいのか？　それは７１４０万ドルという厳密な数値のことではない。つまり、なぜ多くの人は巨額のボーナスという考えに抵抗を抱くのだろう？　この事例について交渉すると、多くの人が巨額のボーナス、それどころか２０００万ドルを超えるボーナスについては考えようともしない。

盲点を生むひとつの原因は、ボーナスが多くなれば自然と前払い金が少なくなる、という事実にある。ハサンの立場に置かれた人々の多くは、ザムズが２０００万ドルの前

ボーナス	ハサンの利得	ジンキットの利得
1000 万ドル	－1400 万ドル	2900 万ドル
2000 万ドル	－800 万ドル	2800 万ドル
3000 万ドル	－200 万ドル	2700 万ドル
4000 万ドル	400 万ドル	2600 万ドル
5000 万ドル	1000 万ドル	2500 万ドル
6000 万ドル	1600 万ドル	2400 万ドル
7000 万ドル	**2200 万ドル**	**2300 万ドル**
8000 万ドル	2800 万ドル	2200 万ドル
9000 万ドル	3400 万ドル	2100 万ドル
1億ドル	4000 万ドル	2000 万ドル

払い金を提示しているなら、ジンキットも最低2000万ドルの前払い金を提示しなければならない、と考える。すべての面でザムズのオファーを上回らなければ、と考えてしまうのだ。

本当だろうか？　そんなことはない。極限まで進めれば、この点がはっきりするはずだ。あなたがハサンなら、FDAの認可が下りた場合に5000万ドルのボーナスを受け取れるよう、前払い金を1999万9999ドルに引き下げることに同意するだろうか？　まちがいなく同意するだろう。わずか1ドルと引き換えに、60パーセントの確率で5000万ドルのボーナスを受け取れるわけだから。このギャンブルさえ受け入れたくないなら、道路を横断するリスクも冒さないほうがいいかもしれない。

ハサンが2000万ドルの前払い金を要求すれば、パイを等分するボーナスの額は1430万ドルとなる。この取引の期待値は、ハサンのBATNAを860万ドルしか上回らない。これは、前払い金0ドル、ボーナス7140万ドルの場合の利得の期待値2290万ドルを大きく下回る。この事実から目を背けることで損失をこうむるのはハサンだけではない。ジンキットにとっての利益の期待値も、2290万ドルから860万ドルに落ちるのだ。つまり、パイの折半に合意することには、予期せぬ利点がある。相手側に、あなたが手痛いミスを犯すのを食い止める強力なインセンティブが生まれるのだ（あなたのミスは相手の足も引っ張るので）。

反論への対処法

パイを広げるクリエイティブな策を練るだけでは不十分だ。そのアイデアを相手に売り込むことも必要になる。つまり、反論を想定し、乗り越える必要があるのだ。たとえば、ハサンは20

00万ドル未満の前払い金を絶対に受け入れるべきではない、という反論がその一例だ。確かに、ザムズのオファーを上回るためには、ハサンへの合計支払額が2000万ドルを上回ることは必須だが、だからといって前払い金が2000万ドルを超える必要はない。反論への対処法というテーマについては、第20章で。

ジンキットが犯しがちなもうひとつのミスは、FDAの認可が下りる真の確率が60パーセントよりも10パーセントに近い、とハサンを説得しようとすることだ。仮に、ジンキットが、ハサンの思考を操る魔法のような力を持っているとしよう。ミスター・スポックが使うバルカン人の思考の転送技術のようなものだ。ジンキットはハサンに、FDAの認可が下りる確率を何パーセントだと思わせたいだろう?

100パーセントだ！　ハサンがFDAによる認可を100パーセント確実だと思えば、彼はボーナス払いに現金と同じ価値があるとみなすだろう。ハサンにボーナス払いを提案すれば、ジンキットは1ドル分の価値を10セントの費用で手に入れられるのだ。

私はなにも、ジンキットがハサンに嘘をつき、認可の真の確率を100パーセントだと言い張るべきだ、と言っているわけではない。しかし、成功確率が60パーセント未満だとハサンを説得しても、なんの価値もない。実際、ジンキットにとっては、ハサンの推定確率を受け入れるほうが有利なのだ。たとえば、こんな言い方ができる。

これは絶好のチャンスだと思います。ですから、認可が下りた暁には、7140万ドルのボーナスをお支払いしましょう。認可の確率が60パーセントなら、あなたにとっては４２９０万ドルの価値があるわけですから、ザムズのオファーより２２９０万ドルの得になるはずです。

逆にハサンなら、ジンキットの頭にどんな確率を植えつけたいだろう？　答えは０パーセントだ。成功の確率が高ければ高いほど、ハサンの望む巨額のボーナスを与えるのは、ジンキットにとって高くつくことになるからだ。

ビーツとブロッコリーについて考えよう。アイ・ピンはビーツ、ボー・リンはブロッコリーが好きなのを思い出してほしい。ボー・リンがアイ・ピンにこんなことを言うのは、なんの足しにもならない。

このブロッコリー、最高ですよ。ふつうのブロッコリーより、ブロッコリーニ〔サカタのタネが開発したブロッコリーに似た甘い野菜〕に近くて、歯にはさまらないし、筋っぽくなくておいしいんです。ニンニクとオリーブ油で炒めれば絶品。ぜひ試してみて！

もしアイ・ピンが試食し、ブロッコリーのおいしさに目覚めたら？　アイ・ピンは今までよりブロッコリーを譲りたくなくなる。すると、ボー・リンがブロッコリーをひとり占めするのは難しくなるだろう。ボー・リンは、ブロッコリーがまずいと嘘をつく必要はない。ただ、わざわざブロッコリーを褒め立てても得にはならないのだ。

それと同じように、ハサンがＦＤＡによる認可の確率は高いと考えているほうがジンキットにとって好都合なのに対し、ジンキットが認可の確率は低いと考えているほうがハサンにとっては好都合だ。

ただし、ひとつ注意がある。ジンキットが、買収や投資に興味をなくすほど成功確率を低く評価しているなら、取引は成立しない。ハサンにとって理想的なのは、ジンキットが投資に興味を示すくらいには彼の事業を楽観視しているが、多額の成功報酬を支払うのを痛手と感じるほど楽観視しているわけではない、という状況だ。

合意に至るには、両者が世界観を共有していなければならない、と誤解する人は多い。実際には、世界観を共有していると、合意形成は難しくなる。アイ・ピンとボー・リンが、ビーツとブロッコリーについて似た価値観を持っていれば、それだけビーツとブロッコリーを分け合うのは難しくなる。同じように、ハサンとジンキットがＦＤＡによる認可の確率を同程度にとらえていれば、すべての支払額がゼロサムとなり、合意形成は難しくなるだろう。

よって、両者にとっては元の確率にこだわるのが最善策だ。その場合、７１４０万ドルのボーナスが、均等に分配される最大限のパイを生み出すように思える。しかし、それは正しくない。

ボーナスが1億ドルの場合、パイは６０００万ドルまで広がる。問題は、このパイをどう均等に分配するかだ。ジンキットがハサンに1億ドルのボーナスに加え、２０００万ドルの前払い金まで支払えば、ジンキットは薬が認可されようがされまいが、まったく利益を得られない。したがって、ジンキットの利得は0ドルだ。つまり、ハサンが６０００万ドルのパイを総取りすることになる。

パイを均等に分配するには、ハサンは３０００万ドル分のパイをジンキットに譲る必要があるだろう。実は、その賢い方法がある。（ハサンがジンキットよりも重視する）ボーナスの額を減らすのではなく、前払い金を減らすのだ。３０００万ドル分のパイを譲るには、前払い金を３０００万ドル減額すればいい。

ちょっと待って。２０００万ドルの前払い金と1億ドルのボーナスから、前払い金を３０００万ドル減額すると、前払い金がマイナス1000万ドル、ボーナスが1億ドルになる。つまり、ハサンはジンキットに1000万ドルを支払ってこの契約を勝ち取る、というわけだ。

この契約にはふたつの問題がある。ひとつ目に、ハサンには1000万ドルの資金がないかもしれない。ふたつ目に、この契約はすべてのリスクをハサンに背負わせている。ハサンがリスクに無関心だとはとても信じがたい。

これらは正当な批判だ。ただし、全体像を見失ってはいけない。ハサンは最大限のボーナスと最小限の前払い金を要求するべきなのだ。さらに、たとえば前回の発明で得た資金が手元にあるなら、自分が前払い金を支払ってでもボーナスを増額するべきなのかもしれない。

大穴を狙う

ジンキットにお金を支払い、FDAによる認可の申請手続きをしてもらうなんて正気の沙汰ではない、と思う人もいるだろう。誰が大きなリスクを冒してまで、そんなバカげたことをしようと思うのか？

誰がかって？　思い出すのは、私にとって初めての出版契約だ。当時、私はプリンストン大学の若き助教授だった。マサチューセッツ工科大学の学部生時代、私が教えを受けた最初の経済学教授のひとりが、アビナッシュ・ディキシットだった。その後、プリンストン大学の先輩教授となったアビナッシュと私は、学部のゲーム理論の講座を受け持っており、授業は人気を博していた。そこで、私たちはゲーム理論をテーマとした一般向けの本を書いてみることにした。そうして完成したのが共著『戦略的思考とは何か』（CCCメディアハウス）だった。

私たちは、出版社W・W・ノートンの経済担当編集者、ドレーク・マクフィーリーに原稿を見せた（その後、彼は同社の社長兼会長となる）。ドレークは出版に前向きだった。アドバンスを支払うほど前向きだったわけではないが、標準的な15パーセントの印税契約を提示してくれた。

私はその本が大学のテキストから一般書へと飛躍する可能性は十分にある、と踏んでいた。私はドレークに、印税率を30パーセントに引き上げられないか、とたずねた。するとドレークは、編集、組版、印刷、宣伝、見本刷りから、間接費（オフィス賃料、自身の給与）まで、多額の初期費用がかかるので、30パーセントも印税を支払っていたら赤字になる、と弁解した。

そこで、私はその初期費用の見積もりをドレークにお願いしてみた。幸運にも、ドレークはその本の予算をスプレッドシートにまとめていた。合計は約7万ドル。その情報をもとに、私はもう少しだけプッシュした。アビナッシュと私で初期費用を負担すれば、印税率を30パーセントに引き上げてくれるか？

これは、ハサンのほうが前払い金を支払う、という契約とよく似ている。従来のアドバンスの代わりに、私たちのほうが出版社に初期費用を支払うわけだ。そうすれば、ハサンが前払い金を支払い、ボーナス増額を得るのと同じように、私たちは印税率の引き上げを得ることになる。

ドレークは考えた。そうすれば、ノートン側のリスクはゼロになる。本がヒットした場合、ノートンの利益は少なくなるが、潜在的な損失を帳消しにするために、潜在的な利益の一部をなげうつ価値はあるだろう。アビナッシュはそれまでに専門書を何冊か出版していたが、私には出版経験がなかった。それに、ゲーム理論に一般向けの市場があるなんて、誰にわかるだろう？　ドレークは同意した。

いよいよ、決断の瞬間がやってきた。私には、その本が成功するという自信があった。過信とさえ呼べたかもしれない。私より聡明で経験豊富なアビナッシュは、この状況にゲーム理論を応用した。

出版社は、その本の成功確率を私たちよりよくわかっているはずだ。出版社が喜んで先ほどの契約を提示してくるなら、受け入れるのは得策にあらず。結局、アビナッシュは通常の印税方式で行くことにした。彼がそう言うなら、私も従うしかなかった。

蓋を開けてみると、『戦略的思考とは何か』はアメリカで25万部以上、翻訳された17の言語でもほぼ同等の売上を記録した。ゲーム理論に流行の兆しが見られるイスラエルでは、ベストセラー1位に輝いた。印税率30パーセントの契約を受け入れていれば、あと100万ドル以上は儲かっていただろう。

私には、ハサンに必要な1000万ドルを工面することなど不可能だっただろう。しかし、7万ドルの半分ならかき集められなくもなかった。アビナッシュにノーと言われたとしても、私ひとりで余分な15パーセントの印税の半分を買い取ることならできたはずだ。ノートンは22・5パーセントの印税を支払う。アビナッシュと私で最初の15パーセントを折半し、私が初期費用のうちの3万5000ドルを出す代わりに、残りの7・5パーセントを受け取る。7万ドル工面できれば、余分な15パーセントの印税をひとり占めすることもできたのだ。

成功よりも失敗にこそ教訓がある、とよく言う。この件は貴重な教訓になった。

私は大きな魚を逃したが、この考えは流行っているようだ。『ライアーズ・ポーカー』『世紀の空売り』『かくて行動経済学は生まれり』などのベストセラー書で知られるマイケル・ルイスは、1999年以降の16冊の著作をほぼすべてW・W・ノートンから出版した。なぜノートンなのか？　そこが、ドレーク・マクフィーリーやスターリング・ローレンスといった伝説的な編集者たちを擁する、数少ない生き残りの独立系出版社だからだ。そして、ルイスには自分自身に賭けるチャンスもある。彼はアドバンスをいっさい受け取らず、利益のパイをW・W・ノートンと半分ずつ山分けしているのだ。* これが私のいう「大穴狙い」だ。

* 利益を折半することで、インセンティブが高まり、パイがより大きくなる。印税は利益にまるまるかかっているので、作家には最高の本を書こうというさらなるインセンティブが生まれる。出版社にとっては、巨額のアドバンスを支払った挙げ句に大コケする、というリスクがなくなるうえに、大コケ自体も少なくなるのだ。また、作家の愚痴も少なくなる。作家の印税が売上に対して一定割合である場合、出版社が利益を重視するのに対し、作家はひたすら売上の最大化を望む。その結果、どの作家も、出版社が自分の本の宣伝に十分なお金をかけてくれない、という不満を抱くのだ。もちろん、それは事実なのだが。

第18章　相手の主張を代弁する

イェール大学で、私はデイリアン・ケインとともに交渉の必修科目を受け持っている。彼は実に多趣味だ。企業倫理の専門家でありながら、一流のポーカー・プレイヤーでもある。そんな男だと考えてみてほしい。

彼の交渉に関する洞察のひとつを紹介する前に、彼の研究から得られた教訓を紹介させてほしい。デイリアンは利益相反に関する研究でもっともよく知られる。患者が治験に参加すると報酬をもらえる医師や、買い手と売り手の両方の立場から交渉する不動産業者など、ある人物に利益相反が生じた場合、その事実は開示されるべきだ、とあなたは思うかもしれない。ところが、デイリアンらは、開示することによって利益相反の問題はいっそう悪化する場合があることを発見した。[27] 利益相反を開示した人物は、肩の荷が下りたように感じ、さらに利己的な行動を取るようになるという。さらに悪いことに、その人物は自分のアドバイスが割り引いてとらえられると考え、誇張したアドバイスをするようになる。これは、利益相反を開示された側が、アドバイスを話半分に聞く分には問題にならないだろう。しかし、偏った情報を受け取った側は、相手の話に適度な補正を加えようとはしない。その理由のひとつは、自分が必ずしも相手の利益のために行動していないということを正直に打ち明けてくれた助言者に報いなければ、と感じてしまうからだ。

経営幹部たちに交渉術を教えるとき、デイリアンは、プールから上がりたがらない幼い子どもとの交渉をイメージするよう説いている。親がそろそろ家に帰る時間だ、と言うと、子どもが泣きじゃくる。子どもが泣いているのには、ふたつの理由がある。ひとつ目は、プールを出たくないから。ふたつ目は、この点が見落とされがちなのだが、子どもに主張を述べるだけの語彙や言語力がないから。子どもはイライラして、こう考える。プールがどうしてこんなに最高なのかをうまく説明できたら、きっとあと10分間だけいさせてもらえるのに。しかし、出てくる言葉はこうだ。「わー、わー、えーん」

デイリアンがそんな親に提案するのは、子どもの主張を代弁する、という方法だ。

プールって最高だよな。宙返りもできるし、無重力にいるみたいで楽しいし。一生、水のなかで過ごしたい気分だよ。でも、いつかは食べないと。今はまだお腹が空いていないかもしれないけれど、家に着くまでには絶対に空くから。それに、夜ご飯を食べに集まるのはお前だけじゃないんだ。だから、そろそろ帰らないとね。

ここに、大きな教訓がある。常に自分の思いどおりにはならなくても、気持ちを理解してもらうことならできる。子どもにとって有効な方法は、大人にとっても十分に有効だ。

多くの人が言い争い、延々と交渉を続けてしまうのは、こう考えるからだ。相手が私の立場をもっとよく理解してくれたら、私の主張が通るのに。その点、相手の視点に立って説明すれば、たとえ相手の思いどおりにはできないにせよ、相手を理解している、ということを示せる。あなたが相手の主張とは別の結果を選んだのは、理解不足のせいではない。あなたがもっと重視する別の理由があるからだ、と。

パッケージ	前払い金	ボーナス	利得の期待値	パ　イ
A	2500万ドル	0ドル	500万ドル ＋ 500万ドル	1000万ドル
B	2000万ドル	1500万ドル	900万ドル ＋ 850万ドル	1750万ドル
C	2000万ドル	1000万ドル	600万ドル ＋ 900万ドル	1500万ドル
D	1700万ドル	1500万ドル	600万ドル ＋ 1150万ドル	1750万ドル
E	1200万ドル	2000万ドル	400万ドル ＋ 1600万ドル	2000万ドル

あなたはAが最善の選択だと思うのに、相手はBを希望していると思うなら、Bを熱烈に弁護してみよう。Bのどんな支持者よりも雄弁に、Bを支持するのだ。そして、あなたがBに同意すると相手が期待した矢先に、実はAのほうが優れた選択なのだということを説明する。

Bの支持者たちには、もう言い残したことがない。すでに自分たちの主張は出尽くしているので、繰り返す必要がないのだ。さらに、Bが却下されようとしているのは、あなたが自分の視点を理解していないから、ではない。もっと魅力的なほかの理由があるからだ。

相手の主張を代弁するときは、正確に代弁するよう努めよう。目標は、他者中心の視点に立ち、相手の立場に理解を示すことだ。そのためには、相手の視点に立って主張を述べるのが最善策だ。とはいえ、相手の視点を誤解していたり、何かを見落としていたりする可能性もあるので、いったん立ち止まり、確認しよう。あなたがその主張をしているからといって、同意していることにはならない。大事なのは、相手だったらきっとこう言う、という主張をすることだ。

クリス・ヴォスもまた、著書『逆転交渉術』で同様の主張をしている。彼の目標のひとつは、相手から「そのとおりだ」という言葉を引き出すことなのだという。相手が「そのとおりだ」と言えば、あなたが相手の立場を理解しているという証なのだ。

この手法を交渉の例に応用してみよう。ジンキットの事例では、上の表にまとめたとおり、交渉の開始時点で5種類の提案があった。

ジンキットにとってはパッケージEが望ましい。パッケージEはパイが2000万ドルと最大であるだけでなく、ジンキットにとっての利得も1600万ドルと最大だ。

私がハサンの立場だったら、まずEに賛成する理由、反対する理由を述べたあと、Bに話を移すだろう。Bの欠点を強調したうえで、それでもなおBが最善の選択肢である理由を説明すると思う。

Eを望む理由はよくわかります。あなた方にとっての利益が最大ですし、パイも最大ですから。しかし、たとえ私がそちらの立場だったとしても、Eは擁護しかねます。パイの分配があまりに偏っていますから。パイの8割を受け取るというのは、とうてい擁護できません。

また、Bを望まない理由もわかります。妥当な選択肢のなかで、あなた方の利得がもっとも少ないですから（両者にとってAよりもBのほうが望ましいので、Aは問題外）。実際、Bにも問題はあります。ひとつは不公平なこと。パイは1750万ドルなのに、私がその半分以上を受け取ることになる。本来なら、お互いに875万ドルずつ受け取るべきなのに、私が900万ドルを受け取り、あなた方は850万ドルしか受け取れません。この点は弁解のしようがありません。よい埋め合わせの方法があればいいのですが。

ただし、だからといってDは支持できません。Dはパイが Bとまったく同じですが、分配がさらに偏っています。これではBの問題が悪化しているだけです。

こう主張されれば、相手はほとんど返す言葉がない。自分の第一希望の選択肢を擁護する代わりに、ハサンはその選択肢の欠点をすべてさらけ出している。その効果はふたつある。

まず、Dの支持者たちの出鼻をくじくことができる。Bを批判する根拠がなくなるからだ。さらに、あなたが相手の懸念を理解しているということも示せる。選択肢Bには問題があるが、だからといって同じ問題が悪化しただけの選択肢Dを選ぶ理由にはならない。

私たちは本能的に、自分自身の立場を攻撃から守り、他者の主張を非難する傾向がある。そうすればそうするほど、相手は自分の立場を理解されていないと考え、言い返してくる。相手にも一理あると認めれば、そうした言い争いを避けられるのだ。

相手にも一理あるという結論を認めれば、相手の望む結果を受け入れざるをえなくなる、と心配する人もいるだろう。そんなことはない。むしろ、あなたの望む結果のほうが理にかなっているという、説得力のある理由を提示するべきだ。あなたが負け組に回ってしまうのは、そういう主張が存在しないときだ。

つまり、弱みをさらけ出すのは、強さの証なのだ。確かに、弱みをさらけ出すのは怖い。私自身、そのほうが得策だとわかっていても、さらけ出せないこともある。しかし、本書ではこの手法に意識的に従い、パイの解決策がしっくりと来ない例を挙げるよう努めてきた。アイオニティや定期預金の例などはその典型だ。私がそうしたのは、パイを拒絶する人々の主張に理解を示すためだ。私がそうした主張（と私の説得力のある反論）をあえて紹介するのは、双方の主張を理解すれば、結局のところパイを等分するほうがいい、という結論に落ち着くと思うからだ。私がパートⅢで、「なるほど、でも……」という反論についてひととおり論じてきたのは、そのためなのだ。

第19章　あなたの解決策を売り込む

本書の助言に従うなかで、相手に行動を変えるよう説得しなければならない場面が訪れるだろう。これまでは、論理的な議論に着目してきたが、このパートでは、説得力の向上に役立つ心理的要因をいくつか見ていこう。

全体に共通するテーマは、視点を自己中心から他者中心へと切り替えること。他者中心とは、他者を中心にして物事を考える、という意味だ。人間は、何かが自分にとってよい理由にばかり着目し、それが相手にとってよい理由には目が行かないことがあまりにも多い。就職活動がその一例だ。自分がX社を志望する動機について入念なスピーチを用意していく学生は多いが、私はむしろ、X社が自分を雇うべき理由について話すことを勧めている。

耳を傾けてもらえるオファーの出し方

行き詰まりを打破し、パイを広げる絶好の方法は、全員にとってより望ましい新たな選択肢を考える、というものだ。しかし、クリエイティブな解決策を練るだけでは不十分かもしれない。新たな可能性に心を開くよう、相手を説得する必要があるのだ。しかし、よくよく注意しないと、たとえ相手の利益になるとしても、相手はあなたの提案に耳を貸そうとしないかもしれない。あなたの目標を成し遂げたければ、新しいアイデアを提示するとき、相手が気に入る部分から切り出すといいだろう。そして、相手が耳を傾けてくれているあいだに、パイへと注目を移すのだ。

ジンキットの例を使ってこの点を解説しよう。巨大なパイを生み出すための理想的な契約は、超巨額のボーナスと少額の前払い金の組み合わせだ、という話をした。以下の交渉の台本では、ジンキットの営業担当者がそのアイデアを売り込もうとして、大失敗している。

ジンキット　前払い金はお支払いできないのですが――

ハサン　すみません、それはあんまりじゃありませんか。ちゃんと――

ジンキット　7140万ドルのボーナスをお支払いします。

ハサン　ちゃんと私たちの希望する金額はお伝えしたはずでは。話を聞いていないんじゃありませんか。

ジンキット　ですから、これだけの額を提案しているわけでして……。

ハサン　絶対に承服できません。

ジンキットが「前払い金は支払えない」と言った時点で、ハサンの耳には一言も入らなくなっている。皮肉なことに、ハサンは「話を聞いていないんじゃありませんか」と言っているが、話を聞いていないのはハサンのほうなのだ。

それもそのはずだ。「前払い金なし」の部分は、ハサンにとって魅力的な提案ではない。ジンキットにとって好都合な内容だ。

ジンキットのミスは、売り手ではなく自分たちにとって好都合な内容を先に切り出してしまったことだ。前払い金を抑えることで、多額のボーナスを支払えるようになったのに、買い手がボーナスの話を持ち出すころには、もはや負け試合になっていた。代わりに、次の対話を思い浮かべてほしい。

ジンキット　巨額のボーナスをお支払いしましょう。

ハサン　本当に？　巨額といいますと？

ジンキット　７１４０万ドルです。

ハサン　それは耳寄りな話ですね！

ジンキット　ボーナスを７１４０万ドルにすると、パイが最大になり、パイを折半できるのです。もちろん、それだけの額のボーナスを支払って、なおかつパイを折半するためには、前払い金のほうを少なくする必要があるのですが。

ハサン　というと？

ジンキット　これは、前払い金がゼロの場合の話です。

先ほどよりはましだ。ジンキットは先に多額のボーナスをちらつかせ、ハサンの注目をつかんでいる。しかし、最後の悪いニュースで、ハサンの心をつかみそこねてしまうかもしれない。それでは、三度目の正直といくか見てみよう。

ジンキット　巨額のボーナスをお支払いしましょう。

ハサン　本当に？　巨額といいますと？

ジンキット　７１４０万ドルです。

ハサン　それは耳寄りな話ですね！

ジンキット　ボーナスを７１４０万ドルにすると、パイが最大になります［実際に計算をして、パイが４６００万ドルであることを示す］。７１４０万ドルのボーナスをお支払いすれば、ハサンさんにとっての価値は、７１４０万ドル×60パーセント＝４３００万ドルになりますが、これはザムズのオファーを２３００万ドル上回りますよね。いい話だと思いますよ。

ハサン　それで、あなた方の取り分は？

ジンキット　パイは4600万ドルですから、当然、お互いに2300万ドルずつです。パイを完全に2等分しましょう。

こんな古いジョークがある。ある農夫は、しゃべる馬を飼っている。あるとき、彼は友人にその馬を見せに行く。「1＋1は？」と友人は訊くが、馬はヒヒーンと鳴くだけだ。「フランスの首都は？」。また、ヒヒーンだけ。あと何回か試したあと、農夫が馬を木材でひっぱたく。すると馬がこう言う。「どうして叩くんだよう」。友人はその馬が本当にしゃべれると知ってびっくりする。農夫はこう説明した。「もちろんしゃべれるさ。ただ、話しかける前に、まずは注目を引かないと」

このジョークが生まれる過程で、動物に危害が加えられた事実はないので、どうか安心してほしい。このジョークに特別なところはないが、このオチはよい教訓になる。まずは相手の注目を引くこと。反射的な抵抗を乗り越え、あなたの提案に耳を傾けさせるには、どう言うのがいいのか？　オファーの伝え方にその答えがある。

求職者が面接で、企業が自分を雇うべき理由を伝えたほうがいいのと同じで、交渉者は、あなたの望む結果が相手にとっても好都合である理由を伝えるべきだ。ウィン・ウィンの解決策を練るときは、後半の「ウィン」、つまり相手にとっての「ウィン」に注目するべきなのだ。

相手の勝利演説を書く

これは、『ハーバード流交渉術』の共著者のひとりであるウィリアム・ユーリーが発案したアイデアだ。相手に首を縦に振ってもらいたいなら、相手が自分の支持者や自分自身にその取引の内容をどう売り込むのか、を考えること。最終的に相手がその合意内容に満足する理由を説明するのだ。

ユーリーは、コロンビア革命軍の反政府ゲリラとの和平交渉において、コロンビア政府に助言を行なった。彼は政府チームに、誠心誠意、相手の視点に立ち、まずは和平交渉プロセスの着地点を考えるよう勧めた。

まずは、両者が合意に達したところを想像する。そのうえで、コロンビア革命軍のリーダーたちが、まさにこの1週間でしてきたように、その合意内容を一種の勝利として仲間たちに説明するところを想像するのだ。といっても、それが同時に政府の勝利だということもありうる。ただ、それは彼らが自分たちの部隊にアピールし、説明できるような内容でなければならなかった。「諸君、われわれは52年間も戦いつづけてきたが、今ようやく武器を置こうとしている」という具合に。何もかもが無駄だった、などとは口が裂けても言えない。そこで、われわれはその勝利演説を起点として、逆算することにした。演説のシミュレーションまで行なった。大統領の兄弟のひとりに頼み、ゲリラ司令官になったつもりで演説をしてもらったのだ。そこまで来ると、われわれは、「よし、彼らがその演説をしやすくするには、どうすればいいか?」と問いかけた。彼らにとっての主な利益、主なニーズとはなんなのか[28]?

考えられる最終結果を思い浮かべれば、逆算によって、その結果に至る方法を導き出せるのだ。

許可を得るか、許しを得るか

新しいことを試すうえで厄介なのは、そういう実験をしてよいのかどうかが必ずしも明確でないことだ。あなたがビッグボスなら、自分自身に許可を出せる。しかし、残りのほとんどの人にとっては、自分にその権限があるのかわからないこともある。

意思決定者に接触できるなら、ぜひ探し出そう。ただ、そうするのが毎回現実的とはかぎらない。その場合、人は事前に許可を求めるか、あとで許しを求めるかで迷うことが多い。

・許可を求めるというのは、承認が得られるまで行動しない、ということ。
・許しを求めるというのは、これが正しい判断だと信じて無許可で行動する、ということ。

しかし、よりよい選択肢がある。条件つき合意だ。あなたも交渉相手も、XのほうがA、B、Cより勝ることで合意している。しかし、あなたは自分にXを選ぶ権限があるのかどうかがわからない。たとえば、本当に7100万ドルのボーナスを支払うことなどできるのか？　この場合、次のような合意をするのが無難だろう。

許可が取れた場合にはXとする。許可が取れない場合はBで合意する。

条件つきのプランを提案して解雇される人はいない。また、インセンティブについての心配もいらない。認められればXのほうがよいことはわかっているのだから、Xをプッシュする理由は十分にあるのだ。権限を持った人物が合意すれば、Xで取引を進める。そうでなくとも、まだ選択肢Bで取引する道が残っているのだ。

「ノー」よりよい返事を持ち帰る

ときには、行なえる取引（少なくとも、あなたの権限で行なえる取引）がまったくない、と気づくこともある。その場合、凡人はノーという返事を持ち帰るのだが、条件つきのイエスを持ち帰るのが賢人だろう。

話をわかりやすくするため、あなたに最大1000ドルまでしか支払う権限がないとしよう。売り手は、1150ドル未満では絶対に売らないと明言している。そして、あなた自身は、その商品にそれくらいの価値はあるかもしれない、と思っている。

先ほどの例で、クリエイティブな選択肢と標準的な選択肢があったように、ここでのクリエイティブな選択肢はあなたの上限を上回る取引、標準的な選択肢は「交渉決裂」だ。

課長、900ドルで初版を購入しようとしましたが、うまくいきませんでした。売り手は1150ドル以上と決めているようでして。1200ドルという査定を見せられました。それが初版の現行価格のようです。上限の1000ドルまで粘ってみましたが、のれんに腕押しでしたですので、辞退しました。

辞退する代わりに、こんな方法を試してみるといい。

売り手は１１５０ドルなら売ると言っています。その額で買うと約束はしませんでしたが、48時間以内であれば必ずこの価格で売るという契約に署名してくれました。この額を支払うおつもりでしたら、取引成立です。あるいは、もういちど連絡を取って、１０００ドルから１１５０ドルまでの価格を提示してみることもできますが。

あなたが上司なら、交渉決裂よりははるかにましだと思うだろう。１１５０ドルの希望価格を断るのは自由だが、魅力的だと思えば、取引を結べる。

上司にもともと１１５０ドルを支払う気があるなら、交渉担当者にその額を支払う権限を与えなかったのは、不思議に思えるかもしれない。交渉担当者の権限を制限するのは、よくあることだ。そのひとつの理由は、そうすれば交渉担当者が上限は１０００ドルだと本心から言えるからだ。真の上限がもう少し上だとしたら、本心から同じことは言えないだろう。だからこそ、売り手は上限を守るよう命令されている部下ではなく、上限を定めている張本人と交渉したがるのだ。

視点をひっくり返してみよう。売り手があなただとすれば、あなたが買い手にこのような選択肢を無料で与える理由は？　あなたは相手に、希望があれば一定価格で売るという約束をしたことになる。相手は、その対価を支払っていない。一方、あなたがこの約束をしたあとで誰かが通りかかり、より高値を提示してきたとしても、融通はきかなくなる。

しかし、実際には、買い手はあなたに対価を支払っている。あなたの言い分を上司に届けるという約束だ。買い手の立場になって考えてほしい。買い手から見て、最悪の結果とはなんだろう？

最悪の結果は、上司のもとに戻り、こう言わざるをえなくなることだ。

１０００ドルでは取引は成立しませんでした。なんとか１１５０ドルまでは引き下げてもらえたのですが。１１５０ドルまでオファーを引き上げる許可をいただけますか？

上司がその権限を与える。買い手があなたのところに戻ると、１３００ドルが新たな価格になったと言われてしまう。これは悪夢のようなシナリオだ。上司のところに戻って、予算を引き上げる許可をもらおうとしているなら、成功するという保証が必要だ。

買い手が先ほどの選択肢の対価として売り手に与えているのは、いわば買い手側の上司と直談判する権利だ。対価はお金ではなく、時間と注目なのだ。

売り手のあなたが取引したい相手は、人為的な予算の上限を課されていない、真の意思決定者だろう。しかし、あなたの交渉担当者は、まさにそのふたりのあいだに壁をつくる目的で、あなたに割り当てられたのだ。交渉担当者の上司と話がしたいなら、なんらかの見返りが必要かもしれない。先ほどの選択肢を与えることが、上司へのアクセスを得ることの対価なのだ。

セスと私がオネストティーをコカ・コーラに売却しようとしていたときにも、同じ問題が起こった。コカ・コーラが私たちに提示したのは、事前に定められた価格計算式に基づいて3年後にオネストティーを買収する権利だった。コカ・コーラは3年後に買収する方針で手続きを進めると話したが、コカ・コーラがその権利を行使するという保証はなかった。そこで、私たちは売る権利（プット）、つまりコカ・コーラにオネストティーを必ず買収させることのできる権利を要求した。

私たちに売る権利を与えるために、コカ・コーラの交渉チームは取締役会から許可を得る必要があった。彼らにとって最悪なのは、取締役会にかけたあと、私たちが実は取引にあまり乗り気でないとか、私たちが希望価格を引き上げた、と知ることだった。取締役会にかけてほしければ、私たちは事前に合意した条件で必ず取引を行なうことを約束する必要があった。つまり、私たちは売る権利を求めていて、相手にはその権利を与える権限がなかった。一方、相手は、私たちに売る権利を与えれば、取引が必ず成立する、という保証を求めていた。私たちは快諾した。私たちは売る権利を手に入れ、相手は買う権利（コール）を手に入れた。取引成立だ。

この教訓もひっくり返すことができる。先ほど、あなたが買い手で、あなたの権限の範囲内で取引を成立させることができないなら、取引不成立のまま立ち去るよりも、選択肢を求めるのがよい、という話をした。しかし、あなたが売り手だったらどうだろう。買い手が立ち去ろうとしているが、これ以上、価格を引き下げたくはない。もちろん、去る者は追わず、という手もある。しかし、相手を手ぶらで帰す代わりに、選択肢を提示することをお勧めする。

残念ですが、１０００ドルでは合意しかねます。ですが、このまま上司のところに戻って取引不成立を伝えるおつもりなら、ご提案があります。48時間の猶予を差し上げますので、そのあいだに１１５０ドルという価格に納得いただけければ、取引成立をお約束する、と上司にお伝えください。よろしければ、その旨、書面に残します。

「No Unless」ではなく「Yes If」を

相手に選択肢を与えるという考え方は、仕事の交渉において非常に強力な武器になることがある。

あなたが6万3000ドルの給与を提示されたとしよう。なんとか6万8000ドルまで引き上げられないか？　なかには、「6万8000ドルでなければ応じられません」という言い方を試す人もいる。これが「No unless（～でなければ～しない）」戦術だ。しかし、あなたにお勧めするのは、「Yes if（～なら～する）」戦術だ。たとえば、次のような言い方が考えられる。

6万8000ドルまで引き上げてくだされば、この場で承諾します。

先ほど述べたとおり、これは買い手（この場合、あなたの労働力の買い手）に、あなたを採用する選択肢を与えることに等しい。

他者中心で考え、雇用主の視点からこの状況をとらえてみよう。雇用主は、あなたの真の目的に考えを巡らせる。あなたが雇用主と交渉している理由は、ふたつ考えられる。

ひとつ目は、合意を結び、その会社で働きたいから。ふたつ目は、第一志望の会社とより好条件で契約するために、その会社を使ってBATNAを向上させようと企んでいるから。雇用主は心の奥で、あなたがどちら派なのか、探りを入れようとしている。

第15章の話を思い出してほしい。雇用主は自分が捨て駒として使われるのを心配している。しかし、その雇用主には、ボストン大学クエストロム・スクール・オブ・ビジネスとは違い、6万8000ドルの希望に応じるかどうかを判断する前に、あなたに一定の約束をさせる権限や発想がないかもしれない。それなら、あなたが率先してその約束を切り出せばいい。それが「Yes if（～なら～する）」戦術だ。

あなたが一定の約束をすれば、相手も奮起するだろう。交渉プロセスは時間もコストもかかる。また一から候補者を探し直して、誰かと交渉する手間暇をかけるよりも、早く契約を決めてしまいたい、と考える。加えて、相手があなたと交渉しているという事実は、現在あなたが第一候補であるという証だ。

もういちど、相手の立場から状況をとらえてみよう。誰かのために例外的に危険を冒したのに、結局相手に断られるのは痛手だ。人事担当者が上に掛け合い、特別な待遇を要求できる機会は限られている。それに万が一、新入社員の給与について噂が広まれば、既存の社員は自分も昇給の権利がある、と感じるかもしれない。会社がそうした犠牲を払おうとする場合もあるが、それはなんらかの見返り、つまりあなたを採用できるという確信がある場合の話だ。あなたの「Yes if」は、その確信を与えるものだ。

「～でなければ応じられません」という言い方では、あなたの条件を満たしたらどうなるのかが依然として不明だ。結局、あなたは応じないかもしれない。雇用主の心にあるこの疑念こそが、あなたのために一肌脱ぐのを妨げる。特に、過去に痛い目にあった経験があるならなおさらだ。また、あなたが「Yes if」と言わなかった事実から、相手は何か裏があると邪推するかもしれない。「Yes if」と言えば、相手は契約成立のために必要な条件が確実にわかるのだ。

もちろん、「Yes if」と言うことには一定の代償もある。相手があなたの条件を満たせば、あなたはイエスと言うしかなくなる。「Yes if」と言うことになんの代償もないなら、相手に伝わる情報は変わってしまう。よって、相手があなたの要求を満たしてくれたとしても、確実に受け入れる気がないなら、この言い方をするべきではない。ただし、「No unless」という言い方に戻る代わりに、どうすれば「Yes if」になるのかを、真剣に考えるといい。相手がどういう条件を提示してくれれば、確実に受け入れるだろう？　その条件を提案するのだ。また、あなたの最大の目標が自分のＢＡＴＮ

Aを改善することだとしたら、あなたが言わないこと自体から、真の目的を悟られてしまう可能性がある、ということを覚えておこう。

パートV　交渉の力学

残念ながら、あなたは今後、本書を読んだことのない人々と交渉することになるだろう。なぜ残念なのか？　そのせいで交渉が難しくなるからだ（私にとっては、印税収入が減るからだが）。その解決策は、この本を相手にプレゼントすることではない。交渉方法についての会話から交渉を始めることだ。

皮肉なのは、典型的な交渉方法は、あなただけでなく相手にとっても不利益である、ということだ。自動車の所有者が酔っぱらっているなら、あなたが運転席に座ったほうがいいのと同じで、相手が従来の交渉手法を使ってきたら、あなたがより安全で建設的な道へと、交渉を導いたほうがいい。

ここでは、パイの手法を売り込む方法を紹介したい。まずは、相手がパイの考え方を歓迎しない可能性に備えるべきだ。パイの考え方を紹介するだけでなく、相手に先んじて反論できるよう、相手の反対意見を想定しておくといいだろう。それこそ、私が本書でずっとしてきたのと同じことだ。「なるほど、でも……」という反応に対処するべく、人々が持ち出す反対意見を想定し、反論することに努めてきた。ぜひあなたも、あなた自身の交渉で考えられる反対意見を想定し、パイとは何かを説明できるように準備しておこう。

私はぶっつけ本番が嫌いだ。第20章で論じる準備工作は、相手の視点に立つことの重要性を示している。相手はパイをどうとらえ、あなたの主張にどう反応するだろう？　相手の視点をより深く理解し、うまく伝えるほど、あなたの視点を理解してもらいやすくなるだろう。

第21章では、明かすべき情報と隠しておくべき情報について論じる。すべてのカードを表にして、テーブルに並べるのはお勧めできないし、かといってすべてのカードを胸に当てて伏せておくべきでもない。パイを生み出すには、情報の共有が必要なのだ。共有とは、質問をし、なおかつ質問に答える、ということ。質問に答えたくないために、情報を隠したり、白々しい嘘をついたりしてしまう人はあまりにも多い。そこで、自分自身を弱い立場に追いやることなく、相手の質問に答える方法を説明しよう。

また、従来型の交渉スタイルにはまり込んでしまった場合に、パイを生み出し、獲得する方法も紹介したい。第22章の大部分では、パイの手法を無視した交渉の台本を題材に、教訓を学んでいく。パイの取り分を増やすために人々が使っている手法や、その過程でパイを破壊しない方法についても論じたい。あとでわかるように、交渉は地雷だらけだ。うかつな発言をしてしまうこともあれば、言うべきことを言い逃してしまうこともある。さらに多いのは、厄介な相手との交渉だ。そういうとき、交渉を正常に進める方法について、いくつか助言をしようと思う。

また、第22章では、開始価格の提示方法、相手に呼応すべき場合とそうでない場合、ろくでなしとの交渉方法、そしてそれと同じくらい重要なことだが、自分自身がろくでなしにならない方法、についてアドバイスする。また、アンカリングや正確な値《ね》づけの重要性、本書の戦略を過剰に用いることの危険性についても論じる。私たちは、「お互い様」の重要性を教わるが、これは一長一短だ。相手が頑固な態度を取ると、つい呼応して同じ態度を取ってしまいがちだが、火で火に応戦し、状況をエスカレートさせてはいけない。相手がつけた火は消すべきなのだ。パイの考え方を強化し、テーブルの反対側に座る相手を納得させる——それがあなたの目指すべき交渉方法だ。

第20章　交渉に備える

プロイセンのヘルムート・フォン・モルトケ将軍（1800〜1891）は、「いかなる戦略も、敵の主力部隊に初めて相まみえたあとまで通用する保証などない」と述べた。マイク・タイソンは、同じ内容をさらに端的に述べたことで知られる。「誰にでも、顔面を殴られるまでは計画がある」[29]。だからといって、計画など必要ない、という意味ではない。逆だ。一揃いの柔軟な計画が必要、ということだ。

当然の準備もある。その場で計算しなくて済むように、前もってそろばんを弾いておく。たとえば、ジンキットの例でいうなら、お互いの利得をひととおり計算したスプレッドシートを用意しておくべきだ。あるオファーがあなた側にとってどれくらいよいのか、を理解するだけでは足りない。相手がどれくらいうまくやっているかを理解（少なくとも推定）することも大事だ。また、パイを分配するには、何がパイなのかを理解しておくことも必要だ。スプレッドシートでは、パイとその分配方法、つまりそれぞれが自分のBATNAをどれくらい上回るのか、を示すことが必要になる。その際、新しいオファーにすばやく対応できるよう、スプレッドシートに柔軟性を持たせておこう。

不測の事態、とりわけ交渉決裂時の展開にも備えるべきだ。つまり、あなた自身と相手のBATNAを理解しておく、ということだ。通常は、下調べを行なったり（ICANNの紛争解決プロセスや、新たな入居者をなるべく早く見つけなければならないという家主の法的義務について調べるなど）、代わりの交渉相手（ザムズなど）を探したりする、といった作業が含まれる。お互いのＢＡＴＮＡがわからなければ、パイを山分けする準備は整っていないも同然だ。

また、相手があなたの提案や基本原則に、どう反論するかも想定しておこう。相手はどのような提案をする可能性が高いか？　相手にとってもっとも有利な経験則を考えるのが、その開始点になる。相手の提案する利得の分配方法に、どう反論すればいいか？　相手の解決策に潜む欠点を証明する準備を整えておこう。

12枚のピザの例まで戻ろう。ＢＡＴＮＡはアリスが４枚、ボブがわずか２枚だ。この場合、ボブはアリスが８対４の比例分配を要求してくることを想定しておくべきだ。比例分配が一般的に不合理である理由、特に一方のＢＡＴＮＡが０の場合はことさら不合理である理由を示せるよう、備えておくといいだろう。一方、アリスは、ボブが６対６の均等な分配を要求してくることを想定しておくべきだ。この分け方は、一方のＢＡＴＮＡが７枚以上の場合は成り立たないので、一般的な解決策にはなりえない、という理由を説明する準備をしておくべきだろう。

ミニテスト

ボブは６対６の分配を提案している。彼の主張はこうだ。「全体の半分なら、交渉決裂時の君の取り分４枚をはるかに上回る。君のＢＡＴＮＡを上回るのだから、ＢＡＴＮＡなんてもはや無関係だ」。あなたがアリスなら、どう反論するだろう？

私ならこう言うだろう。「パイから目を背けさせようとしている。私が重視するのは、最終的な取り分じゃない。大事なのは、お互いのＢＡＴＮＡと比べて何枚ずつ増えたか。確かに、私の取り分は、決裂時と比べて2枚増えているけれど、あなたは4枚も増えている。不公平だと思う。6枚のパイのほうに着目するべきでしょう」

特に有効なのは、別の数字を用いると、相手の提案が相手にとってかえって不利になることを証明する、という手法だ。共同定期預金の事例で、アンジュがバラトに比例分配の問題点を示すときに使った手法だ。または、コカ・コーラとオネストティーでコスト削減額を２０００対1で分配した例のように、数字が極端になると相手の提案が成り立たなくなることを示すのもいいだろう。パイの等分への反論にどう対処するかについては、これまでさんざん話をしてきた。ここで私が言いたいのは、とにかく準備が大事、ということ。あなたの状況に合った例を準備しておこう。

準備作業は、パイの考え方を売り込む方法を考えるだけにとどまらない。パイの広げ方についても考えなければならない。相手にどのような質問をして、どのような情報を自分から明かすのか？　聞く耳を持ってもらえるオファーを提示するには？

いざ提案をするときは、柔軟性を持とう。あなた自身がするであろう反論だけでなく、相手の反論もしっかりと理解し、正しく理解できていることを確かめよう。反論を乗り越えるには、あなた自身が相手の代わりに反論するといい。そうすることで、あなたが相手の気持ちを理解していることを示せるし、あなたの反論に聞く耳を持ってもらえるようになる。最後は、相手の勝利演説をして締めくくろう。

ここに、新しいことはひとつもない。しかし、交渉の展開のしかたに不意を突かれ、あたふたしている人々を何度となく見かける。そういう人々は、交渉開始時の提案と最終目標だけを用意していて、相手に反論された場合の有事計画を準備し忘れているのだ。しかし、本書を読んできたあなたには、必要な道具が揃っている。必要なのは、不測の事態に備えた計画だけだ。

ジンキットの事例について教えるとき、私は全員に同じ状況説明をして、実際に交渉を行なってもらう。ところが、誰かが授業を病欠して、学生のひとりが買い手と売り手の役割を交代しなければならなくなるときがたまにある。見事な成果を上げるのは、たいていその学生だ。

あとから考えれば、その理由は明白だ。たとえば、買い手から売り手へと役割を交代した学生は、売り手役を演じるとき、それまでの買い手の視点に立つ準備が、特によくできている。相手の主張を代弁し、それに反論することができるのだ。交渉に備える理想的な方法とは、あなたが相手側の代理人であるところを想像することだ。あなた自身の役割について考えはじめる前にそうすれば、いっそう効果的かもしれない。

とはいえ、他者の立場になって考えるのは難しい。ハーブ・コーエンの名言のひとつが、その難しさをうまくとらえている。「われわれは物事をありのままに見るのではない。自分の視点から見るのだ」。他者中心で考えるには、物事をあなた自身の視点ではなく、相手の視点から、そしてゆくゆくは両方の視点から見るようにしなければならないのだ。

犬に噛まれた隣人

次の事例を選んだのは、事前計画の方法について解説するためだ。ここでは、パイよりも交渉の進め方に着目してほしい。金額が小さいと感じるかもしれないが、次のエピソードを紹介してくれた学生にとってはまちがいなく大金だった。

先日、夫が隣人の犬に噛まれました。正確にいうと隣人の犬ではなく、隣人が預かった犬なのですが。犬のリードをはずしたのが原因でした。その犬が私たちの住む集合住宅まで走ってきて、うちの飼い犬に噛みついてきたので、夫が飼い犬を守ろうと割って入ったところ、噛まれてしまったのです。隣人は狂犬病の予防接種証明書を見せてくれたのですが、全部ドイツ語だったので読めなくて。

もちろん、病院の救急外来に飛び込みました。夫の傷の処置と抗生物質の投与を受けたあとに、飼い犬を診てくれる獣医のところへ。帰宅後に、狂犬病のことを少し調べたら、命にかかわることもあると知ってびっくり！　ワクチンの接種には期限があると知って、念のため、救急外来に戻って、夫に狂犬病のワクチン接種をしてもらいました。

やれやれと思ったのは、請求書が届くまでの話。請求額はなんと3万2000ドル！！！！　幸い、保険に入っていたので、2000ドルの自己負担で済みましたけど。それに獣医代を加えて合計2500ドルです（あとは痛み、トラウマ、時間の浪費）。今夜、隣人と会い、補償について話し合う予定です。

あなたなら、どう準備してこの交渉に臨むだろう？　まずは、不測の事態を想定しておこう。もしかすると、犬の飼い主に法的責任がないかもしれない。それはノックアウト・パンチになりかねない。学生が医療ガイドラインを無視してしまった可能性もある。それは痛手だが、必要ならば事前対策を講じるのがいちばんだ。犬がもともと狂犬病の予防接種をしていたら？　その可能性は高いが、確認が必要だ。

このことから、準備に3つの事実確認が必要だ。（1）法律を調べる。（2）その犬の狂犬病予防接種証明書を入手する。（3）医療ガイドラインを確かめる。関連する事実が収集できたら、何を要求するべきか、相手がどう反応するかを考えるといいだろう。

簡単な下調べで判明した事実は、以下のとおりだ。

法律　犬が嚙みつく行為に関しては、州によって法律が異なる。州によっては、1回目は免責となる。初めて嚙みつくまで、その犬の危険性は予見できないからだ。しかし、この例のコネチカット州の場合は違う。飼い主はたとえ1回目でも法的責任を問われる。[30]

犬の予防接種証明書　あとで調べたところ、証明書にはドイツ語だけではなく英語でも「狂犬病(rabies)」の文字があった。

CDC（米疾病予防管理センター）のガイドライン　「狂犬病は救急救命には分類されないものの、医学的な緊急性が高く、すみやかな判断が必要になる。PEP（曝露後接種）［ヒト抗狂犬病免疫グロブリンと狂犬病ワクチンの組み合わせ］を開始するかどうかは、曝露の種類、曝露した動物、その動物の検査の可否、に基づいて判断される[31]」。ノースダコタ州保健局は、このガイドラインを次ページにあるような便利なフローチャートにまとめている。このガイドラインによれば、犬を10日間隔離して観察し、犬が狂犬病の兆候を見せれば（または死亡すれば）PEPを開始することが推奨されている。

これで、法律、予防接種証明書、医療ガイドラインがわかった。幸い、飼い主には法的責任がある。合意がまとまらなければ、両者にとってのＢＡＴＮＡは裁判だ。そして、飼い主が敗訴するのは目に見えている。

犬の飼い主はなんと弁解するだろう？　私の学生がパニックを起こして、勝手に状況を悪化させただけだ、と指摘するかもしれない。犬は予防接種済みだと伝えたし、証拠となる予防接種証明書もあ

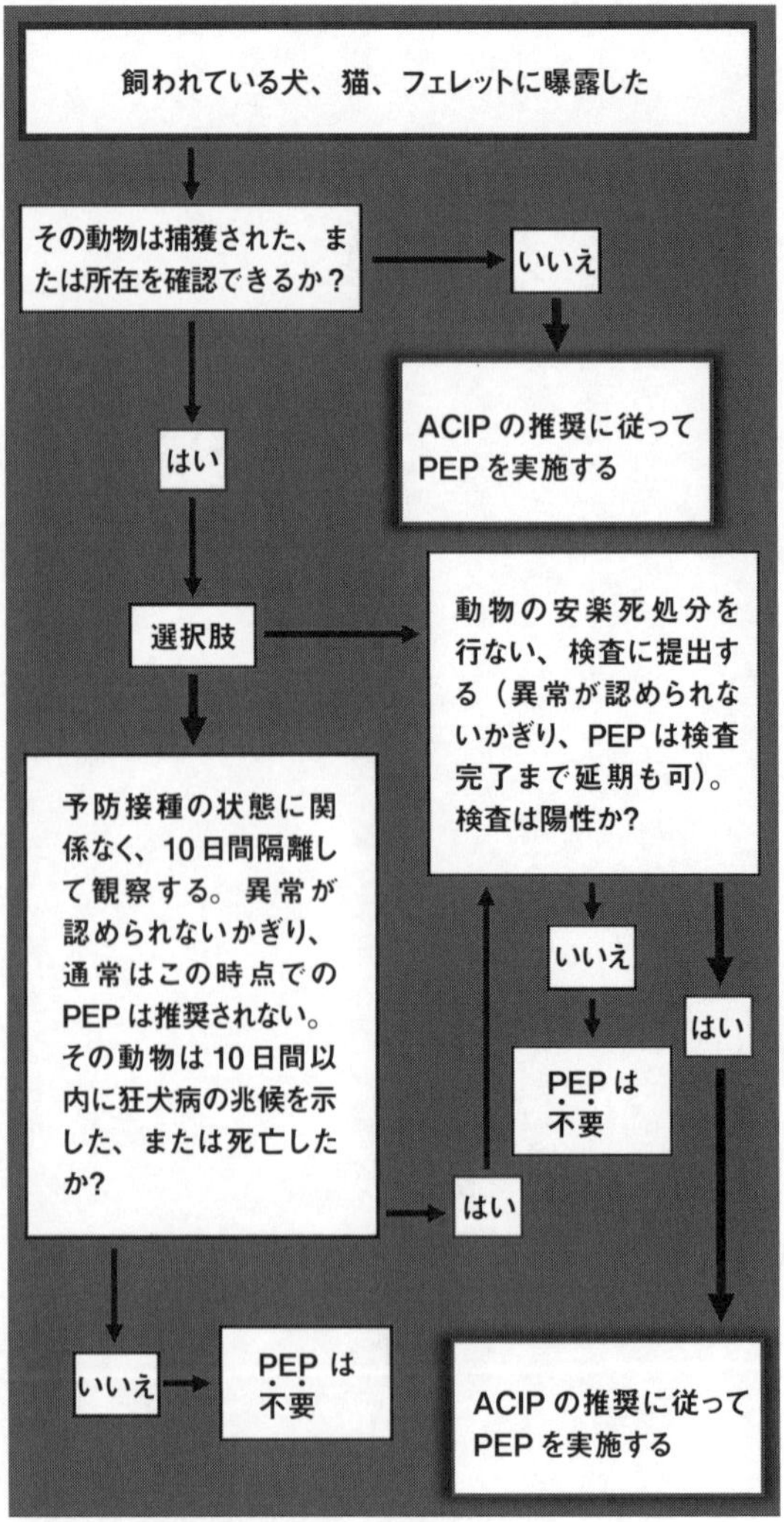
飼われている犬、猫、フェレットに曝露した
その動物は捕獲された、または所在を確認できるか？
いいえ
ACIP の推奨に従って PEP を実施する
はい
選択肢
動物の安楽死処分を行ない、検査に提出する（異常が認められないかぎり、PEP は検査完了まで延期も可）。検査は陽性か?
予防接種の状態に関係なく、10 日間隔離して観察する。異常が認められないかぎり、通常はこの時点での PEP は推奨されない。その動物は 10 日間以内に狂犬病の兆候を示した、または死亡したか?
いいえ
PEP は不要
はい
はい
いいえ
PEP は不要
ACIP の推奨に従って PEP を実施する
ノースダコタ州保健局のフローチャート（ACIP は、CDC 内の予防接種実施に関する諮問委員会の略称）

った。実際、彼女は当時その証明書を見せられていたし、1分でも目を通せば、「狂犬病」の文字に気づいただろう。予防接種済みかどうかが不明でも、医療ガイドラインによれば、PEPのワクチン接種を受ける前に10日間、犬の経過を観察するよう勧められている。

これらは法律的な点だ。反論を用意しておくべきだ。

確かに私のほうにも不手際はありましたが、問題の根本原因はあなたの飼い犬ですよね。そもそもうちのアパートへの立ち入りは禁止されていますし、入ってこなければ、うちの夫と飼い犬に嚙みつくこともなかったはず。医学的なアドバイスは尊重しますけど、わずかなリスクも排除したかったからワクチンを接種したんです。狂犬病は命にかかわりますから。

請求額が3000ドルだと聞けば、犬の飼い主にとって寝耳に水だろうが、これは勝利演説にもなりうる。飼い主の法的責任が50パーセントしかないとしても、ずっと高額な請求を突きつけられる可能性もあったからだ。

幸い、私たちは保険に加入しています。加入していなければ、3万2000ドルの費用をまるまる請求するところでした。ですが、今回ご請求するのは、私たちの自己負担額2500ドルと、苦痛に対する慰謝料500ドルの合計3000ドルだけです。

私なら主にこうした主張をするだろう。そして、万全を期すため、友人に犬の飼い主役を頼み、予行演習をすると思う。といっても、どんな友人でもいいわけではなく、実際に犬を飼っている友人を選ぶだろう。犬の飼い主のほうが、迫真の演技ができるからだ。それに、猛反論するように頼むだろう。イエスしか言わない人への対策をしてもしようがない。また、顔を殴られたあとの対策も練っておく必要がある。私の学生は入念な準備をして臨んだが、結果は拍子抜けだった。その飼い主の保険で費用を全額まかなえたのだ。

相手の反応を想定するには、模擬裁判のようなものを実施するといい。名づけるなら模擬交渉だ。友人や同僚に助けを借りることの利点は、交渉について無知でまっさらな状況に戻る必要がない、という点だ。つまり、あなたは知りすぎている。しかし、相手は自分の知識のみに基づいて、あなたの提案を評価してくるだろう。私たちの知っていることを断片的にしか知らない人ならどう反応するか、ではなく、私たち自身ならどう反応するか、と考えてしまう人はあまりに多いのだ。

次の事例では、相手の視点に立つとき、あなた自身の視点を封じ込めるのがどれだけ難しいかを紹介する。それができれば、超交渉力が手に入る。何を提示すべきかが丸わかりになり、本来なら不可能にしか思えない取引が魔法のように実現することがあるのだ。その好例がジョージ・パーキンスとモフェット・スタジオの物語だ。

モフェット・スタジオ

著作権のある写真の使用をめぐる有名な歴史的交渉を紹介しよう。ビジネススクールの教授たちはこの事例を教えるのが大好きだ。私の同僚たちの大半は、この結果を巧みな交渉術の模範例とみなしている。私は、その意見は半分しか正しくないと思う。その状況とは、歴史家のジョン・ギャラティによれば次のとおりだ。[32]

１９１２年の晩秋。セオドア・ルーズベルトは共和党とたもとを分かち、進歩党（通称「ブル・ムース党」）から大統領選に出馬していた。相手は民主党でニュージャージー州知事のウッドロウ・ウィルソンと、共和党のウィリアム・ハワード・タフト現大統領だ（ほかにも、アメリカ社会党の候補者ユージン・デブスがおり、最終的になんと６パーセントもの票を獲得した！）。

進歩党のもっとも強力な選挙戦の道具のひとつが、ルーズベルトの党大会での演説「信仰の告白（Confession of Faith）」だった。選挙対策本部は、当時の激戦州のひとつだったカリフォルニア州で配布する冊子の一部にその演説を使おうとしており、３００万部を印刷する準備を整えた。ルーズベルトと副大統領候補者のハイラム・ジョンソンの写真が、表紙にでかでかと掲載される予定だった。

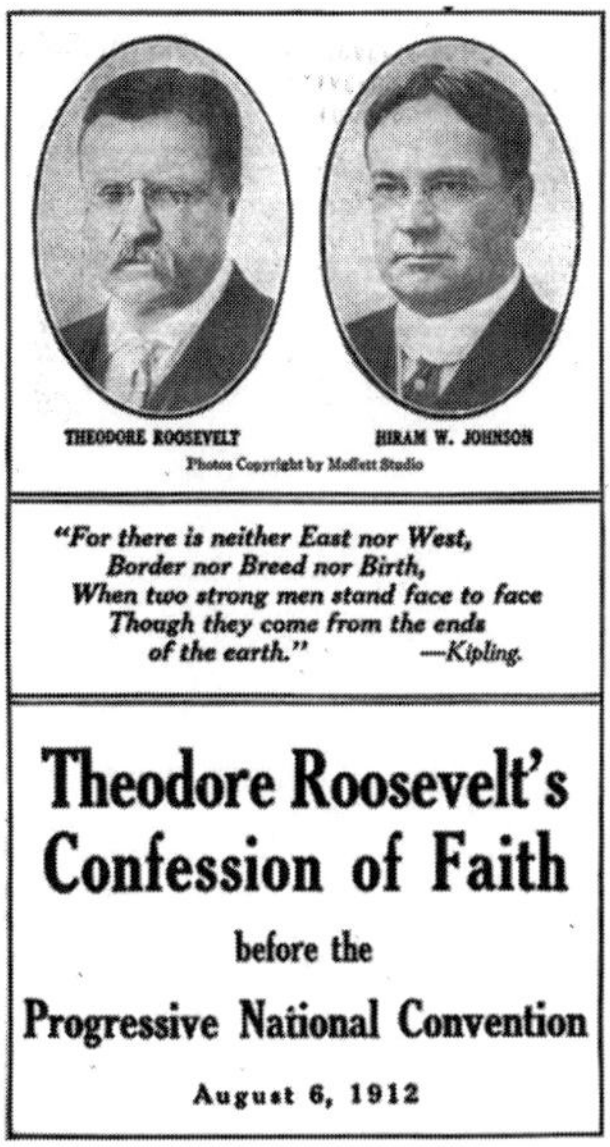

ところが、広報担当者のＯ・Ｋ・デイヴィスは、いつもどおりゲラ刷りの確認をしているとき、ＯＫとは言いがたい事実に気づく。誰も写真の著作権を保有するモフェット・スタジオから著作権使用許可を取得していなかったのだ。当時の著作権法では、許可なく写真を複製した場合、１部につき１ドルの罰金が科されることになっていたので、これは大問題だった。* ３００万ドル（現在の価値にし

＊　皮肉なことに、この罰金は、セオドア・ルーズベルトが大統領を務める最終日、１９０９年３月４日に署名した１９０９年著作権法に明記されていた。

て８０００万ドル）もの大金がかかっていたのだ！　デイヴィスは進歩党上層部のジョージ・パーキンスに事態を報告し、判断を仰いだ。いくら支払うべきか？

この場合、あなたならどうするだろう？　とにもかくにも、冊子を印刷しなければならない。デジタルソフトで簡単にコンテンツを差し替えられる現代とは違い、新しい表紙の写真を手配する時間はない。一言でいえば、切羽詰まった状況に見える。実際、そのとおりだ。おおぜいが叫び声を上げ、あなたの指示を待っている。今すぐに。

こんなとき、相手の視点に着目するのは難しい。

しかし、パーキンスは、ＪＰモルガンのパートナーでもあり、ＵＳスチールの取締役も務める経験豊富な実業家だった。彼はモフェット・スタジオに次の電報を打つよう急いで指示した。

ルーズベルトとジョンソンの写真を表紙に載せたルーズベルトの演説を、３００万部発行する計画です。写真家にとって絶好の宣伝になりますよ。写真を掲載した場合、いくらお支払いいただけますか？　至急、返信乞う。

あなたがモフェット・スタジオで、先ほどの事情を知らずにこの要求を受け取ったら、どう返信するだろう？

モフェットはこう返信した。

初めてのことで戸惑っておりますが、そういう状況でしたら、２５０ドルではいかがでしょう。

デイヴィスによると、10分後には、印刷機が回っていたという。

このエピソードは、数々の尾ひれがつけられて出回っている。冊子はすでに印刷済みだったとか、[33]モフェットはお金に困っていたとか、ウィルソンの支持者だったとかいう話もある。ディーパック・マルホトラとマックス・ベイザーマンは、共著『交渉の達人』の冒頭でこのエピソードを挙げている。ジョージ・パーキンスは交渉の天才だ、というのがこの話の教訓だ。先ほど述べたとおり、この結論には半分しか賛成できない。

天才的なのは、準備の部分だ。準備は相手の視点を理解しようとするところから始まる。パーキンスと同じ立場にいる人々の大半は、自分自身の切羽詰まった状況にばかり目が行き、モフェット・スタジオが写真を使ってもらうことに見出す価値に気づかない。パーキンスがこうして他者中心の視点に立てたのは、確かに天才的だった。

私がふたりと意見を異《こと》にする部分は、パーキンスが重要な情報を省略したことに関してだ。ふたりの語る話では、冊子はすでに印刷済みで、写真を使う以外に選択肢はなかった。パーキンスはちゃっかりとその事実を電報から除外した。そうすることで、彼はモフェット・スタジオをだましたことになる。

もし、「明日返信します」との答えが返ってきていたら、どうだろう。

その時点で、パーキンスは真の事情を明かさざるをえないかもしれない。あなたがモフェットなら、どう感じるだろう？

私なら、嘘をつかれたと感じただろう──省略による嘘を。[34]そして、まるで容赦のない価格を提示するだろう。したがって、倫理的な問題はさておき、これは不必要に危険な戦略だと私は思う。嘘がばれれば、取引は成立しないか、相手が理不尽なオファーを突きつけてくる可能性もある。

あるとき、ハーブ・コーエン（『FBIアカデミーで教える心理交渉術』〔日本経済新聞出版〕の著者）が私の授業を訪問したことがあった。私はその機会に、彼ならどうするかをたずねてみた。彼は、ミスを正直に明かし、協力を求めることを提案した。といっても、財布を開くという意味ではない。たとえ少額でも、モフェット・スタジオにとっては大きな得だ。そこで、状況を説明して、写真の使用許可を求めるのだ。それでもやはり、写真の使用がモフェットの利益になることを指摘するべきだ。双方が利益を得るのだから、パイは巨大だ。それに、モフェットはこの先、大きな恩を売ることができる。モフェットはリンカーン以来、ずっと歴代大統領の写真を撮ってきており、ルーズベルトが勝利すれば、その伝統は続くことになる。

真の事情を明かせば、モフェットにお金を支払わせるのは難しくなるだろう。それでも、おそらくそれなりの価格で写真の使用許可が手に入ると思う。

パーキンスは300万ドルの債務を250ドルの利益に変えた、と早合点したくなるが、この結論はあまりに極端すぎる。おそらく、いずれにせよ500ドル未満で使用許可を購入できていただろう。現在の価値に直せば、1万3000ドルといったところだ（比較のため、ゲッティ・イメージズはほとんどの写真の商用ライセンスを1000ドル未満で販売している）。したがって、これは選挙対策本部がスタジオに500ドル支払うのと、スタジオに250ドル支払わせるのとの差、つまり750ドルの価格差についての話であると考えるのが妥当だ。もちろん、500ドルを支払うより250ドルを受け取るほうがよいのは確かだが、すべてを危険にさらしてまですべきことではないのだ。

これは、ティーカップの買い手の事例とはどこが違うのか、と考えるのは理にかなっている。買い手は、そのティーカップが自分にとってすごく価値があることを、フリーマーケットの売り手に伝えなかった。なぜこの情報を省略するのはかまわないのに、冊子が印刷済みだという情報を隠すのは罪が深いのか？

この問題に、私は数晩、頭を悩ませた。

まず、モフェットはだまされ、誘導された、という印象がある。この点を理解するため、あなたの11歳の娘が職場に連絡してきて、友人を家に泊まらせてもいいか、と訊いてきたとしよう。あなたはかまわないと答える。帰宅すると、パジャマ姿の友人が、許可を求める連絡のずっと前から家にいたことを知った。そこであなたは、ダメだと言っていたらどうしたのか、とたずねる。娘は悪びれる様子もなく、そのときは友人の親に迎えに来てもらうつもりだった、と説明する。でも、そんなのどうでもいいじゃない、と娘は言う。お泊まりを許してくれたんだから、その前からお泊まり会が始まっていたかどうかなんて関係あるの？　もしかすると、11歳児というのはみんな結果論者なのかもしれない。

私の印象はだいぶ違う。だまされた気分だ。お泊まり会を計画する前に、またはお泊まり会を始めたあとで正直に打ち明けられたとしても、私はたぶん許していただろう。しかし、私の知らない既成事実のような行動を許すとなると、話は別だ。

奇妙なのはよくわかっている。友人がすでに家に来ていて、友人の親がわざわざ迎えに来なければならなくなる、とわかっていれば、イエスと言いやすくなるわけだから。それなら、なぜ事実を知っていたとしても同じ判断をしていたかどうかを気にする必要があるだろう？　それは、だまされたという気分もあるが、より均等なパイの分け方について交渉していたかもしれないからだ。娘が真実を打ち明けていれば、娘は友人とのお泊まり会に高い価値があると表明することになっていた。その結果、イエスの見返りに、いつも以上に家の用事を手伝ったり、数学の問題を解いたりすることに同意していただろう。娘は事実の省略という嘘により、パイの取り分を増やしたのだ。

パーキンスの嘘がばれていたら、きっとモフェット・スタジオも同じことを感じたと思う。冊子が印刷済みであろうとなかろうと、パーキンスにほかの選択肢があろうとなかろうと、モフェットは写真の傍《そば》に自分の名前を載せることに喜んで250ドルを支払っただろう。それだけの宣伝効果はある。しかし、何かにその価値があるからというだけで、取引に合意する、とはかぎらない。

アリスがボブにピザを3枚あげると言ったとしよう。ボブが2枚（彼のBATNA）ではなく3枚もらえる、ということしか知らなければ、彼はそのオファーを受け入れるだろう。しかし、彼が3枚もらえる代わりに、アリスは9枚もらえる、と知れば、彼の答えは変わる。こんどは、あくまでパイの均等な分け前を要求するはずだ。

冊子の印刷前であっても、モフェットはそれなりの価格で（それどころか自分がある程度支払ってでも）ライセンスを販売する気だった。きっと、冊子が手違いですでに印刷されてしまった、と打ち明けられたとしても、モフェットはそれなりの価格でライセンスを譲ったに違いない（さすがに自分が支払うことはないにせよ）。しかし、真の事情がわからなければ、モフェットは写真の使用許可を与えようとは思わないだろう。選挙対策本部は、真実を打ち明けられるほどモフェットを信用してはいなかった。人間は、交渉から得られるお金とは別に、敬意をもって扱われることを重視する生き物なのだ。

選挙対策本部がお金を要求したことが、モフェットの誤解に拍車をかけた。なぜモフェット・スタジオは、選挙対策本部に喜んでお金を支払うのか？　選挙対策本部側にほかの写真を使う選択肢があり、そうなればライバルのスタジオが代わりに宣伝効果を得る、という前提があるからだ。電報もモフェット・スタジオの誤解に一役買った。これは、間接的とはいえ、意図的にだます行為に等しかった。単純に、選挙対策本部がスタジオに相場価格をたずね、宣伝効果を踏まえた値引きを要求したとしても、スタジオの誤解を突くことにはなっただろうが、誤解を悪化させることはなかった。冊子が印刷済みであることを明かすつもりがないなら、次のようなオファーのほうが反発を招きづらいだろう。

党大会の演説を冊子にして300万部配布する計画なのですが、表紙にはルーズベルトとジョンソンの写真を載せようと思います。写真家にとって絶好の宣伝になりますよ。あいにく、価格交渉に時間をかける余裕がありません。宣伝に加えて、少額の謝礼もお支払いするつもりです。100ドルで問題ないでしょうか?

パーキンスのような貪欲さこそないが、モフェットが200ドルという価格を提示し返してくれば、こちらの勝利と呼んでいいだろう。万が一、冊子が印刷済みだとモフェットが気づいたとしても、だまされたとはあまり感じないと思う。

ティーカップの買い手がフリーマーケットの売り手に売値をたずね、20ドルという値段に合意した場合、売り手が嘘をつかれたと感じる筋合いはない。たとえ、買い手がそのティーカップを異常に高く評価しているにせよ、買い手は売り手の誤解をいっさい悪化させてはいない。おまけに、売り手はこの取引で相場の利益、ことによっては相場以上の利益を得ている。しかし、ティーカップが本当は買い手にとって300ドルの価値を持つものなら、やはり均等な分配とは程遠いのだ。

まとめよう。第一に、他者中心の視点に立ち、準備を行なうこと。まずは相手の立場を理解しよう。相手はあなたの知っていることを知らないので、相手の立場になる際は、あなたの知識の一部を頭のなかから追い出す必要があるだろう。第二に、あなたが困難な状況に陥っているときは、相手に誤解を与えるのは慎むこと。パーキンスは英雄のようだが、私から見ればずる賢すぎると思う。彼は小さな勝利（と偉大なエピソード）と引き換えに、巨大なリスクを冒した無謀者にすぎないのだ。

絶対に嘘をつくな、と言うつもりはない。屋根裏にユダヤ人はいないか、とナチスにたずねられたら、おおいに嘘をついてもいい。パーキンスが、選挙の命運は冊子の配布にかかっていると思って、モフェットが敵対するウィルソンの支持者なのではないかと疑っているなら、切羽詰まった状況を隠すのもわからなくはない。しかし、切羽詰まった状況を隠すのは、モフェットに支払いを催促するのとは違うのだ。

BATNAを改善する

もうひとつの準備は、あなたの真のBATNAを理解しようと努めることだ。ほとんどの人は、交渉決裂時の「代替案」をなんとなく把握しているが、BATNAの「最善」の部分に注目しきれていない。たとえば、あなたが幸運にも、アップルとマイクロソフトの両方から採用のオファーを受け取ったとしよう。アップルのオファーは12万ドル。マイクロソフトがあなたの第一志望で、アップルは代替案だ。さて、あなたのBATNAは、12万ドルの給与だけだろうか？

その答えはノーだ。理由はふたつ。ひとつ目に、あなたのBATNAには単なる給与以上のものも加味されるからだ。たとえば、ライフスタイル、勤務地、同僚、メンター制度など、その仕事にともなうすべての物事の価値を考慮しなければならない。ほとんどの人はこの点を心得ている。あなたにとっての代替案は、「年俸12万ドルで、クパチーノにあるアップルで働くこと」だと説明するほうがいいだろう。

ふたつ目に、12万ドルがアップルから引き出せる最善のオファーではないかもしれないからだ。もしあなたが採用担当者に、「ぜひ入社したいと思っています。給与を13万ドルまで引き上げてくれれば、お引き受けするつもりなのですが」と言ったら、相手はイエスと言うと思うだろうか？[*] そう思うなら、給与という意味でのあなたのBATNAは、12万ドルではなく13万ドルになる。可能性は半々だと思うなら、BATNAは12万5000ドルとみなせるかもしれない。私が言いたいのは、あなたにとって最善の代替案は、おそらく現時点での代替案よりはよい、ということだ。

だからといって、先に第二志望と交渉するべきだ、というわけではない。時間もかかるし、本気で就職する気がないなら、相手から最大限のオファーを引き出すのは難しいからだ。あなたがすべきなのは、あなたにイエスという覚悟があったら、第二志望の会社がオファーをどう引き上げてくれるのかを推定し、その推定をあなたのBATNAに組み込むことなのだ。

＊　あなたのイエスを引き出すことは、相手にとって給与を引き上げる十分な理由になりうる。クパチーノと比較したレドモンド〔マイクロソフトの所在地〕の州税の低さや、競合企業の提示する給与など、ほかにも理由があるなら、私はそれも利用するだろう。

第21章　明かすべき情報（と隠しておくべき情報）

パイを生み出すには、情報の共有が必要だ。共有とは、質問をし、質問に答えること、その両方を意味する。しかし、情報を隠したり、言わなくてもわかると思ったりしてしまう交渉者は少なくない。次に挙げるのは、私の既婚の友人のアダムとバーバラのやり取りだ。

アダム　言葉で伝えなくても、僕の望みをわかってほしいんだ。そのほうがずっと意味のあることだと思う。

バーバラ　コミュニケーションって難しい。望みを伝えたとしても、誤解されることなんてしょっちゅう。伝えれば望みが叶うこともあるけれど、何も言わなければ、その確率なんてゼロに近いでしょ。

多くの人は、自分が望むものを明かすのを恐れる。交渉相手にその情報を逆用されるのではないか、と心配するからだ。本当だろうか？

あなたは車を売ったお金で、マフィアからの借金を返済しようとしているとする。マフィアの用心棒が、今日の夕方5時に取り立てにやってくる。借金の1万ドルを工面できなければ、膝をへし折られるだろう。

車の購入希望者が正午にやってきて、車を売る理由をたずねる。あなたは自分の苦しい事情を説明するだろうか？　一見すると、あなたが切羽詰まっていることを明かせば、弱い立場に追い込まれる、と思うかもしれない。1万ドルを工面しなければならないことを打ち明ければ、相手は1万ドルよりそう多く払わなくて済みそうだ、とわかる。一方、時間を無駄にはできない、ということもわかる。好条件で取引したければ、今すぐに代金を用意しないと。逆に、あなたがその情報を隠せば、より高値で車を売り、余ったお金で足のギプスを買えるかもしれない。

この明らかに極端で、マンガじみた例の場合、売り手は取引の価格とスピードの両方を重視している。手早く、高値で売れれば理想的だ。しかし、スピードが本当に最優先なら、事情を明かすのは、手早い取引の助けになるだろう。

とはいえ、取引に無関係な情報まで明かす必要はない。たとえば、30年前に10万ドルで購入した家を売却し、課税基準額を低くしようと考えている場合、この情報は現在の評価額とはなんの関係もない。あなたが大金を儲けようとしている事実は、その家の現在の価値を左右するわけではないからだ。また、買い手の評価額とも無関係だ。もし訊かれたら、もともとの購入価格を明かしてもいいし、無関係だと思うと説明して、丁重に断ってもいい。情報を共有することに、これといったデメリットもメリットも見当たらない。

ただ、一般論として、私は情報を明かすことに賛成だ。あなたが情報を隠したり、相手を煙《けむ》に巻いたりすれば、相手はあなたの望むものを与えることが（不可能ではないにせよ）難しくなるからだ。ガソリンスタンドの交渉の例（第16章）に戻ると、買い手はふつう、売り手に売却の理由をたずねるだろう。売り手は、「そろそろ引退するつもりなので……」などと、白々しい嘘をつくことが多い。

この答えの問題点は、買い手が仕事をオファーすることにはつながらない、ということだ。たった今、引退の計画を打ち明けたばかりの人に、仕事をオファーする理由がどこにあるだろう？

では、売却の真の理由を明かすべきでないケースはあるだろうか？　考えてみてほしい。買い手はなんらかの売却理由があることを知っている。買い手の視点から見れば、売却にはよい理由と悪い理由がある。悪い理由は、色々と考えられる。地下の貯蔵タンクに漏れがあり、そのガソリンスタンド一帯がスーパーファンド・サイト〔浄化が必要だと米国政府が認定した汚染地〕に認定されようとしているから。あるいは、顧客をそのガソリンスタンドへと吸い寄せる高速道路出口がもうすぐ閉鎖されるから。[35]一方、ヨットで世界一周旅行をするのが生涯の夢だから、というのはよい理由だ。これがよい理由といえるのは、ガソリンスタンド自体にはなんの瑕疵《かし》もない、とわかるからだ。しかし、人間はとっさに情報を隠そうとする。自分の利益になる情報でさえ、明かそうとしないのだ。

どのような情報を明かすかを判断するときは、ふたつの要因に着目するといい。相手はその情報にどう反応するか？　そして、その反応によってパイはどう変化するか？

期限

隠れた期限の例は、絶好の頭の体操になる。アリキアとブレニスは、金曜午後5時を期限とする交渉を行なっている。それまでに契約を締結できなければ、契約の機会は泡と消え、ふたりとも手ぶらで帰ることになる。お互いにこの期限は十分に承知している。

ところが実は、アリキアの期限はもう少し早く、水曜午後5時なのだ。ブレニスはこの事実を完全に知らない。アリキアはそのことをブレニスに伝えるべきだろうか？

私の学生たちの意見は、真っ二つに分かれた。情報を明かさないほうを選んだ学生たちは、ブレニスがアリキアの時間的制約を逆手に取り、より有利な契約を取りつけるのではないか、と心配している。本当に？

ブレニスの期限はいつだろう？　実は、同じく水曜午後5時なのだ——自分が知らないだけで。アリキアとブレニスの期限はまったく同じだ。すると、話は以前のパイの議論へと戻る。アリキアはブレニスなしではパイを生み出せないし、ブレニスはアリキアなしではパイを生み出せない。パイを生み出すには、ふたりの存在が等しく必要だ。したがって、ふたりがパイを折半すべきなのとまったく同じ理由で、ふたりは期限に関する情報を共有すべきなのだ。

アリキアがブレニスに早めの期限を黙っていれば、アリキアだけが時間的制約を感じることになる。対照的に、期限を明かせば、ふたりともが時間的制約を感じることになる。アリキアはこう言うといいだろう。「ブレニス、悪い知らせがある。金曜午後5時ではなく、水曜午後5時までにこの交渉を終わらせなければならなくなった。つまり、それまでに合意に達しなければ、ふたりとも契約の機会を失ってしまう、ということだ。だから、これは君にとっての新しい期限でもあるんだ。さあ、急ごう」

私のアドバイスは、実験的証拠によって裏づけられている。教授のフランチェスカ・ジーノとドン・ムーアの発見によれば、期限が早まったことを隠した場合、交渉が行き詰まる確率が23パーセントから37パーセントへと5割以上上昇したという[36]。合意に達した人々のなかでも、期限が明かされた場合、期限が早まった側は平均するとパイの半分を受け取れたが、期限が隠された場合は43パーセントの取り分にとどまった。対称性という観点から物事をとらえないかぎり、このことは直感的に理解できない。実際、期限が早いほうの参加者たちは、事前の調査で、情報の開示はプラスに働くかとたずねられると、約60パーセントの人々が情報を開示することで立場が弱くなる、と答えた。その考えはまちがいだったのだ。

BATNA

ひとつ、交渉の専門家たちが口を揃える内容がある。弱いBATNAは隠しておくこと。ハーバード・ロースクールの交渉プログラムによれば、これは交渉の基本中の基本だ。

弱いBATNAを明かしてはならない。[37]

私は天邪鬼《あまのじゃく》なので、別の視点を提案させてほしい。

こんな場面を想像してみよう。あなたは自社を売却しようとしており、最高で40万ドルのオファーをすでに受け取っている。あなたは自社に最低でも50万ドルの価値はあると考えているので、これは弱いBATNAに感じられる。すると、新たな購入希望者が興味を持ったらしく、他社からどのようなオファーが来ているのか、と訊いてきた。考えられる返答は何通りかある。

・余計なお世話です。
・4で始まる金額です。
・40万ドルです。

「余計なお世話」というのは乱暴な物言いだが、対称性の原理を用いれば、同じ内容をこう伝えることもできる。「まさか、そちらの上限額を教えてくれたりはしませんよね。それと同じ理由で、こちらの最低額をお教えするのは気が引けます」。これが標準的な返答だ。

しかし、あなたのすでに受け取っているオファーが50万ドルだったら、「余計なお世話」だとか、同じ意味のもう少し丁寧な返答をしただろうか？　つまり、たとえあなたのBATNAが弱いとしても、明かすべき理由はあるのだ。そうしなければ、相手はあなたのBATNAがさらに弱いと邪推するかもしれない。

あなたが、たとえば50万ドルとかいうような、高額のオファーを受け取っていれば、その情報を明かしたくなるだろう。よって、あえて明かさないということは、せいぜい45万ドル程度のオファーしか受け取っていないのだろう、と買い手は推測する。この論理は芋づる式に連なっていく。あなたが45万ドルのオファーを受け取っていれば、その情報を明かしたくなるはずだ。明かさないということは、あなたのオファーは、受け取っていたとしてもせいぜい40万ドル程度なのだろう、と買い手は考える。すると、あなたはオファーを受け取っていない売り手と一線を画すため、40万ドルのオファーが来ていることを明かすほうが有利になる。弱いBATNAを隠しつづけようとすることはできるが、BATNAを隠そうとするその態度こそが、かえってBATNAの弱さを雄弁に物語るのだ。

BATNAを明かすべきもうひとつの理由は、時間の浪費を避けるためだ。私のBATNAが1300ドルを支払ってICANNの紛争解決プロセスを利用することだ、と明かしたとたん、エドワードは当初の2500ドルという希望価格を、1100ドルまで引き下げた。企業を売却する際、新たな購入希望者が27万5000ドルを提示してきたら、4で始まる金額のオファーがすでに来ていると明かすことで、その人物が本気なのかどうかをすぐに確かめられる。そのオファーが45万ドル以上なら、あなたは「50万ドル近い」という表現を使ったはずだ、とその購入希望者は気づくだろう。したがって、そのオファーは40万ドル台前半だ、と推測できる。40万ドル以上の値をつけられないかぎり、会話を続ける意味はないのだ。

情報を共有するときは、段階的に情報を明かし、相手の反応をうかがおう。たとえば、厳密な金額を伝える代わりに、4から始まる金額だ、と言ってみる。あるいは、相手の金額を確かめられるよう、スプレッドシートやモデルを見せてほしい、と頼んでみるのもいい。あなたがパイの等分を約束し、相手にパイの真の大きさを隠す余地が少なくなれば、もっとオープンなやり取りができるだろう。

情報を正直にさらけ出す返答は、思いのほか悪くない。現時点でのオファーが最高40万ドルにすぎないことを明かしたからといって、40万1000ドルを受け入れざるをえなくなるわけではないからだ。

40万ドルを提示されましたが、お断りしました。安すぎますからね。買収をご希望でしたら、この額をかなり上回るオファーが必要だと考えています。

40万ドルというもうひとつのオファーについて明かしながらも、あなたのBATNAは明かしていない。あなたのＢＡＴＮＡは、売却を中止し、現状を維持することかもしれない。この場合、あなたのＢＡＴＮＡは部分的に伏せられるので、私は自説を完全に証明したことにはならない。

では、40万ドルでの売却が本当にあなたのＢＡＴＮＡだとしたらどうだろう？　あなたは、買い手が48万ドルまで出すつもりだ、と踏んでいる。その場合、たとえあなたのＢＡＴＮＡを明かしたとしても、あなたはあくまでパイの半分、つまり44万ドルを要求できる。買い手に47万９０００ドルを支払う道理がないのと同じで、あなたにも40万１０００ドルを受け入れる道理はないのだ。エドワードとドメイン名の例に戻ろう。私は自分のＢＡＴＮＡが１３００ドルであることをエドワードに伝えたが、６５０ドルより多く支払うつもりは毛頭なかった。

つまり、弱いＢＡＴＮＡを明かしたからといって、パイの半分を受け取れなくなる、ということはないのだ。逆に、明かさないことによって、相手はあなたのＢＡＴＮＡが実際よりさらに弱いのではないか、と邪推するかもしれない。

その背景には、「弱いＢＡＴＮＡ」の意味をめぐる混乱があるのだと思う。エドワードとの交渉において、私のＢＡＴＮＡは弱かっただろうか？　彼のＢＡＴＮＡは0ドル、私のＢＡＴＮＡはマイナス１３００ドルだった。確かに、数字だけを見れば、私のＢＡＴＮＡは彼より悪かったが、これは意味のある比較ではない。

私は、ＢＡＴＮＡの真の意味はこうだと思っている。相手はあなたのＢＡＴＮＡを推測する（あなたがＢＡＴＮＡを明かしていないという前提で）。相手があなたのＢＡＴＮＡを実際より高く考えているなら、あなたはわざわざＢＡＴＮＡを明かして相手の考えを訂正するべきではない。逆に、相手があなたのＢＡＴＮＡを実際より低く考えているなら、あなたはＢＡＴＮＡを明かして相手の考えを訂正するべきだ。

もちろん、相手はあなたのBATNAをどう考えているのか、教えてはくれないかもしれない。その場合、相手があなたのBATNAをどう考えているとあなたが思うのかに基づいて、判断を下すことになる（ここでもやはり、あなたがBATNAを明かしていないという前提で）。相手があなたのBATNAを実際より高く考えているとあなたが思うなら、あなたはわざわざBATNAを明かして相手の考えを訂正するべきではない。逆に、相手があなたのBATNAを実際より低く考えているとあなたが思うなら、あなたはBATNAを明かして相手の考えを訂正するべきだ。

つまり、弱いBATNAの真の意味は、相手があなたのBATNAを過大評価している、とあなたが思っている状態のことなのだ。その弱さは、あなたのBATNAの絶対値の低さから生じるわけではない。相手が考えているとあなたが思うBATNAよりも、あなたの真のBATNAのほうが悪い、という事実から生じるものなのだ。その場合は、お口にチャック、が賢明だろう。

第22章　開始時の戦略

千里の道も一歩から、という中国の古い格言がある。そのとおりだ。しかし、その一歩目を誤りやすいのもまた事実だ。そこで、交渉で誤った第一歩を踏み出さないようにするためのアドバイスを紹介していこう。

本章では、さまざまな交渉から抜粋した例について考察する。この15年間、私は何百回という交渉を映像に収めてきた。ここで抜粋するのは、そうした映像を文字に起こしたものだ。そうした交渉は実在の人々によるものなので、実際の映像をお見せするわけにはいかない。そこで、役者に頼んでシーンをそっくり再現してもらった。役者の方々には元の映像を観てもらい、映像を文字に起こしたものを台本として使ってもらった。本書のウェブサイトSplitThePieBook.comに、それらの動画へのリンクがあるので、ぜひ参照してほしい〔英語のみ〕。役者たちはみな、イェール大学演劇大学院の学生だ。もし彼らがアカデミー賞を受賞する日が来たら、ここで最初に見たと自慢できるだろう。

以下の例では、最初のオファー、嘘、よい警官と悪い警官の戦術、最後通牒など、交渉開始時の戦略に着目する。大事故につながる道は何本もある。ひとつ言えるのは、従来の交渉手法には大きな欠陥がある、ということだ。交渉の開始時点で、従来とは異なる基本原則、つまりパイの折半に合意できれば、余計な駆け引きは不要になる。もちろん、それが可能なケースばかりではない。そういう場合に、どうすべきなのか、どうすべきでないのか、相手が私のアドバイスに従わないときにどう対応すればいいのか、を説明していこう。

アンカリング（と、あなた自身のアンカーに引きずられない方法）

パイの取り分をなるべく増やすために、極端なオファーを交渉の起点にするのが賢い戦略だ、と考える人がいる。たとえば、相手が１００ドルを要求していて、あなたの上限が70ドルなら、20ドルを提示するのだ。

その目的は、相手をあなたの提示した数値（アンカー）へと固定することだ〔この手法を心理学用語でアンカリングという〕。20ドルという数値を聞いたとたん、相手はあなたの上限額に対する期待を引き下げる。80ドルを提示し返す代わりに、中間を取って60ドルで手を打とうと言ってくるだろう。

この手法には、潜在的な問題がふたつある。

1　20ドルのような極端に低い数値を提示されることで、相手が立ち去ったり、あなたと交渉したくないと判断したりする。

2　相場が80〜１００ドルだとした場合、適正価格までたどり着くために、あなたは大幅な譲歩をせざるをえなくなる。たとえば、あなたが20ドルから50ドルまで譲歩したとすると、相手はあなたの提示価格にまだかなりのゆとりがある、と解釈し、さらに大幅な譲歩を期待してくるだろう。

極端なアンカーのせいで交渉がボツになった実例が、２０１7年1月26日に起きた。ドナルド・トランプ米大統領は、ホワイトハウスでメキシコのエンリケ・ペニャ・ニエト大統領と会談する予定だった。会談の議題のなかでも特に厄介だったのが、国境の壁の建設に関する議論だった。トランプ大統領は午前8時55分のツイートで先手を取り、メキシコに壁の建設費用を全額負担させる、という主張を繰り返した。

トランプ大統領は、交渉をわざと低い条件に結びつけようとしたようだ。このアンカーは、侮辱、もっといえば公的侮辱とみなされ、裏目に出た。11時30分には、メキシコ外相が当時の国土安全保障長官のジョン・ケリーとの会談を中止するよう指示された。その直後、ペニャ・ニエト大統領は、トランプ大統領との会談を公然と中止した。[38] 結局、アメリカは１５０億ドルの建設費用を全額負担することになった。

アンカリングに関する学術文献は、交渉とは無関係な実験に基づいたものだ。１９７4年、エイモス・トベルスキーとダニエル・カーネマンは、人間の心の気まぐれが合理性からの逸脱に結びつくことを示した、行動意思決定理論の概念を世に送り出した。この研究で、カーネマンは２００2年にノーベル経済学賞を受賞することになる（本来なら、トベルスキーも賞を分け合ったはずだが、彼はがんにより59歳の若さで死亡）。ふたりは被験者たちに2種類の質問を用意して、アンカリングの効果を証明した。被験者の半数は、国連加盟国のうちアフリカ諸国の占める割合は10パーセントを超えるか超えないかと訊かれた。残りの半数は65パーセントを超えるか超えないかと訊かれた。最初に10という数値を提示された。最初の質問に回答したあと、全員が改めて実際の割合を推定するよう言われた。最初に10という数値を提示された人々は25パーセントと答えたが、65という数値を提示された人々は45パーセントと答えた。10や65という数値を考えるだけで、人々の推定に大きな影響が生じるという驚くべき証明となった。最初に

10ではなく65という数値を聞かされるだけで、推定に約2倍の開きが生じたわけだ。

アンカリングが交渉では同じようにいかない理由は、相手があなたの意図に気づき、侮辱されたと感じるからだ。国連加盟国に占めるアフリカ諸国の割合が10パーセントを超えるか超えないかと訊かれて侮辱だと感じる人などいない。しかし、あなたが相手の家や車や企業の実際の価値の10パーセントを提示したら、相手は侮辱と受け取るだろう。あなたは何もわかっていない、あるいは自分をだまそうとしている、と思われるだけだ。

だからといって、この戦術がまったく使えないわけではない。もう少し節度のある使い方をすればいい。

どのようなオファーをするにしても、常に合理的な説明ができなければならない。あなたが20ドルを提示して、買い手に「どうしてその金額になったのでしょう?」と訊かれたとき、「あなたを安値に誘導するためですよ」では満足な答えにならない。正当化できる数値を選ぼう。たとえば、不動産を購入する際、不動産見積もりサイトの提示する価格帯の下限を選べば、合理的な説明がつくだろう。

さて、アンカリングのふたつ目の問題点に移ろう。アンカリングを用いると、合意に至るために大幅な譲歩をせざるをえなくなる。すると、相手はさらに譲歩を引き出せる、と考えるだろう。しかし、それ以上の譲歩が不可能なこともある。その結果、次のシナリオで見るように、交渉が決裂してしまう。

買い手　さあ、いくらから始めましょうか?

売り手　私のガソリンスタンドと同じものをつくるとしたら、66万ドルほどかかるでしょうね。

買い手　ええと、正直なところ、われわれの想定していた価格とかなりの開きがあるようですね。その金額なら、新築したほうが早いですから。30万ドル以上は支払えません。30万ドルよりはやや価値があるかもしれませんから、多少の交渉には応じますが、当然ながら、そちらの希望価格は完全に論外でしょう。

［あと何回かやり取りする］

買い手　37万5０００ドルで合意できるなら――

売り手　いいですか、私には売る必要性がないんですよ。

買い手　個人的には、37万5０００ドルが上限だと思っていたのですが、もう少しなら……。せっかくなら、この場で取引成立といきたいですから。合意してくだされば、本日、この場で、47万ドルの小切手をお渡しします。ただ、それ以上は無理です。

売り手　いや、合意したいところですが、もっといいオファーが来ているんですよ。

買い手　わかりました、取締役会にそう報告しておきます。

買い手は30万ドルという極端に低い金額から交渉を開始した。相場は47万ドル近い。最終的には、その金額まで上がったのだが、あっさりと37万5000ドル、そして47万ドルへと価格が上昇するのを見て、売り手はここで粘ればもっと魅力的なオファーを引き出せる、と勘違いしてしまった。しかし、47万ドルが買い手の上限なので、それ以上のオファーは提示されなかった。開始価格が極端に低かったために、大幅な譲歩をせざるをえなくなり、買い手の希望額にかなりのゆとりがある、という誤解が生じた。その結果、売り手は、買い手の提示した真の上限価格を受け入れたくなくなってしまったのだ。

もっとゆっくりと値段を上げていけばいいのではないか、と思うかもしれないが、それはそれで、別の問題を生む。買い手がいっこうに適正な価格帯まで価格を引き上げなければ、売り手はその買い手が本気でない、と思うだろう。

この問題の根本原因は、不合理なほど低い開始価格にある。低い開始価格のせいで、大幅な引き上げをせざるをえなくなり、そのことが別のアンカーをつくり出す。あなたが大幅な値上げに応じる交渉者であるというイメージだ。

しつこいようだが、この戦略にはもうひとつ問題がある。極端に安いオファーは、信頼を失うことにつながるのだ。最初に30万ドルを提示したのに、結局47万ドルまで価格を引き上げる人は、まるで「あなたをだまそうとしていました」と言っている（実際には大声で叫んでいる）ようなものだ。すると、あなたは警戒する。ガードを上げ、自分の不利になるようなことはいっさい言わなくなる。台本からもわかるとおり、ふたりはパイを広げる方法を見つけるという点では、あまりうまくやっていない（というより、何もしていない）。

だからといって、アンカリングは無用だと結論づけてほしくはない。そうではなく、強引なアンカーは、アンカーをまったく利用しないよりも悪影響を及ぼすケースもある、ということを理解してほしいのだ。だから、軽く使おう。次に話すように、軽いアンカーに大きな威力を持たせることも可能なのだ。

厳密な価格を提示する

この看板は私の大のお気に入りだ。制限速度24〔時速24マイル＝時速38キロメートル〕のほうが25よりもずっと目を惹く。同じ理由で、提示価格を印象づけたいなら、厳密な価格を用いるといいだろう。485ドルを要求するほうが、500ドルを要求するよりはいい。こうしたキリのいい金額を要求すると、相手はあなたがその商品の本当の価値を割り出すための調査もせず、おおざっぱな値段をつけているだけだ、と考える。そして、ずっと低い金額を要求し返してくるだろう。対照的に、あなたが485ドルを要求すれば、相手は裏に何か根拠がある、と推測するだろう。

この結果は、ビジネススクール教授のマット・バッカスとスティーヴン・タデリス、eBayの研究者のトム・ブレイクによる独創的な論文にまとめられた。[39] 彼らはeBay上で行なわれた無数の交渉を調べた。次ページのグラフに示したとおり、彼らは最終販売価格を売り手の当初希望価格と比較した。

制限速度 24

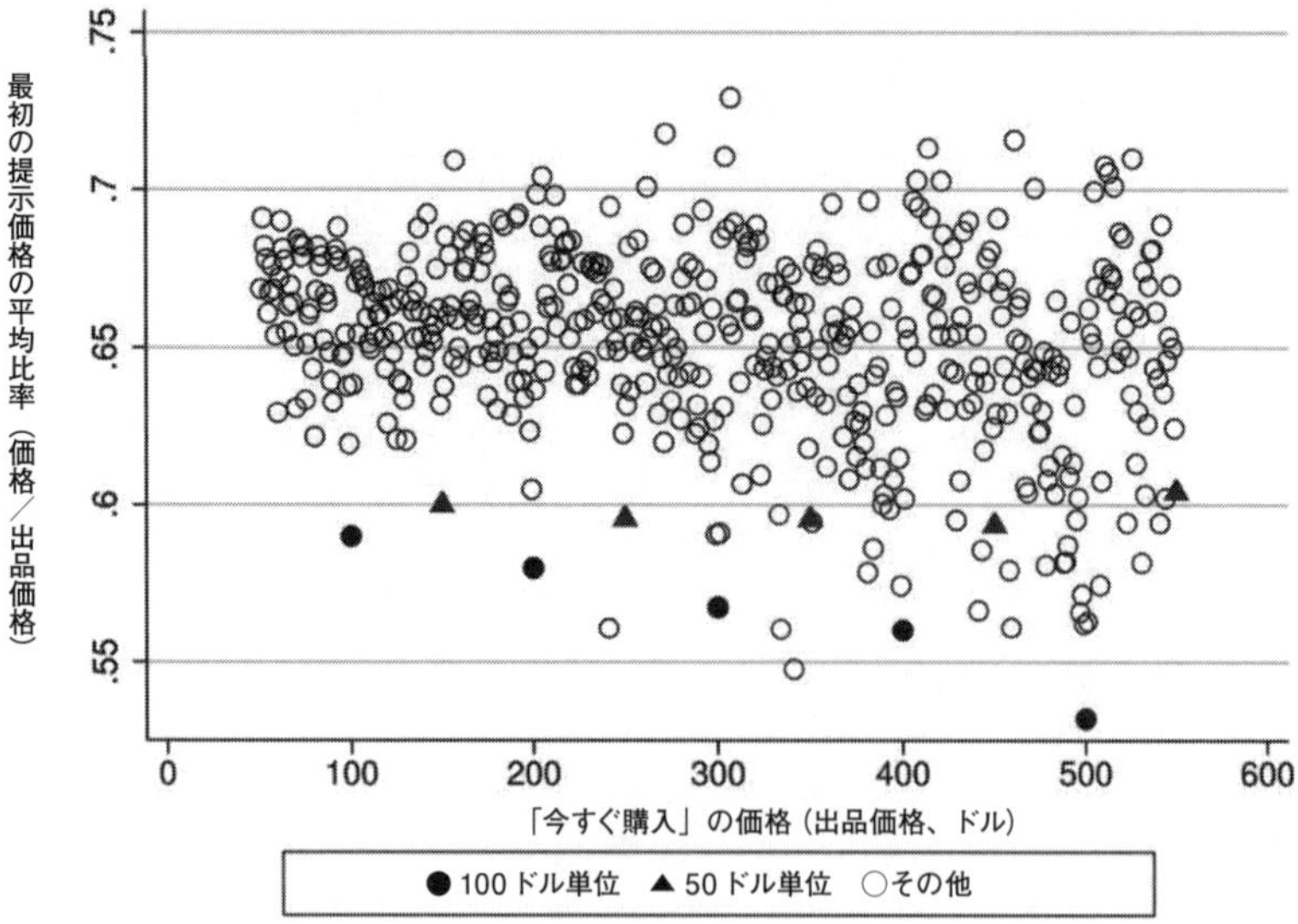

たとえば、当初希望価格が200ドルだった場合、売り手は最終的に希望価格の約57パーセントで商品を売却した。それが200ドルの真上に描かれた黒丸だ。黒丸に見られるパターンに気づくだろう。希望価格がキリのいい数字、特に100ドルの倍数だった場合、希望価格がより厳密な場合と比べ、希望価格に対する販売価格の比率はかなり低くなる傾向にある。

515ドルを要求した人のほうが、500ドルを要求した人よりも、最終的に高く売れるのは意外でもなんでもない。しかし、485ドルを要求した人も、最終的に高く売れるというのは意外だ。厳密な数値のほうがよく粘るのだ。

もちろん、調子に乗って485・12ドルなどと要求するのはよくない。その金額になった理由を相手に訊かれたとき、厳密な数値のほうが粘ると本で読んだから、と答えたら元も子もないだろう。あなたがつけた厳密な金額を合理的に説明できなければならないのだ。

キリのいい買値や売値を提示して、墓穴を掘ってしまう人は多い。たとえば、あなたがあるアパートを購入しようとしているとする。アパートの広さが1145平方フィートで、不動産サイトでの見積額が1平方フィート当たり900〜1000ドルだとしたら、900ドル×1145＝103万500ドルを提示しよう。切り捨て100万ドルを提示してしまうと、相手はそれが確定的な金額だとは思わないだろう。売り手が103万500ドルという価格になった理由を訊いてきたら、不動産サイトの1平方フィート当たりの見積額の下限値に、広さを掛けて算出した、と説明できるのだ。

BATNAに関する嘘をつかない

パイの取り分を増やそうとして、自分のBATNAを誇張する人もいる。そして、誇張とは、早い話が嘘だ。相手に価格を引き上げさせるいちばんの近道は、競合相手がいる、と相手に思い込ませることだ。

次のやり取りでは、売り手は50万ドルのオファーがすでに来ている、と主張している。

売り手　すでに何件かオファーをいただいてまして。

買い手　というと?

売り手　最高で50万ドルです。ですので、この額が最低ラインになりますね。

買い手　うわあ［笑い］、ずいぶんと太っ腹なオファーですね。私だったら受けますよ。

買い手は47万ドル以上を提示する用意ができていない。売り手がすでに50万ドルのオファーを受けているなら、交渉を続ける意味はほとんどない。

すると、売り手は2回目の嘘をつき、事情があって、50万ドルをオファーしてきた人物よりも、その買い手に売りたい、と訴える。おそらく、買い手は売り手の誠実さにいっそう疑問を持つだろう。最初から、嘘をついてみずから混乱に首を突っ込まないほうが賢明なのだ。

よい警官と悪い警官

買い手は優しくフレンドリーな態度で次の交渉を始めた。

買い手　最初に言っておきたいのですが、今回の交渉はいつもよりスムーズに進むと思いますよ。実は幸運にも、この交渉を担当するはずの同僚が別の交渉に回っていて、今日はここに来られないんです。その同僚はかなり手強いタイプなんですよ［笑い］。私はのんきな性格なので、法外に安い価格を提示したりはしませんから。

買い手の言い分はこうだ。私と取引できて幸運ですね。私はのんきな性格ですから。満面の笑顔を浮かべるが、その笑顔の下には、実は裏の顔があった。

これが典型的な「よい警官・悪い警官戦術」だ。買い手が実際に伝えているのは、今のうちに私と取引しなければ、意地悪でタフな別の相手と交渉するはめになりますよ、ということだ。私と取引しないと、ひどい目にあいますよ！

ここで質問。あなたが売り手だったら、この暗黙の脅しにどう応じるだろう？

聞き流すことも考えられる。しかし、それは危険だ。聞き流せば、あなたは脅しを受け入れた、と暗に言っているも同然だからだ。つまり、あなたはもうひとりと交渉するのを恐れていることになる。少なくとも、買い手はそう考える。

あるいは、買い手を追及し、この私によい警官・悪い警官戦術をしかけるなんて信じられない、と言うこともできる。何も言わないよりはましだが、険悪な雰囲気で交渉を開始せざるをえなくなる危険性がある。

相手を直接とがめるべきでも、聞き流すべきでもないとしたら、どう返答すればいいのか？　先ほどの台本の続きを見てみよう。売り手は買い手の策略に対し、完璧な切り返しを見せている。

買い手　私はのんきな性格なので、法外に安い価格を提示したりはしませんから。

売り手　それならお互いに幸運ですね。ここに私の妻がいなくて。妻もそうとう手強いタイプですから［笑い］。

買い手　それなら公平ですね。さあ、始めましょうか？

相手の戦術をとがめつつも、それをユーモラスな方法で行なっている。売り手はいわばこう言っている。「あなたの戦術はお見通しです。そっちがそう来るなら、こっちもやり返しますよ。さあ、くだらない駆け引きはやめにして、本題に入りましょう」

私は対称性を用いるのが大好きだ。ただし、ひとつ注意点がある。実際の対称性ではなく架空の対称性を用いるべきときもあるのだ。売り手のユーモアが成し遂げたのはそのことだ。やり返そうと思えばできますが、実際にそうするつもりはありません、と言ったわけだ。誰かが意地悪をしてきたとしても、対称性の原理を用いて、相手に意地悪をし返すべきだ、とは思わない。むしろ、対称性の原理を用いて、自分の行動がどう見えているかを相手にわからせるのがいいだろう。

火を消す方法――水で火と戦う

相手が火をつけてきたら、自然と自分も同じように、火をつけ返したくなる。しかし、消防士なら誰もが口を揃えるとおり、「水で火と戦う」ほうが正しい対応だ。炎は消すべきなのだ。

次の交渉には、売り手、売り手側の弁護士、買い手という3人の当事者が登場する。売り手は最後通牒を突きつける独創的なアイデアを生み出した。

売り手　あなたのことは大好きだし、家族同然だと思っているけれど、ビジネスはビジネス。いいわね。AかBの二択。それ以外なら交渉決裂。ふたりで話し合っておいて。よい結論が出るのを期待しています。ここにケータイを置いていくから、何かあれば電話を……あっ、電話はできないわね。AかBか？　私たちの希望は以上。じゃあ、よろしく。

［売り手がケータイをテーブルに置いて部屋を出ていく］

売り手側の弁護士　［笑い］今、彼女の言ったことがすべてです。私たちが受け入れられるのはAとBの二択。それだけです。

買い手は、同じように、「DかEの二択。それ以外なら交渉決裂」と言い返すこともできる。これは火をつけ返す方法であり、契約につながるとは考えづらい。また、買い手は、黙って相手の希望する選択肢を受け入れることもできる。しかし、それは相手の悪い行動に報いることになるので、好ましくない。買い手がなすべきなのは、売り手が出した指示を無効にするような、一定の柔軟性を引き出すことだ。

実際に、買い手がこの最後通牒をどう打ち消したのか、見てみよう。

買い手　AかBの二択？

売り手側の弁護士　そうです。

買い手　そうですか。それ以外の可能性はなし？

売り手側の弁護士　ええ、そのとおりです。

買い手　なるほど、Ａは２５００万ドルか……。

売り手側の弁護士　そのとおり。

買い手　２６００万ドルは受け入れないということ？

売り手側の弁護士　２６００万ドル？

買い手　実際にオファーしているわけじゃありませんよ。仮の話です。２６００万ドルなら受け入れます？

売り手側の弁護士　そりゃ、もちろん。

実に見事な切り返しだ。売り手はＡとＢの二択にこだわっているように見えた。そこで、買い手は新たな選択肢を生み出す巧妙な方法を考え出し、こう切り出した。「なるほど、２５００万ドルで満足なら、２６００万ドルは？」。誰がノーと言えるだろう？

それは実際のオファーではなく、架空のオファーだった。にもかかわらず、売り手はＡとＢ以外の選択肢も検討する、という事実をあぶり出したのだ。

相手を上回るシンプルな提案をし、注目を引き、相手の最後通牒や頑固な態度が、実は見せかけであることを証明する。そして、相手がほかの考えにも心を開くということを証明したら、いよいよ別の選択肢を探っていくのだ。

買い手の火消しのしかたについて、もうひとつ指摘しておきたい点がある。買い手はこうは言わなかった。2000万ドルではどうでしょう？　ただし、今後5年間、10パーセントの利益分配と5パーセントの優先配当つきで。Aをはるかに上回るオファーにもかかわらず、おそらく返答はノーだろう。このオファーは複雑すぎて、火消しには役立たない。しかし、2600万ドルが2500万ドルを上回ることを理解するのに、頭をひねったりスプレッドシートを取り出したりする必要はない。相手に最後通牒を取り消させるには、相手のオファーを上回ることがパッとわかるような、シンプルなオファーを用いるべきだ。

弁護士が2600万ドルにノーと言えば、本当にAかBの二択だ。しかし、先ほどのように弁護士がイエスと言えば、売り手はAとB以外の選択肢も検討する気がある、という証明になる。そうしたら、いよいよクリエイティブでより複雑な選択肢を探る番だ。ジンキットの事例では、売り手にとって2600万ドルをゆうに超える価値があり、だからといって買い手にとってさほど負担とならない取引が存在する。たとえば、FDAの認可が下りた場合は5000万ドルのボーナスを支払い、それ以外の場合はなし、という契約を考えてみよう。これは売り手にとって3000万ドル〔5000万ドル×認可確率60パーセント〕の価値があるが、買い手にとっては500万ドル〔5000万ドル×認可確率10パーセント〕の負担でしかないのだ。

ろくでなしとの交渉

かつて財務長官やハーバード大学学長を務めたラリー・サマーズは、未発表の論文にこう書いたことで有名だ。「愚か者はたくさんいる。まわりを見渡してみよ」。こう書いても同じだっただろう。「ろくでなしはたくさんいる。まわりを見渡してみよ」

全員が本書を読むわけでも、一貫性のある方法で交渉に臨むわけでもない。ろくでなしとの交渉を乗り切るために、私はこんなシンプルなアドバイスをしたい。ろくでなしになるな。

ほかの人があなたに関する助言を求めるような人間になってはいけない。私は教え子たちが大好きだ。頭は回るし、共感力もあるし、理路整然としている――交渉を始めるまでは。いざ交渉が始まると、奇妙な無秩序に飲み込まれ、学生たちの多くがタフで扱いづらい交渉者を絵に描いたような人間に変わってしまう。交渉を成功させ、パイを広げるスキルをあっさりと手放し、「こんな相手とは交渉したくないな」と自分でも思うような人物に豹変してしまうのだ。

確かに、ろくでなしたちはどこにでもいる。あなたがろくでなしを相手にしていることにふと気づいたら、パイについて説明し、パイの半分を受け取れるようはっきり主張しよう。対称性の原理を用いて、相手の主張をひっくり返そう。ただし、より重要なのは、相手の行動をまねしないこと。決して、ろくでなしの数に1を付け加えてはならない。

どう切り出すべきか

相手が本当に目指している結果を知るには？　もっとも簡単なのは、単純に訊くことだ。訊くなら、お金の話をする前がいい。早めにこうたずねるといいだろう。この取引に関して、興奮する部分はどこでしょう？　躊躇してしまう部分は？

または、お金の話に先んじて、次のような会話をする手もある。

取り分を増やしたいのはわかります。誰だってお金はほしいですから。ですが、お金以外に、あなたの充足のために私ができることはないでしょうか？　お金の話はあとでしますし、重要な争点になるのはまちがいないですが、現時点で、お金以外に、この取引をあなたにとってより魅力的なものにするために、私にできることとはなんでしょう？

こうした会話をすることで、ブロッコリーとビーツを交換し、パイを広げることにつながる相手の関心を発見できる。

「そんな情報を最初に明かすのは気が進まない。たぶん、値切られるだけだろうし」と思う人もいる（あなたもそうかもしれない）。実際、この考えには一理ある。あなたが重視する別のものがあることを明かし、相手がそれをあなたに与えられそうなら、相手はたぶん購入金額をやや引き下げるだろう。しかしそうすれば、ふたりでパイを広げ、あなたが本当に重視するものを手に入れたことになる。最終的にはお互いが得をするし、取引も成立しやすくなるだろう。

もちろん、あなたが先にパイの等分に同意すれば、会話はいっそうスムーズに進むはずだ。それでも、同じ質問（「あなたが興奮する部分はどこでしょう？　躊躇してしまう部分は？」）はするべきだ。そうすれば、パイが広がるからだ。そして、相手が同じ質問をしてきたら、あなたも正直に答えよう。

覚えておきたい45カ条の交渉スキル

本書の45カ条の主な教訓を以下にまとめた。ぜひ賢く利用し、知らない人に教えてあげてほしい。

基本

以下に挙げるのは、どの交渉でも必須のスキルだ。

1　**最初に要求を伝える。**要求しなければ、おそらく受け取れない。交渉をどれだけ深く理解したところで、実際に交渉しなければなんの意味もない。

2　**要求を伝えるだけでなく、理路整然とした主張をする。**エレン・ランガー、アーサー・ブランク、ベンザイオン・チャノヴィッツが1970年代に行なった有名な実験がある。[40] ある人物が、コピーを取るために列に割り込ませてほしいと頼む。ほとんどの人は、最初の実験結果しか知らない。つまり、「コピーを取らなければならないので、コピー機を使わせていただけますか?」と頼んだ場合は承諾率が90パーセントだったのに対し、「コピー機を使わせていただけますか?」とだけ言った場合は60パーセントにとどまった（カチッサー効果と呼ばれる）。このことから、理由さえつければ、どんなにバカげた理由でも有効なのだ、と早合点してしまう人は多い。しかし、バカげた理由(「コピーを取らなければならないので」)が有効だったのは、その人物が5部コピーしたい、と頼んだ場合のみだった。20部コピーしたい、と頼んだ場合、どちらの手法でも承諾率は24パーセントで変わらなかった。列に割り込みたければ、「急いでいるので」のような正当な理由を提示する必要があった。交渉においては、「もっとお金がほしいから」という理由だけで、要求額を吊り上げるのはお勧めできない。その点、パイのフレームワークは、他者を説得するための理路整然とした主張を提供してくれるのだ。

3 **あなた自身のBATNAを知る。** BATNA(Best Alternative To a Negotiated Agreement：交渉決裂時の最善の代替案)とは、合意に至らなかった場合に、あなたが得る成果のことだ。自分自身のBATNAがわからなければ、交渉が順調なのかどうか、交渉から手を引くべきなのかどうかも判断できない。BATNAが不確かな場合でも、一応の推定は立てるべきだ。そして、最善の代替案のほうが、現時点での第二の選択肢よりよいかもしれない、という点を覚えておこう。代替案のほうのオファーが改善する可能性もあるからだ。

4 **BATNA未満のオファーは決して受け入れない。** 取引不成立に終わるほうが、悪条件の取引に甘んじるよりはましだ。

5 **相手のBATNAの理解に努める。** 絶対的な成果でとらえればあなたがうまくやっているように見えても、相手がBATNAと比べてどうなのかを考えないかぎり、相手がどの程度うまくやっているのかは判断できない。

以下に挙げるのが、本書ならではの教訓だ。

パイ

6　**パイを計算する。**どの交渉においても、パイの視点を取り入れよう。交渉の真の争点は？　2者による交渉の場合、パイとは、2者が協力することにより、合意に至らなかった場合と比べてどれだけ多くの成果を上積みできるか、に当たる。パイの計算には3つの数値が必要だ。2者が協力して実現できる成果、あなたのＢＡＴＮＡ、相手のＢＡＴＮＡだ。

7　**2者による交渉では、両者の力は対等であることを認める。**取引成立には両者の存在が不可欠なので、お互いの力は対等だ。したがって、パイは均等に分け合うべきだ。

8　**2者による交渉では、対称性が成り立つことを認める。**立場が異なるように見える当事者どうしであっても、パイのレンズを通せば対称的になる。立場が対称的である人々は、平等に扱うべきだ。したがって、パイは均等に分け合うべきだ。

9　**対称性の原理を用いる。**パイのフレームワークを取り入れたとたん、すべてが対称的になる。相手の主張はそっくりそのままひっくり返せる。たとえば、相手が9対1の分配を提案してきたら、あなたは1対9の分配を提案し返せばいい。ただし、実際にひっくり返して提案するのではなく、仮定の話として進めるのが賢明だろう。

10 **BATNAが弱いと立場が弱くなる、とはかぎらない。**交渉が決裂すれば、お互いにBATNAを上回れなくなる。あなたが自分のBATNAを上回りたいと思っているのと同じで、相手もそう思っている。BATNAが低ければ、パイが大きくなるので、それだけ交渉にかかっている部分が多くなる。だからといって、パイの半分未満に甘んじる必要はない。

11 **パイの等分こそが公平な結果である。**本書でいう公平性とは、つまるところ平等な扱いのことだ。といっても、何の平等だろう？ お金を平等に扱うのが比例分配だが、私が平等に扱いたいのは人間だ。パイのフレームワークは、交渉の当事者たちを平等に扱う方法を見出すのに役立つだろう。

12 **比例分配の魅力に惑わされない。**私たちは比例分配の罠に陥りやすい。特に、規模の大きい側が比例分配を当然のごとく提案してくるからだ。

13 **相手より必死だからといって、少ない取り分で我慢する必要はない。**あまり必死でない側のほうが、犠牲を払っても痛くないはずだ。したがって、各々が考える潜在的利得の最大値に対して、お互いが同じ割合ずつを受け取ればよい。価値が量や金額に比例する場合、両者が理想のパイの半分ずつを受け取ることになるが、比例しない場合、お互いが理想のパイの半分以上を受け取れることもある。

14 **本書で紹介した新しい交渉方法を先に提案する。**人間は焦って金額やオファーの話をしようとする。まずは交渉の原理や基本原則の話から始めよう。相手がパイの手法を知っている、と期待しないこと。相手が抵抗してくれば、少なくとも相手がどういうタイプなのかが事前にわかる。

15 **相手が公平性やパイに無関心でも、パイの半分を受け取ることはできる。**パイの視点を用いて、交渉の真の目的を説明しよう。パイという用語を使わなくても、そうすることは可能だ（「この交渉の目的は、ＩＣＡＮＮの１３００ドルの手数料を浮かせることです」）。このパイを生み出すのに、お互いの存在が等しく必要なわけを説明しよう。力が対称的なら、等しく分け合うのが当然。このロジックを用いて、あなたがパイの折半にこだわっている理由を説明するのだ。相手は理路整然とした反論ができないだろう。思いつきの主張では、原理原則や論理には勝てないのだ。

16 **パイを折半し、パイを広げることに合意する。**パイの分配の問題を解決できれば、協力してパイを広げるのは楽になる。

17 **パイを物差しとして使う。**相手からのオファーをあなたのＢＡＴＮＡと比較してしまう、という罠に陥りやすい。そのオファーがあなたのＢＡＴＮＡをゆうに上回っていれば、二つ返事で受け入れてしまうのだ。しかし、あなたがパイの何割を受け取っているのかを調べるまで、そのオファーがどれくらいよいのか（または、どれくらいよくなる余地があるのか）はわからない。あなたがパイの半分未満を受け取ろうとしているなら、その時点で知っておいたほうがいいし、あなたがパイの半分以上を要求しているか、すでに受け取っているなら、やはり知っておいたほうがいいだろう。

18 **パイを指針として使う。**小さなパイの半分を受け取るだけで満足してはいけない。目的は、巨大なパイを生み出し、その半分を受け取ることだ。どのような取引形態ならパイを最大化できるか、を考えよう。

パイを広げる

19 **相手が望むものを与える。**相手が望むものを手に入れれば、あなたの望むものも手に入る。そのためには、相手の望むもの（と望まないもの）を知ることが先決だ。私が同僚のデイリアン・ケインから教わったアドバイスを紹介しよう。相手の心を変えようとすることよりも、相手の心を理解することのほうに時間をかけるほうがいい。

20 **共感（少なくとも好奇心）を持つ。**質問をしよう。今回の取引の目標を訊き、相手が何を重視しているかを理解するのだ。相手の懸念点は？　お金以外に、あなたが力になれることは？

21 **質問し、質問に答える。**あなたが相手の質問に答えなければ、相手もあなたの質問に答えなくなる。さらに、あなたが情報を共有しなければ、相手はあなたの望むものを理解し、与えることができないだろう。人は、自分の言ったことが相手に逆用されるのを過度に恐れる。しかし、相手の質問に答えなければ、言わないことがかえって相手の邪推を生み、それをあなたにとって不利な形で使われてしまう危険性もあるのだ。

22 **賢い取引をする。**あなたが重視するものと重視しないものを考え、相手にとって価値があり、あなたにとってあまり価値のないものを相手に譲ろう。逆に、あなたにとって価値があり、相手にとってあまり価値のないものをあなたが受け取ろう。そうすれば、パイが広がるだろう。

23 **ビーツとブロッコリーを交換する。**お互いが自分の重視するものを多めに受け取るのがよい取引だ。極端な取引を恐れてはいけない。Aはブロッコリーよりもビーツが好きで、Bはビーツよりもブロッコリーが好きなら、AがすべてのビーツをＢがすべてのブロッコリーを受け取るべきだ。

24 **創造力を最後の手段ではなく、最初の手段として使う。**待ちすぎると、お互いにイライラが溜まり、時間や忍耐力が尽きてしまうかもしれない。お互いが協力的なムードで、時間に迫られていない、交渉の開始段階でパイを広げる努力をしよう。

25 **相手の視点を理解していることを示す。**相手の主張を代弁し、正しく理解できているかを確かめるのが最善の道だ。

26 **新しい選択肢を生み出す。**検討中の選択肢だけにとらわれてはいけない。冴えない選択肢のなかから、どれを選ぼうかと延々と議論を続けてしまう人は多い。なかなか合意に至らないのは、どの選択肢も公平でなく（分配が均等でないという点で）、最大限のパイを生み出さないからかもしれない。パイの最大化と均等な分配につながる、新しい選択肢を考え出すことに集中しよう。

27 **条件つき契約を用いる（その1）**。条件つき契約を提案すべきなのは、あなたにはパイの大きさが不明だが、相手のほうが詳しい情報を握っている恐れがある場合だ。相手にうまく利用されないように、事後的なパイの大きさに基づいた支払額を定めよう。この方法は、お互いにとってパイの大きさが同じくらい不透明で、どちらもリスクを冒したくない場合にも使える。

解決策を売り込む

28 **交渉の解決策はパラメータにかかわらず一貫して成り立つものでなければならない**。ほかの手法の欠陥を示すことは、あなたの解決策を売り込むひとつの手だ。交渉の解決策は、その場しのぎのものではなく、幅広い状況で成り立ったたったひとつの原則に基づいたものでなければならない。ある状況では比例分配を要求し、比例分配が不都合な状況では比例分配に反対する、というわけにはいかない。一貫性に照らし合わせれば、必然的にパイを等分することになる。ほかのルールでは、必ず矛盾が生じるからだ。たとえばピザの例で、12枚を半分ずつ分けるという方法に一貫性がないことを説明した。一方のBATNAが7枚以上の場合に矛盾をきたすからだ。それぞれのBATNAに応じて比例分配するという方法も、一方のBATNAが0に近い場合に矛盾をきたす。アンジュとバラトの交渉では、利息をそれぞれの投資額に比例して分配するのは、2万ドルと2万500

0ドルの定期預金の金利が同一の場合に、（バラトにとって）不公平になることを示した。

29 **あなたの提案への反論を想定する。** 相手が「名案だ。今まで思いつかなかった。よし、パイを山分けしよう」と言ってくれるなら、計画などいらないだろう。現実には、そううまくいくとは考えにくいので、相手に拒否された場合の対策を立てておくのがいい。あなたが相手の立場なら、なんと反論するか？ そして、それにどう応じればいいか？ どのような経験則が相手にとってもっとも有利かを検討し、相手の提案を想定しよう。別の数値を使うと、相手の手法がかえって相手の不利になること、または数値が極端になると、相手の主張する経験則が矛盾をきたすことを証明すると効果的だ。

30 **新しいアイデアを提案するときは、相手が聞きたがるような伝え方をする。** 他者中心の視点に立ち、あなた自身ではなく、相手が新しいアイデアのどの部分を気に入りそうか、考えよう。たとえば、巨額のボーナスと少額の前払い金を提示するつもりなら、少額の前払い金ではなく、巨額のボーナスのほうを先に切り出す。言われてみると当たり前のようだが、人は自分にとってもっとも好都合な部分を先に伝えようとする傾向にある。その時点で、相手は話を聞くのをやめてしまうかもしれない。

31 **条件つき契約を用いる（その2）。** あなたに新しいことを試す権限があるのかどうかわからないときは、2種類の取引を提案しよう。ひとつは通常の取引、もうひとつは認められれば両者にとって望ましい取引だ。

32 **「No unless（～でなければ～しない）」ではなく、「Yes if（～なら～する）」という言い方をする。** 契約につながるとわかっていれば、相手はあなたの望みを叶えようという気になる。「Yes if」と言うために何が必要かを考えよう。

注意事項

33 **過剰な要求をしない。** 教訓その1で、要求を伝えよ、とアドバイスした。ただし、早合点は禁物。すでにパイの半分（以上）が受け取れそうなら、相手のオファーを受け入れよう。古いことわざにもこうある。「豚はまるまる太ると殺される」

34 **パイの半分以上を受け取れる機会に飛びつかない。** たとえ相手がパイを理解していないとしても、相手の誤解を利用するはめになる。それは信頼を築く最善の道とはいえない。

35 **火で火と戦うのではなく、水で火と戦う。** 相手が炎上発言をしたとしても、状況をエスカレートさせるのではなく、鎮める努力をしよう。ユーモアも有効だ。

36 **相手が最後通牒を突きつけてきても、最後通牒で応じない。** それは火をつけ返すようなものだ。代わりに、相手にとって明らかに有利な選択肢を探そう。たとえ架空の選択肢であっても、相手が興味を示せば、最後通牒以外の選択肢に心を開いている、という証明になる。

37 **相手にノーを言わせる。**望ましくない取引に自分からノーと言うよりも、あなたがイエスと言うための条件を考え、要求しよう。断られても失うものは何もない。

38 **合理的なアンカーを選ぶ。**最初のオファーは交渉結果に影響を及ぼす可能性があるとはいえ、あまりにも挑発的なオファーは交渉決裂の原因になる。また、厳密な数値（1217ドルなど）のほうが、キリのいい数値（1200ドルなど）よりも相手の心によく粘る。しかし、その厳密な数値がどうやって導き出されたのか、合理的に説明できるようにしておこう。

39 **公平に見える手続きの多くは、実は公平ではない。**相手が情報を共有してくれたら、お返しにこちらも情報を共有することが大事だ。しかし、お互いの気まぐれな数値の中間を取るとか、交互に選択肢を消去していく、という方法は、本質的に公平とはいえない。

40 **当事者が3者以上になると、状況は一気に複雑になる。**同じパイの考え方が成り立つが、厄介なのは、BATNAがもはや外的な要因ではなくなる、という点だ。交渉決裂の際、誰と誰が手を組む可能性が高いのか、考えておこう。

41 **交渉面ではあなたに力がなくても、相手の得るものに影響を及ぼすという点では、力があるかもしれない。**ダイエット・スクワート〔第15章に登場〕で満足してはいけない。あなたの影響力に対する対価を受け取ろう。

42 **白々しい嘘をつかない。**白々しい嘘は無害にも思えるが、交渉を誤った方向に導きかねない。あなたは、相手がどのような問題の解決に手を貸してくれるのかがわからなくなるし、相手は、あなたの抱える問題がわからなくなる。

43 **悪意のある嘘をつかない。**道徳に反するし、戦略的な面でも、嘘がばれれば、合意の機会を失いかねないので危険だ。たとえ嘘がばれなかったとしても、あなたのBATNAが高すぎると相手が思えば、合意の機会を失うかもしれない。「それはすばらしいオファーですね。私なら受け入れますよ」というふうに。

44 **興味を示す。ただし、ほどほどに。**あなた自身のためではなく、誰かの代理で交渉を行なうほうが気楽だ。感情移入しすぎなくて済むからだ。あなた自身のために交渉しているときは、あなたによく似た別の人のために交渉しているところを想像すると効果的かもしれない。

45 **文化の違いに留意する。**相手の重視する内容とあなたの重視する内容が必ずしも一致しない、という点を念頭に置きながら、相手の話に耳を傾けよう。ハーブ・コーエンは、あらゆる交渉は異文化交流である、と述べている。「われわれは物事をありのままに見るのではない。自分の視点から見るのだ」。実際、あなたと似た人との交渉のほうが、かえって難航することもある。自分は理解されている、と思い込んでしまうからだ。

5つにまとめればこうだ。

・まずは基本原則を定めよう。
・パイを均等に分け合おう。
・問題を解決しよう。
・巨大なパイを生み出そう。
・半分で満足しよう。

あとがき

本書で紹介した交渉には、4つの種類がある。ひとつ目は、ピザを山分けしようとしているアリスとボブや、岩を山頂まで押し上げるシーシュポスのような、明らかに架空の例。ふたつ目は、歴史的な例（モフェット・スタジオ、アイオニティ）。紹介に当たっては、原典資料を参照したり、関係する経営幹部たちにインタビューを行なったりした。3つ目は、ドメイン名の購入からオネストティーの売却まで、私個人の経験した交渉の例。ありのままにお伝えしたつもりだが、もしかすると多少の記憶違いはあるかもしれない。4つ目は、私の学生たちの例。名前の変更に加えて、多少の脚色を加えた。交渉の台本は、実際の交渉を文字に起こしたものだが、もととなったのはケーススタディに登場する交渉であり、実世界の交渉ではない。もうひとつのグループ（定期預金の交渉など）では、学生たちの体験から知った内容と授業で見た内容を合成してつくった。定期預金の例は、ジャン・ルメールが発案した投資家ゲームにも発想を得た。

名前を選ぶ際には、定番のアリスとボブにはこだわらないようにした。私の友人や優秀な学生たちのなかに、AやBで始まる名前を持つ人が多いと知ったのは、うれしい驚きだった。些細な方法ながら、そんな彼らに敬意を表した。

謝辞

特大パイのレシピ

原材料　学者と実践家を入れてよく混ぜる。

企業秘密を惜しみなく教えてくれた同僚の教師　2名

(ケイド・マッシー、デイリアン・ケイン)

厳しくも公正な批評家　7名

(バラト・アナンド、マックス・ベイザーマン、ジャック・ファニング、ブライアン・ハネシアン、イゴル・カーマン、ブラッドリー・クズモール、アン・オリバリウス)

贅肉を削ぎ、事実を確定してくれた思慮深い同僚　7名

(イアン・エアーズ、フロリアン・エデラー、ダン・エスティ、カイル・ジェンセン、シャロン

・オスター、フランシス・ローゼンブルース、ケリー・シュー）
経済学者のような思考を持つ眼科外科医のはとこ　1名
（ハウィー・ワイス）
生産性のある雑談を提供してくれた大学時代の元ルームメイト　1名
（ジェフリー・マクリス）
優秀な元学生たち　ひと振り
（コーリー・バロン、グレッグ・キャンプ、エズラ・ゴールドシュレイガー）
超聡明な読者たち　少々
（セス・マスターズ、ダン・ルーブ、ロバート・ショーンバーガー、アンドルー・ワイス）
頭のなかをのぞかせてくれた寛大な人々　数名
（リチャード・ブルックス、ドン・ムーア、マイケル・サリンジャー、シェイン）
頭のなかで10年間、98・6℃で焼く。じっくりと待つ。この時点では、まだ生焼けなので注意。
つなぎを加え、原材料を正しい順序に並び替える（ジェームズ・レヴァイン）。
レシピを編集して分量を半分にし、一人前を少量に抑える（ホリス・ハイムバウチ）。

パンデミックのあいだ、キッチン・テーブル上で1年間こねる。クッキングシートを広げ、その上で冷ます。12等分する。長期保存可能。

――

厨房では多くの人の助けを借りた。副料理長（コートニー・パガネッリ、ウェンディ・ウォン）と何千人という味見係（私のMBA課程の教え子たち、シュワルツマン・スカラーズ、コーセラの学生たち）は、レシピの改良に力を貸してくれた。私の頭のなかのケイティ・ピコッタの声は、余計な「that（それ）」を使わないよう引き留めてくれた（残るは1188個だけだ）。優秀な編集者のエリザベス・ブラウン、トム・ピトニアック、ニッキー・バルダウフは、削るべきでなかった「that」を復元するとともに、私が数学専攻ではなく英文学専攻だったかのような文章にしあげてくれた。

みなさん、ありがとう。私は最初から、自分ひとりではパイはつくれない、と言いつづけてきた。さらにつけ加えたい。どの材料ひとつを取っても、欠かすことはできなかった。

ひとり、特筆に値する同僚がいる。アダム・ブランデンバーガーは、私の著書（『ゲーム理論で勝つ経営』〔日本経済新聞社〕）の共著者であり、生涯の友人でもある。私たちは交渉に関する論文を共同で何本も執筆しており、それらがパイや3者以上の交渉に関する理論の礎石となった。協力ゲーム理論に関する彼の画期的な研究が、私をこの道へといざなった。そんな彼の影響は、本書のいたるところに表われている。

最後に、本書の執筆中、オフィスにこもりっぱなしだった私を優しく見守ってくれた妻に感謝を述べたい……と言いたいところだが、今回、私が逃げ込んだ先は、自宅のキッチン・テーブルだった。

ヘレンと私、ふたりとも在宅勤務だったおかげで、私はひとりじゃなかった。その逆だ。ヘレンがそばにいてくれたからこそ、私はパイ以外のものを真っ二つにせずに済んだのかもしれない。どうだい、もういちど42年間、一緒にパイを焼いてくれるかい？

［イラスト］ダン・アシュウッド

グラフィック・デザイナー、アニメーター、イラストレーター。かつては、《ハーバード・ランプーン》誌で漫画を描いていたこともある。彼のアニメーションは、バリーのオンライン交渉講座 coursera.org/learn/negotiation で、イラストは danashwood.myportfolio.com で閲覧可能。

訳者あとがき

交渉と聞いて、どんなイメージを抱くだろう？　それぞれが利己的な要求や価格を提示し、少しでも希望条件に近い最終成果を勝ち取ろうとする〝戦い〟のようなイメージだろうか？

藤子・F・不二雄のマンガ『ドラえもん』（てんとう虫コミックス第2巻「タタミの田《た》んぼ」）に、こんなシーンがある。主人公のドラえもんとのび太が部屋でおやつのお餅を食べているのだが、あいにくお餅は9個と半端な数しかなく、最後のひとつをどちらが食べるかで大ゲンカになってしまう。そこで、ふたりはドラえもんの道具を使い、一からお餅をつくることにした。タタミの上に田んぼをつくり、ときには害虫のイナゴと格闘しながら餅米を栽培し、収穫した餅米でお餅をつく。完成したお餅は259個。結局、130個目をどちらがもらうかでまた取っ組み合いのケンカが始まり、お餅があたり一面に散らばってしまう――そんなストーリーだ。

すごく面白い。食べられるお餅の数は元の何十倍にも増えたはずなのに、たったひとつ、相手よりも取り分が少なくなることが許せなくて大ゲンカになり、それまでの苦労が水の泡になってしまう。いかにもマンガチックな結末だ。

しかし、それはマンガの世界だけの話ではない。実際、名門イェール大学の学生たちでさえふたりと五十歩百歩のようだ。著者が教鞭《きょうべん》をとる交渉術講座の受講生たちは、ふだんは頭脳明晰で共感力が高いのに、いざ授業のなかで交渉を実践してもらうと、最悪の人間性を露呈させるという。相手より少しでも優位に立とうとか、タフな交渉者（トランプ元大統領のようなイメージだろうか？）を演じようとして、誰も交渉したがらない人物に豹変してしまうというのだ。

それぞれが勝手気ままな要求をし、自分の利得をなるべく高めようとすれば、折り合いはいっこうにつかず、交渉は決裂するか、強情な側の主張が通ってしまう。そうなれば、たとえ一時的に得をしたとしても、遺恨《いこん》が残り、相手から今後いっさい協力を引き出せなくなることもあるだろう。

そんな従来の交渉スタイルに疑問を投げかけ、お互いが公平に扱われていると感じられる原理的で一貫した交渉のフレームワークを提唱しているのが、本書『パイを賢く分ける――イェール大学式交渉術』（原題 *Split the Pie: A Radical New Way to Negotiate*）だ。原題は、直訳すれば「パイを山分けせよ――過激な新交渉術」といったところだろう。イェール大学経営大学院で交渉術の必修科目を受け持つ著者のバリー・ネイルバフは、〈オネストティー〉という紅茶メーカーの共同創設者として、天下のコカ・コーラを相手に対等な契約を勝ち取った経験をもとに、新たな交渉術を提唱している実践家だ。反面、経済学者のアビナッシュ・ディキシットと共同でゲーム理論のベストセラー書『戦略的思考とは何か』を著わした理論家としての顔も持つ。

その新しい交渉術の中心となるのが「パイ」という概念だ。パイとは、経済学では分け合うべき総量や利益全体を表わす用語としてすっかり定着しているが、著者のいうパイとは、当事者どうしが協力することによって生じる追加の価値のことだ。本書の第1章冒頭で登場するピザの分け前の例がわかりやすい。アリスとボブは、ピザの分け方で合意すれば、12枚切りのピザをまるまるもらえる。ただし、合意に失敗すれば、取り分はそれぞれ4枚と2枚に減らされてしまう。合意した場合にもらえる余分な6枚が、ふたりが協力することによって生じる追加の価値なので、パイというわけだ。

ふたりはピザ全体をどう分け合うべきか？　交渉決裂時の取り分に比例する形で8枚と4枚に分け

るとか（本書ではこの分け方を「比例分配」と訳した）、全体を6枚ずつ等分する方法が考えられるが、著者はどちらも公平とはいえない、と主張する。追加の6枚をもらうためには、アリスとボブの存在が等しく不可欠なので、ふたりは等しい取り分を要求する権利を持つ。そのため、パイに相当する6枚については3枚ずつ山分けし、全体を決裂時の取り分と合わせてそれぞれ7枚と5枚に分けるのが正しい、と著者は考える。これがパイ・フレームワークだ。

両者が協力して生み出したパイを等しく分け合うことで、お互いを公平に扱うことができる。公平に扱われているという安心感があれば、こんどはふたり協力してパイを最大限に広げるインセンティブが働きやすくなり、ウィン・ウィンの成果が期待できるというわけだ。冒頭の『ドラえもん』の例でいうなら、道具を出してくれた対価として、余ったお餅はドラえもんにあげる、と事前に約束していれば、ケンカは起こらなかったかもしれない。そうすれば、あとはなるべく多くのお餅をつくることだけに専念できる。

等分する対象は、ふたりで協力して生み出した追加の価値だけなので、このフレームワークは両者のもともとの力関係や規模にどれだけ差があったとしても変わらず成り立つ。どちらが欠けても追加の価値が生まれなかったという点では、両者の存在が等しく重要だからだ。

確かに、「過激」な新交渉術という看板に偽りなしだ。果たして、大企業や格上の相手との交渉がそんなにうまくいくものだろうか、という疑問は残る。しかし、本書の最大の貢献は、「パイ」という視点にこそあるように思う。パイの視点がなければ、相手と協力して生み出した価値をどう分けるのが公平なのかが判断できないし、自分が煮え湯を飲まされそうになっても気づかないかもしれない。その一貫した指針のひとつを与えてくれるのがパイの視点だ。また、パイの視点は説得の武器のひとつにもなりうる。交渉のパイを正しく計算し、そのパイを等分することがなぜ公平なのかを理路整然と説明できるようになれば、説得力をもって自分の要求を伝え、望みどおりの結果を引き出しやすくなるだろう。気まぐれな要求ではそうはいかない。要求の根拠となる原理原則がないからだ。従来の交渉術が自分の利得を最大化するための戦略なのに対し、パイ・フレームワークはお互いの公平性を最大化し、その結果としてウィン・ウィンの成果を引き出すための考え方なのだ、と感じた。本書をきっかけに、交渉を上手に運べる人が少しでも増えてくれればうれしい。

ちなみに、冒頭でマンガの一場面を参照したのにはわけがある。著者も（きっと）マンガ好きだと思ったのだ。オネストティーの創作秘話をつづったセス・ゴールドマンとネイルバフの共著書『夢はボトルの中に――「世界一正直な紅茶」のスタートアップ物語』は、なんと全篇マンガ形式で描かれている。ネイルバフがこんな苦労人だったとは……。百聞は一見にしかず。興味のある方は、ぜひそちらにも目を通してみてほしい。

最後になったが、この場をお借りして、本書を翻訳する機会をくださった早川書房の石井広行さんにお礼を申し上げたい。また、ときには原文と照らし合わせながら、またときにはさまざまな資料を挙げながら、訳者の原稿に対してきめ細やかな指摘をしてくれた校正者の清水晃さんにも感謝を申し上げたい。それでも誤りが残っているとすれば、すべて訳者の責任だ。

２０２３年８月

原　注

1. Nejat Anbarci and Nick Feltovich, "How sensitive are bargaining outcomes to changes in disagreement payoffs?" *Experimental Economics* 16, no. 4 (2013): 560–96 を参照。
2. Robin Pinkley, Margaret Neale, and Rebecca Bennett, "The Impact of Alternatives to Settlement in Dyadic Negotiation," *Organizational Behavior and Human Decision Processes* 57, no. 1 (1994): 97–116 を参照。
3. Francesca Gino and Don Moore, "Why Negotiators Should Reveal Their Deadlines: Disclosing Weaknesses Can Make You Stronger," *Negotiation and Conflict Management Research* 1, no. 1 (2008): 77–96 を参照。
4. 優秀な弁護士であるジョージ・ロイドとジェレミー・ハルパーンにお世話になった。ふたりはまぎれもなく弁護士中の弁護士だ。
5. アリスの真の評価額がぴったり1万1500ドルだとどうしてわかるのか？　これは検証可能な数値ではなく、アリスにとっての車の価値は1万1500ドルだという彼女の言葉を信じる以外、方法はないのかもしれない。あるいは、彼女にその主張の根拠を示してもらうにせよ、その量に関してはある程度大目に見るしかないだろう。
6. 売り手のもともとの節税額は2400ドルだった。パイを折半した場合、お互い7000ドルが浮いたはずなので、厳密な差は4600ドルとなる。
7. デイヴィッド・メシックは、B. A. Mellers and J. Baron (eds.), *Psychological Perspectives on Justice: Theory and Applications* (Cambridge: Cambridge University Press, 1993) に所収の "Equality as a decision heuristic" において、人々が公平性のために用いる数々の経験則について論じている。さらにそれ以前の研究で、リチャード・ハリスとマーク・ジョイスは、フレーミング（問題の縁取り方）の重要性を実証している。ふたりの行なった一連の実験では、数人がパートナーとなり、同じくらい長時間、別々のシフトで働いた（あるケースではフリーマーケット、別のケースでは木工所で）。パートナーどうしで合計利益をどう分配するかは、質問の言い回しによって大きく変わった。利益を公平に分配するよう言われた場合、もっとも多い回答は、均等な利益の分配だった。しかし、合計経費を公平に分配するよう言われた場合、もっとも多い回答は、利益が均等になるように分配するのではなく、経費を均等に分配する、というものだった。この実験については、ふたりの論文 "What's fair? It depends on how you phrase the question," *Journal of Personality and Social Psychology* 38, no. 1 (1980): 165–79 に記されている。
8. 交渉と『タルムード』の現代的なつながりについては、バリー・オニールの論文 "A Problem of Rights Arbitration from the Talmud," *Mathematical Social Sciences* 2 (1982): 345–71 にて初めて指摘された。この結果は、Robert Aumann and Michael

Maschler, “Game Theoretic Analysis of a Bankruptcy Problem from the Talmud,” *Journal of Economic Theory* 36 (1985): 195–213 にて拡張された。該当する『タルムード』の文章は sefaria.org/Bava_Metzia.2a.1–12 にて閲覧可能。

9. 電動バリカンの故障や劣化がどうしても気になる人々のために言っておくと、その点は心配無用だ。ふたりは同じ電動バリカンを使用することをなんら問題視していない。

10. この場合、布（電動バリカン）はわずか50ドルで、両者が50ドル以上の取り分を主張している。したがって、布全体が係争中となり、25ドルずつ折半される。

11. 1階の住人も、最上階に住んでいる友人を訪れたいと思うことがあるかもしれない。だからといって、最上階への訪問に関して、マンション外部の人々より多くの額を負担するべきだとは思えない。自宅まで友人を招くために使われるエレベーターの代金を負担すべきなのは、最上階の住人なのだ。

12. 出典：wikipedia.org/wiki/List_of_development_aid_country_donors および reliefweb.int/sites/reliefweb.int/files/resources/GHA%20report%202019_0.pdf.

13. 出典：worldpopulationreview.com/countries/countries-by-gdp.

14. Rudy Nydegger and Guillermo Owen, “Two-person bargaining: An experimental test of the Nash axioms,” *International Journal of Game Theory* 3 (1974): 239–49 を参照。

15. この研究は彼女の博士論文の一部であり、ninaroussille.github.io/files/Roussille_askgap.pdf で閲覧可能。

16. この結果は、主に男性の賃金の増加率が減少したことによるものである、という点に注意が必要だ。詳しくは、Morten Bennedsen, Elena Simintzi, Margarita Tsoutsoura, and Daniel Wolfenzon, “Do Firms Respond to Gender Pay Gap Transparency?”, nber.org/papers/w25435 を参照。

17. 出典：iwpr.org/wp-content/uploads/2020/09/Q068-Pay-Secrecy.pdf および nytimes.com/2019/01/20/smarter-living/pay-wage-gap-salary-secrecy-transparency.html.

18. ゾーイ・カレンとボバク・パクザッド＝ハーソンは、それぞれハーバード・ビジネス・スクールとブラウン大学の教授を務めている。ふたりの論文“Equilibrium Effects of Pay Transparency”は、https://www.nber.org/papers/w28903 より閲覧可能。

19. ほとんどの人は、最低賃金が上がると就業率が下がると考えている（人を雇うのにより多くのお金がかかるからだ）。しかし、最低賃金の上昇は、このスピルオーバー（波及）効果の論理を上回る影響を及ぼし、就業率がむしろ上昇する可能性がある。時給10ドルの従業員10人からなる会社を考えよう。この賃金では、新しい従業員を雇うのは難しいと考えている。時給15ドルに引き上げれば、人員を倍増させ、営業時間やサービスを拡大できる。問題は、そうすると会社にとって時給20ドル分の新たな費用が生じる、という点だ。10人の新入社員に支払う時給15ドルと、既存の10人の従業員に与えざるをえなくなる時給5ドル分の昇給の合計である。そこまでする価値はない。しかし、最低賃金が上昇した場合、会社は既存の従業員の

賃金を時給15ドルまで引き上げなければならないので、新入社員の採用にかかる実質的な費用は、時給20ドルではなく時給15ドルで済むのだ。時給5ドルの昇給はすでに実施済みとみなせるからだ。最低賃金の上昇のせいで利益は減るが、会社はすでに既存の従業員の昇給にかかる費用を負担済みなので、会社の拡大にかかる費用も少なくなるのだ。

20. 法律好きの方々のため、この裁判は American-Hawaiian, 38 Cal.App.3d 73, 112 Cal. Rptr. 897 として知られる。

21. nytimes.com/1989/11/19/business/nutrasweet-s-bitter-fight.html を参照。

22. マッシーは、マッシー＝ピーボディ・フットボール・ランキングの生みの親としても知られる。

23. Cade Massey and Richard Thaler, "The Loser's Curse: Decision Making and Market Efficiency in the National Football League Draft," *Management Science* 59, no. 7 (2013): 1479–95 を参照。

24. 数人の読者から、オレンジの話を考案したのは、聡明な思想家で紛争解決の草分けでもあるメアリー・パーカー・フォレットではないか、との指摘をもらった。彼女の考案だとする引用は多数あるし、この解決策は紛争解決に対する彼女の統合的手法の典型例だが、私の調べでは、彼女の著作のなかに、この話についての言及は見当たらない。ただし、面白い裏話がある。『ハーバード流交渉術』の初版に、開いた窓をめぐる対立の話があった。この話は、メアリー・パーカー・フォレットの1925年の論文 "Constructive Conflict" から、帰属を明らかにせずに引用されたものだが、同書のその後の版では適切な帰属が明記されている。おそらく、人々はオレンジの話も同じく借用されたものだと推測しているのだろう。正確な経緯は、メアリー・パーカー・フォレットの貢献に関するデボラ・コルブの1995年の *Negotiation Journal* 誌の論文に記載されている。コルブはもともと、オレンジの話について、「また女性の優れたアイデアを男性が横取りした例だろう」と思っていた。しかし、詳しく調べてみると、オレンジの話は、ロバート・ハウスが記し、1975年刊行の *Experiences in Management and Organizational Behavior* に収録された事例までさかのぼることがわかった。もしかすると、ロバート・ハウスはジャック・スプラット〔ハロウィーンの装飾に適したきれいな形のカボチャの品種〕を思い浮かべていて、それが果物に変わったのかもしれない。

25. 明記しなければならない細目が文字どおり何百項目とあったため、完全な合意内容は360ページにおよぶ。合意内容は、全米バスケットボール選手協会（NBPA）のウェブサイト nbpa.com/cba からダウンロードできる。

26. espn.com/nba/story/_/id/7127448/nba-lockout-talks-break-early-thursday-planned およびnorthwesternbusinessreview.org/how-the-nba-lockout-came-to-be-169cfa0bcf0d を参照。

27. Daylian Cain, George Loewenstein, and Don Moore, "The Dirt on Coming Clean: Perverse Effects of Disclosing Conflicts of Interest," *Journal of Legal Studies* 34

(2005): 1–25 を参照。
28. www.williamury.com/getting-to-yes-in-colombia/ を参照。
29. タイソンの台詞には、ボクサーのジョー・ルイスのものとされる先例がある。「誰にでも、殴られるまでは計画がある」。タイソンの台詞は、対戦相手のイベンダー・ホリフィールドが入念な準備をしていることについて不安はないか、と記者に問われたときに出たものだ。当初、タイソンが１ラウンド目に強烈な右クロスを見舞ってホリフィールドをよろけさせると、彼の台詞は完璧に未来を予見しているように見えた。それでも、ホリフィールドの計画と技術は、その10ラウンド後にタイソンを打ち負かすのには十分だった〔結果はホリフィールドの TKO 勝ち〕。
30. Conn. Gen. Stat. § 22–357. 犬が特定の人物の身体または財産に損害を及ぼした場合、その犬の飼い主または管理者がその損害に対する賠償責任を負うものとする。
31. cdc.gov/rabies/exposure/index.html を参照。
32. 歴史的詳細や引用は、ジョン・ギャラティによる伝記 *The Right Hand Man: The Life of George Perkins* (Westport, CT: Greenwood Press, 1960) より。
33. 冊子を印刷するだけでも、法定の著作権侵害に当たる。1909 年著作権法によると、「著作権を侵害した著作物を、侵害者、またはその代理人や従業員が１部作成、売却、所有するごとに」１ドルの罰金が科される。copyright.gov/history/1909act.pdf を参照。配布した場合は、故意の侵害とみなされる。配布せずに冊子を処分した場合は、今日でいう意図的でない侵害とみなされ、裁判所が法定損害賠償額を減額する可能性もある。
34. この場合、開示の義務はないので、省略による嘘は法的にはおとがめなしだろうが、匂いでわかる。
35. 一般的に、ここまで悪い理由があるなら、売り手は理由を開示する法的義務がある。
36. Francesca Gino and Don Moore, "Why Negotiators Should Reveal Their Deadlines: Disclosing Weaknesses Can Make You Stronger," *Negotiation and Conflict Management Research* 1, no. 1 (2008): 77–96 を参照。
37. pon.harvard.edu/daily/batna/negotiation-research-you-can-use-should-you-brandish-your-batna-nb/ を参照。
38. nytimes.com/2017/01/26/world/mexicos-president-cancels-meeting-with-trump-over-wall.html を参照。
39. Matthew Backus, Thomas Blake, and Steven Tadelis, "On the Empirical Content of Cheap-Talk Signaling: An Application to Bargaining," *Journal of Political Economy* 127, no. 4 (2019): 1599–1628 を参照。
40. Ellen Langer, Arthur Blank, and Benzion Chanowitz, "The Mindlessness of Ostensibly Thoughtful Action: The Role of 'Placebic' Information in Interpersonal Interaction," *Journal of Personality and Social Psychology* 36, no. 6 (1978): 635–42 を参照。

パイを賢《かしこ》く分《わ》ける
イェール大学式交渉術

2023年 9 月20日　初版印刷
2023年 9 月25日　初版発行

＊

著　者　バリー・ネイルバフ
訳　者　千《ち》葉《ば》敏《とし》生《お》
発行者　早　川　　浩

＊

印刷所　株式会社亨有堂印刷所
製本所　大口製本印刷株式会社

＊

発行所　株式会社　早川書房
東京都千代田区神田多町2−2
電話　03-3252-3111
振替　00160-3-47799
https://www.hayakawa-online.co.jp
定価はカバーに表示してあります
ISBN978-4-15-210271-3　C0034
Printed and bound in Japan
乱丁・落丁本は小社制作部宛お送り下さい。
送料小社負担にてお取りかえいたします。

ハヤカワ・ノンフィクション

NOISE（上・下）

―組織はなぜ判断を誤るのか？―

NOISE

ダニエル・カーネマン＆
オリヴィエ・シボニー＆
キャス・R・サンスティーン
村井章子訳

46判上製

組織の意思決定を革新！

保険料の見積りや企業の人事評価、医師の診断や裁判。均一な判断が前提とされる組織において判断のばらつき（ノイズ）が生じるのはなぜか？　フェアな社会を実現するために行動経済学の第一人者たちが真に合理的な意思決定のあり方を提示する。解説／友野典男

スタンフォード式 人生デザイン講座 仕事篇

DESIGNING YOUR NEW WORK LIFE

ビル・バーネット&デイヴ・エヴァンス
千葉敏生訳
46判並製

『スタンフォード式 人生デザイン講座』続篇

一人ひとりが自分の働き方、キャリア、そして人生をデザインし、今いる場所で最高に輝くためにはどうすればいいのか？　世界の三二〇大学が採用する人気講座から生まれたベストセラーの第二弾。ウィズコロナ時代をより良く生きるための珠玉の知恵をお届けする。

ハヤカワ・ノンフィクション

オークション・デザイン

―ものの値段はこう決める―

DISCOVERING PRICES

ポール・ミルグロム
安田洋祐監修
熊谷玲美訳
46判上製

二〇二〇年ノーベル経済学賞受賞者の最新著作

通信事業者への周波数の割り当てやウェブ広告枠の入札制度など、様々に活用されるオークション理論。その複雑かつ画期的なシステムの発展に貢献し二〇二〇年ノーベル経済学賞を受賞したポール・ミルグロム教授が、最先端の理論のエッセンスをコンパクトに説く

ハヤカワ・ノンフィクション

会議を上手に終わらせるには

—対立の技法—

WHY ARE WE YELLING?

バスター・ベンソン

千葉敏生訳

46判並製

「前向きな対立」で、企業も家庭も変えられる

絶対に無くせない意見の対立。企業で、家庭で、そこから前向きな一歩を踏み出すにはどうすればよいのか。アマゾン、ツイッター社などでチームを率いてきた著者が導き出した、人が必ずもっている認知バイアスを逆手にとる、実りある対話のための必須テクニック。

ハヤカワ・ノンフィクション

BUILD

—真に価値あるものをつくる型破りなガイドブック—

トニー・ファデル
土方奈美訳
46判並製

BUILD

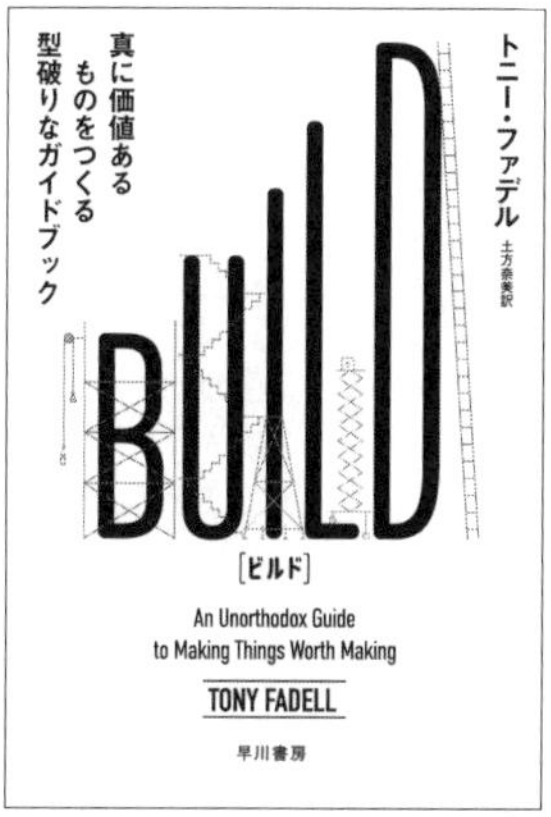

「iPodの生みの親」による世界的ベストセラー

「うん、確かにスティーブ（・ジョブズ）はイカれてる。でも最後は正義が勝つんだ」——アップル社でiPodとiPhoneの開発チームを率いた伝説のエンジニアが明かす、最高のチームを築き上げ、画期的なイノベーションを起こすための極意。　解説／楠木建